내가
살아
보니까

내가 살아 보니까

초판 1쇄 인쇄   2010년 05월 10일
초판 1쇄 발행   2010년 05월 20일

지은이 | 신광옥
펴낸이 | 손형국
펴낸곳 | (주)에세이퍼블리싱
출판등록 | 2004. 12. 1(제315-2008-022호)
주소 | 157-857 서울특별시 강서구 방화3동 822-1 화이트하우스 2층
홈페이지 | www.essay.co.kr
전화번호 | (02)3159-9638~40
팩스 | (02)3159-9637

ISBN 978-89-6023-370-6 03810

이 책의 판권은 지은이와 (주)에세이퍼블리싱에 있습니다.
내용의 일부와 전부를 무단 전재하거나 복제를 금합니다.

내가 살아 보니까

베이비 붐 세대인
저자 신광옥이 살아온 50년,
여자들에게 들려주고 싶은 이야기

글 신광옥

ESSAY

| 프롤로그 |

지난해 가을 미국에서 살고 있는 친구에게서 전화를 받았다. 아들이 수업을 받는 중에 밖에서 기다리며 책을 읽고 있다고….

친구의 아들은 선천성 근무력증 환자이다. 잘 먹고 잘 뛰어놀던 아들이 초등학교 들어가던 해부터 하체 마비가 시작되면서 친구의 삶은 아들만큼이나 고단해졌다. 사랑하는 아들은 중학교에 갈 무렵부터 하체를 전혀 쓸 수 없을 만큼 마비가 진행되어 재활이나 장애인 시설이 좋은 미국 이민을 택했다. 그 아들은 자신의 처지를 비관하기보다는 공부에 전념했고, 지금은 콜롬비아 법학 대학원에 재학 중이다. 물론 친구는 그 아들 곁에서 아들의 팔다리를 대신해 주는 삶을 지금까지 이어오고 있다. 자신의 삶은 전혀 없는….

들리는 소문에 의하면 아들의 마비가 이미 팔까지 진행되었다고…. 친구들은 사는 게 고단하다고 말들을 하는데, 그녀는 한 번도 그런 자신의 삶을 불평해 본 적이 없다. 사실 세상에는 드러난 요란한 삶보다는 드러나지 않은 아름다운 삶이 너무도 많다.

친구는 읽고 있는 책이 장영희 씨의 『살아온 기적 살아갈 기적』이라며 나보고 읽어 보란다. 제목만으로도 가슴이 찡하고 울렸다. 어쩌면 제목을 저리도 아름답게 지었을까 생각하며 단숨에 샀다. 매일 수십 권의 책이 쏟아져 나온다지만 마땅히 읽을 것이 없어 책을 잘 읽지 않던 내가 친구가 권했다는 이유만으로도 또 그 제목이 너무 좋다는 생각으로 읽었다. 고단한 장영희 씨의 삶을 들여다보며 책 속에 있는 소제목이 눈에 들어왔다. "내가 살아 보니까" 문득 저 제목으로 글을 써야겠구나 생각했다.

어느새 50줄을 넘기고 세상은 전혀 다르게 전개되고 있다. 20대에 나는 정말 이 나이를 맞이할 거라고는 상상도 못 했었다. 그 아름다운 청춘에서, 그 나이에 걸쳐 있는 사람들을 바라보며 '그들에게도 삶이 있을까?' 하는 마음으로 그저 무시했다. 하지만 인생은 항상 시작일 뿐 끝이 없다. 죽음도 끝이 아닌 새로운 시작이다. 눈에 보이지 않는다고 없는 것은 아니기 때문이다.

남이 어떤 생을 살았던 내 앞에 전개되는 내 인생. 결국 내게는 모두 처음 가는 길일뿐이다. 나이가 들어간다는 것은 생이 점점 두렵고 무겁게 느껴지는 것이다. 예전에는 분명하게 보이던 길도 흐려져 발을 내딛기가 망설여진다. 하지만 그래도 가야 하지 않겠나. 살아온 생을 서로 나누고 또 살아갈 생을 예비하며…

2010년 5월
신광옥

| 차 례 |

프롤로그 _ 4

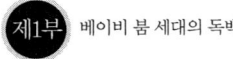 베이비 붐 세대의 독백

베이비 붐 세대, 그 가난한 시작

눈치꾸러기 아이들 _ 12
옛날 옛적 한국에서 _ 17
생각만으로도 눈물을 쏟게 하는 어머니 _ 26
내 자식들은 나를 모른다고 한다 _ 28

베이비 붐 세대, 그 화려한 청장년의 시대는 가고

인생은 3단계 _ 32
비교 의식으로 자신감을 잃어버린 세대 _ 37

58년 개띠 여자들의 이야기

내 친구는 커리어 우먼 _ 41
포카라에서 온 친구의 편지 _ 47
내가 본 가장 아름다운 부부 _ 56
일그러진 우리의 자화상 _ 63
친구야 제발 혼자 늙지 마라 _ 67
친구야, 차라리 그 남자와 자봐라 _ 78
친구야, 남편과의 잠자리 피하지 마라 _ 86
하나님이 축복하는 부부간의 성 _ 90

제2부 이 시대에 엄마로 산다는 것

자식, 심은 대로 거둔다

자식? 그 이중의 잣대 _ 94

이론으로만 무장된 내 자식들 _ 97

오로지 한 가지만을 고집하는 내 자식들 _ 100

빈 시간 없이 살아온 내 자식들 _ 103

부모가 되어도 부모를 이해 못할 것 같은 내 자식들 _ 107

옳고 그름에 대한 분별력을 상실한 내 자식들 _ 110

부모가 이루지 못한 꿈을 이루기 위해 태어난 내 자식들 _ 115

평등 의식에 골병든 내 자식들 _ 119

인정머리라고는 눈곱만큼도 없는 내 자식들 _ 124

돈 쓰기만 하면서 돈 욕심에 빠져 있는 내 자식들 _ 127

자식, 꽃으로도 때리지 마라? _ 130

조상도 모른다는 내 자식들 _ 134

더불어 사는 것을 모르는 내 자식들 _ 138

그러나 외롭고 외롭게 자란 내 자식들 _ 142

이 시대 아들의 엄마, 그 무거운 짐

아, 아들아 _ 148

능력 있는 엄마가 오히려 아들을 약하게 한다 _ 152

아들, 그 이중의 잣대 _ 157

아들 가진 엄마 오직 기도로 _ 161

여자, 그대의 사명은 _ 168

이 시대 딸 가진 엄마의 위세, 그 또한 헛되고 헛되다

우먼 시리즈 _ 177

이 시대 결혼의 의미 _ 182

청원권은 남자에게 있다 _ 185

사랑하는 딸에게

진정한 공주의 길을 찾아라 _ 187

직업을 가정 위에 두지 마라 _ 192

딸아, 이제 성에 대해 알았으니 순결을 지켜라 _ 196

아버지의 권위에 도전하지 마라 _ 202

일하는 여성, 더 이상 여성의 꿈이 아니다 _ 208

딸아, 결혼은 막장 드라마가 아니다 _ 212

조화로운 삶을 향하여

결코 바꿀 수 없는 직업에 도전한 친구 딸의 이야기 _ 217

언제든 버리고 싶어서 좋았던 내 직업 _ 222

자신의 직업을 끝내 포기하지 못했던 닥터 김의 이야기 _ 226

여자인 나는 남자의 집중력을 사랑한다 _ 232

제3부 아름다운 노년을 위하여

아름다운 노년을 위하여

노년, 생의 절정 그 아름다운 마무리 _ 240

집 떠나는 할머니 _ 243

여자가 남자보다 오래 사는 것도 자연적인 섭리이다 _ 248

여자들이여, 은퇴한 남편과 생을 같이하라 _ 255

맛집 순회하며 배곯는 현대인 _ 260

여자들에게는 음식을 하는 것이 생명력이다 _ 263

누군가 오 리를 억지로 가자거든 십 리를 동행하라 _ 268

well dying이 well being이다 _ 271

제4부 하나님 어머니의 마음으로 기도를…

공직자의 아내로 살아 보니까

그래도 후회하지 않겠다 _ 276

대단한 이 나라 민족 _ 285

도대체 누구를 위한 강대국인가 _ 296

바벨탑은 결국 무너진다 _ 299

이제 남은 것은 식량이다 _ 304

새만금의 원래 목적은 식량 자급률을 높이기 위한 농지 확보였다 _ 310

우리는 모두 떠날 자들이다 _ 316

국민이 거듭나야 이 땅에 미래가 있다 _ 320

작가 노트 _ 326

제1부  베이비 붐 세대의 독백

베이비 붐 세대, 그 가난한 시작

눈치꾸러기 아이들

우리는 전쟁 후 세대이다. 3년의 전쟁으로 먹을 것도 입을 것도 남아 있지 않은 채 폐허가 된 이 땅에 머리를 디밀고 태어나기 시작했다고 그렇게 부른다. 전쟁으로 아이들의 씨가 마른 이 땅에 한꺼번에 폭발적으로 태어났다고 베이비 붐 세대라고도 한다. 불모의 땅에 더 이상 나빠질 수 없다는 악재가 오히려 호재로 성장에 성장을 거듭했다. 속도의 차이는 있지만 발전에 발전을 더하여 50여 년 동안 성장만 따라왔다. 일인당 국민소득 100달러(그 당시 통계에 의하면 유엔에 등록된 120개국 중 인도 다음의 최빈국으로 기록되어 있다)도 안 되는 그런 시작이었지만, 보란 듯이 20000달러를 일구어 낸 주축 세력으로 50여 년을 숨 가쁘게 달려왔다. 그래서 성장 세대라고도 한다.

베이비 붐 세대, 지독하게 가난하기만 했던 동토의 땅에서도 봄을 기대하며 한 해가 멀다 하고 아이들이 쏟아져 나와 어디를 가나 아이들 판이었다. 집안에서 마땅히 놀 것이 없는 아이들이고 보니 먹고 자는 시간을 제외하고는 골목에 나와 진을 쳤다. 남자아이들은 아무것도 아닌 종이

딱지와 유리 조각에 불과한 구슬을 모으는 데 열심이었고, 여자아이들은 공기놀이나 고무줄놀이를 했다.

지금 생각하면 아주 하찮은 것들인데도 재미에 빠져 저녁때를 놓치기 일쑤였다. 먼지를 뒤집어쓴 채 놀다가 집에 들어서면 이미 저녁상은 치워진 뒤였다. 물론 남겨진 것도 없다. 어머니가 밥상머리에 둘러앉은 자식들 중에 빠진 아이를 미처 못 챙기기 때문이었다. 때만 되면 대문 앞에는 전쟁고아들이 깡통을 들고 밥 달라고 소리치지만, 그것도 그다지 낯선 장면은 아니었다. 그래서 다리 밑에서 주워 왔다는 소리가 가장 큰 공포였던 우리들, 어쩌다 부모와 외출이나 하려고 하면 행여나 놓칠세라 손가락에 땀이 나도록 부모의 옷자락을 잡고 매달렸던 우리들, 이처럼 대접 받지 못했던 유년의 기억들이 대부분인 세대들이다.

전쟁을 치르고 전보다 더 비참하기는 했지만 사람들은 강해졌다. 밥을 굶어도 배워야겠다는 일념으로 한꺼번에 늘어난 아이들을 수용하느라 초등학교는 늘 만원이었다. 한 반에 80여 명을 넘게 채우고도 모자라 오전, 오후반으로 나누어 가르쳤다. 그 많은 숫자가 중학교에 모두 진학할 수는 없었다. 이때부터 의무교육에서 벗어나니 일차적으로 돈 없는 아이들은 당연히 못 가고, 갈 수 있는 형편이 되는 아이들도 다시 성적순으로 나뉘어져, 머리싸움은 점점 치열해졌다. 중학생이 된 아이들은 고등학교로 진학하면서 다시 걸러진다.

그래서였을까? 학교는 목숨보다 소중한 곳이었다. 한 벌의 교복으로 삼 년을 버티며 터져나갈 것 같은 만원버스에 목숨을 걸고 학교에 오갔다. 자랑스러운 학교 배지를 가슴에 달고 김치 국물이 스며든 보리밥으로 채워진 양철 도시락과 왕복 버스표가 전부인 세대였지만, 기죽지 않고 공부해서 70학번이 된 것이다. 그간의 치열한 생존 싸움은 처절하기까지 했다. 만 단위에서 천 단위, 천 단위에서 다시 백 단위, 그리고 단 단위로 떨어지는 숫자 싸움에서 살아남은 것이다.

그토록 어렵게 대학에 들어간 70학번들이 이번엔 혼돈과 갈등의 세대로 기억된다. 치열하게 경쟁해서 살아남았기에 끈끈한 이념의 싸움에서도 자신을 쉽게 버리지 못한다. 그래서 유신 정권 하에 서슬 퍼런 군인들이 총칼을 들이대며 캠퍼스를 활보해도 울분을 삭히면서 행여나 그들의 눈에 날까 숨죽인 채 살아남았다.

그 70년대는 참으로 많은 변화를 가져왔다. 피아트와 포니가 공존하고, 한문을 배운 세대와 배우지 않은 세대가 공존하며, 인간을 차별하는 중 고등학교 입시제도 세대와 은행 알로 뺑뺑이를 돌려 학교를 배정 받는 세대가 공존한다. 또 미친 듯이 드럼을 두드리는 장발의 록그룹에 심취하다가 달빛 아래서 홀로 통기타를 퉁기기도 한다. 청바지는 마치 대학생의 상징인 양 모든 남녀가 교복처럼 입고 다니면서, 사내가 머리를 늘어뜨렸다는 이유만으로도 경찰에 쫓기는 모순 속에서도 결코 굴하지 않는 세대였다. 이처럼 기존의 틀을 깨어 보겠다는 몸부림과 함께 통금이라는 한계 시간 속에 묶였던 우리의 젊음은 어느새 새벽까지 이어지는 제도의 변형도 겪는다. 그리고 80년의 봄은 왔는데….

그래도 기득권이다. 그 봄을 전후하여 우리는 대학을 떠나 한창 세를 늘려 가는 기업체에 쏟아져 들어갔다. 그래서 몸 바쳐 궂은일도 마다 않고 했다. 영어도 못 하면서 패기 하나로 미국에 서슴없이 가고, 매너 하나 제대로 갖추지 못했으면서 허풍스럽게 유럽에도 갔다. 또한 가족을 버리고 사막의 건조한 바람에 타들어가는 고통도 잊은 채 중동에도 갔다. 실체도 없는 뜨거운 야망을 가슴에 품고 기껏해야 과장 정도의 초급 간부 명패를 달고 이리 뛰고 저리 뛰면서 산업사회의 역군인 양 살았는데, 어느새 2000년이 훌쩍 넘어가고 그 세대도 50줄에 접어들었다.

하지만 이것이 아들들의 역사라면 그보다 엄청난 변화는 바로 딸들의 반란이었다. 절대로 엄마처럼 살지 않겠다고 역사에 반기를 든 것이다. 더 이상 여자라는 이유로 차별 받지 않을 것이며, 비록 가정적, 사회적인 호응이 없어도 남자처럼 살겠다는 세계적인 추세는 결코 거스를 수 없었다. 이미 서구에서 거세게 일던 페미니즘으로 인해 딸들은 그들도 무엇이든 할 수 있다는 생각으로 살아남았다.

70년대 대학이나 사회에서도 여자에 대한 편견과 차별은 여전했지만 세상은 달라져 갔다. 여자 화장실도 없던 남자 위주의 대학에 힘겹게 엉덩이를 들이밀기 시작하면서 고작 선생이나 간호사를 꿈꾸었던 딸들의 영역도 급속도로 확산되었다. 그래서 세기 이래로 남자들의 전유물이었던 의사, 변호사, 저널리스트 등에 당차게 도전하고 나름대로 그 분야에서 인정도 받았다. 딸들은 남자와 똑같은 자립심과 기회를 갖고 도전적으로 일을 해왔다. 자신들의 이름이 새겨진 명함을 돌리면서 남자 위주의 불평등한 사회 구조를 바꾸는 데 앞장섰고 독자적인 경제력으로 홀로 섰다. 비록 선진국에 비해 턱없이 적은 숫자이기는 하지만 당시의 대한민국 딸들은 엄청난 변화의 시작을 일으킨 세대였다.

이제 돌이켜 생각해 보면 그래도 한 세상 잘 살았지만 여전히 만족스럽지 못하다. 가난에서 풍요를 이룬 성장 세대답지 않게 여유가 없다. 급변하는 세상을 버거워하며 세상을 겉돌면서 내가 서 있는 위치도 모른 채 어디로 향할지 갈피를 못 잡고 있는 것 같다.

공들여 가르친 자식들을 보아도 그렇다. 많이 가르쳤다. 3살이 채 되지 않았을 때 온갖 종류의 동화책을 읽어 주고, 5살 전에 유치원을 보내기 시작했다. 그것도 모자라 미술, 피아노, 태권도, 스케이트 등등 아이들이

할 수 있다는 것은 절대 빠지지 않고 모두 가르쳤다. 부모보다 훨씬 똑똑한 자식 만들겠다고. 없다는 이유로 하고 싶었던 것을 못 해 한 맺힌 부모의 아픔은 절대로 겪지 말라면서. 그렇게 20여 년간을 키웠건만 아무리 둘러봐도 부모인 우리만 못하다. 내가 저 나이에는 가족을 먹여 살렸는데, 왜 자꾸 내 치맛자락을 놓지 않고 매달려 있나. 정말 나도 힘없다고 소리치고 싶다.

또한 남녀 간의 편 가르기가 위험 수위를 넘어선 것 같다. 직장은 물론 사회 각계 각층에서 동등한 권리 배분을 요구하면서 사회 갈등을 야기하고, 부부가 한 울타리에 살면서도 남과 여의 권리 주장을 일삼느라 이혼율이 세계에서 수위를 달리고 있다. 더 이상 '함께'라는 이름은 싫다고 외친다. 헤치고 나누고 가르다 보니 어느새 개인만 덩그러니 남은 느낌이다. 비록 가족이라는 이름으로 살고는 있다지만, 전혀 공감대가 없는 서로 다른 개체가 묶여 버티고 있는 것이다.

도대체 왜 이렇게 되었을까?

갈등은 있지만 각자의 목소리를 인정하는 시간의 역사가 없었던 것 같다. 그래서 모두가 중심 없이 표류하면서 세대 간, 계층 간, 혹은 성 간의 단절은 더욱 심화되는 것 같다. 도대체 어디서부터 잘못되었을까? 딸을 키우는 여자인 나로서는 다시 여자를 추적할 수밖에 없다. 누군가 현대인은 부성을 상실했다지만 나는 모성을 상실했다고 생각한다.

해방 이후 정국은 극도로 혼란하고 가난은 끝이 없었다. 어디에도 머리 둘 곳 없던 민초들은 다시 사상으로 갈라지더니, 결국 3년간의 긴 전쟁을 치르고 이 나라는 둘로 갈라졌다. 지금으로부터 불과 50년 전의 사건이다. 당시의 국민소득이 100달러라고 하면 지금 사람들로서는 상상조차

되지 않을 것이다. 굳이 상상을 하라면 기아와 빈곤에서 신음하는 지금의 아프리카의 모습일 거다. 설마? 믿고 싶지 않을 만큼 비참했던 이 나라, 세상에서 가장 가난했던 나라가 지금은 개도국을 벗어나 제법 선진국 대열에 진입하려 하고 있다. 산술적으로 20000달러라면 50년 만에 200배의 발전을 한 셈이다. 역사 이래 가장 급속도로 눈부신 발전을 한 것이다. 세계 어느 나라도 단기적으로 그렇게 급성장한 예가 없단다.

누구는 그것을 한 지도자 때문이라고도 하고 누구는 전후 세대 때문이라고도 하지만, 나는 그 시대를 살아온 어머니들의 공으로 돌리고 싶다. 대물림하는 가난을 전제로 무기력하고 권위적인 남편을 보좌하며 많은 자식들을 키워낸 그 어머니들이 바로 지금의 성장의 원동력이 아니었나 생각한다. 무에서 유를 창출하며 성공을 이끈 자식을 둔 어머니들. 그 어머니의 또 어머니의 역사가 곧 오늘의 한국을 이룬 것이라고 생각한다. 그 세대를 지나 지금 어머니의 역할을 하고 있는 나로서는 흉내조차 낼 수 없을 만큼의 초인적인 힘이었다는 것을 요즈음 들어 깨닫고 있다. 그래서 들려주고 싶다.

옛날 옛적 한국에서

외할머니, 나의 어머니의 어머니인 그녀는 1900년대 초반에 태어났다. 정규 교육을 받지는 못했지만 한글은 깨우칠 만큼 영특했다. 16살에 시집와서 17살에 큰딸인 나의 어머니를 출산하면서 그 뒤로 7아들을 순서

대로 낳았다. 그렇게 막내아들까지 낳고 얼마 지나지 않아 남편은 사망한다. 그녀의 나이 40대에 과부가 된 것이다. 시집을 간 나의 어머니도 사는 것이 변변치 않아 우리 형제들은 방학이 시작되면 한 입이라도 덜어 볼 양으로 무조건 할머니네 집으로 보내졌다.

초등학교 저학년 시절의 내 기억 속에 할머니는 50대 초반이 아니었을까 싶다. 지금의 내 나이다. 할머니네 집에는 장성한, 결혼하지 않은 일곱 명의 삼촌들, 그리고 중풍으로 자리에 누워 있는 증조할머니까지 모두 9식구가 살았다. 결국 집안일을 할 수 있는 여자라고는 오로지 외할머니 혼자뿐이었다. 할머니가 계신 안방에는 문턱으로만 나누어진 두 개의 방을 커튼으로 가리고, 그 반대편에는 증조할머니가 대소변을 그대로 받아 내며 누워 계셨다. 그래서 방안으로 들어서면 대소변에 절은 퀴퀴한 냄새가 났다.

할머니가 새벽 5시에 일어나 마당에 있는 우물물을 길어 쌀을 씻어 가마솥에 안치고 장작불을 피워 밥하는 것을 시작으로 하루 일과는 시작되었다. 중등학교 교사였던 큰삼촌을 위시하여 학생들인 여섯 삼촌들은 모두가 동이 트기도 전에 둥근 밥상에 둘러앉아 아침을 먹었다. 이어 그들이 할머니가 싸놓은 도시락을 들고 일터로, 학교로 떠나면 안방에는 그들이 먹은 밥상이 널려 있었다. 할머니는 새벽부터 밥 달라고 성화를 해대던 증조할머니에게 서둘러 밥을 먹여 드리고 밥상을 치운다.

할머니가 설거지통에 수북이 쌓인 빈 그릇을 우물가에 앉아 씻은 후 부엌에 있는 부뚜막에 차곡차곡 정리해 두면 시간은 얼추 9시를 넘긴다. 그때부터 그녀는 식구들이 떠난 집안을 정리하고, 이어서 증조할머니가 버린 옷가지를 포함한 빨랫감을 들고 냇가로 나간다. 계절이 좋으면 물가에 나가는 것이 나쁘지 않지만 한겨울에는 얼음을 깨고 빨아야 했다. 얼음 밑으로 흘러가는 물에 손을 넣으면 그 찬 기운만으로도 몸의 체온을 빼앗길 텐데, 기어코 빨래를 마치신 할머니의 이마에는 오히려 땀방울이 맺힌다. 할머니는 얼음보다 찬 물에 빳빳하게 굳어 벌겋게 부어오른 손을 몇 번이나 입김을 쏘여 녹이고는 이내 빨래 담은 양푼을 머리에 이고 종종 걸음으로 집으로 향하신다.

집에는 항상 점심을 기다리는 식구가 있었다. 때를 넘기는 것을 결코 참지 못하는 증조할머니를 비롯하여 올망졸망한 손자, 손녀들과 객식구들. 내 기억으로는 거의 매일 객식구가 있었던 것 같다. 할머니가 계셨던 충주는 당시 제법 규모가 큰 도시였기에 근처 시골에 살고 계시는 친척분들이 장을 보거나 볼일이 있어 충주로 나올 때면 점심을 위해 반드시 들러 가는 곳이었다. 때론 있는 밥으로 밥상을 차리기도 하지만 숫자가 많을 때는 마루에 앉아 칼국수를 빚었다. 폭 넓은 양푼에 밀가루를 치댄 후 긴 홍두깨로 얇게 밀어 쟁반 모양의 반죽을 여러 장 만든다. 할머니는 그 반죽들 사이사이에 밀가루를 뿌려가며 차곡차곡 접어 잘 갈린 칼로 썬다. 그렇게 잰 할머니의 손놀림 끝에 잘려 나오는 국수 가락들이 서로 달라붙지 않게 하려고 나는 밀가루를 뿌려 가며 넓은 채반 위에 가닥가닥 흩어 놓았다.

일단 칼국수 만드는 것이 끝나면 할머니는 가마솥에 불을 지피고 멸치 우린 물을 끓이고 이내 칼국수를 솔솔 뿌리듯 이어 가며 넣는다. 여름이면 담을 타고 오르는 호박 줄기에 달린 호박을 따서 채 썰어 넣기도 한 구수한 칼국수를 커다란 대접에 담아 마루에 걸터앉은 손님에게 낸다. 물론 파, 마늘 고추 등으로 걸쭉한 양념장을 내는 것도 절대 잊지 않았다. 할머니는 그렇게 부엌과 마루를 오가는 중에도 힘든 내색을 하지 않았던 것 같다. 오히려 친척들이 해주는 고향 식구들의 소식을 주고받는 것이 더 기쁜지 입은 잠시도 쉬지 않았다.

나는 할머니가 아침상이나 점심상을 물리고 난 후 대문 밖에서 구걸하는 걸인을 집안으로 불러들여 밥상을 차려 주는 것도 종종 보았다. 내가 초등학교를 다니던 1960년도에는 길거리에 걸인이 행인만큼 많았다. 다리 밑에는 어김없이 걸인들이 떼 지어 모여 살았고 식 때가 지나기 무섭게 걸인들이 대문 앞에 서서 남은 밥을 달라고 애원했다. 물론 모두를 안으로 불러들이지는 않았지만 젖먹이 아이를 업은 여인들은 항상 우선 순위였다. 할머니는 밥상을 내주며 등에 업힌 아이부터 끌어내려 마루에 누이고 어미부터 먹으라고 종용한다. 그때까지 몸의 일부처럼 등에 착 달라붙어 있던 아이를 내려놓은 여인은 찬 없는 밥상이지만 마파람에 게 눈 감추듯 순식간에 먹어 치운다. 그때 나는 서까래 뒤에 몸을 반쯤 가린 채 눈을 부릅뜨고 정신없이 숟가락질을 하는 여인의 때 묻은 손을 물끄러미 바라보았던 기억이 난다.

할머니는 여인이 밥을 먹고 나면 그제야 아이에게 젖을 물리라고 한다. 칭얼대던 아이는 여인의 가슴에 달라붙자 맹렬하게 빨기 시작했고, 여인은 이마에 송송 맺힌 땀도 잊은 채 행복한 모습으로 아이를 바라본다. 할머니는 둘 다 안쓰럽다는 표정으로 묻는다. "세상에 다 말라비틀어진 젖가슴에 뭐가 있다고 저렇게 빨아 대누. 그나마 저렇게 새끼에 다 빨리면 어미는 또 얼마나 힘이 들꼬, 쯧쯧." 그러면서 할머니는 여인의 신세에 대해 이것저것 묻는다. 여인들은 아이가 젖을 다 빨고 떨어져 나갈 때까지 고단한 자신들의 이야기를 풀어놓곤 했다.

그런 일상으로 하루 반나절을 보내면 어느새 3시가 훌쩍 넘어간다. 그때부터 할머니는 몸단장을 시작한다. 불과 집에서 걸어서 20여 분도 되지 않는 곳에 있는 중앙시장에 가기 위해서였다. 할머니는 오랜 손때로

반질반질 윤이 나는 화장 문갑을 무릎 앞에 놓고 앉는다. 뚜껑 안쪽에 거울이 달린 나무 상자 안에는 참빗과 동백기름 이외에 자질구레한 소품 정도가 들어 있지만 그녀의 생명 다음으로 소중히 여기는 것 같았다. 할머니는 거울에 비친 상반신을 들여다보고 이내 쪽진 머리에서 비녀를 빼고 머리를 풀어 내린다. 틀어서 한 묶음도 되지 않는 숱 적은 머리카락이지만, 정성 들여 가르마를 중심으로 가르고 올이 촘촘한 참빗으로 빗어 내리기 시작한다. 동백기름을 바른 머리가 만족할 만큼 윤기 나도록 빗어 내린 할머니는 갈래머리를 하나로 합쳐 총총 따서 단단하게 말아 뒤 꼭지에 붙이고 비녀로 마무리를 한다.

할머니는 오이 같은 작은 발에 단단한 무명 버선을 힘주어 신고 벽 한 편에 걸려 있는 곱게 다려진 한복을 내려 입는다. 화려하지는 않지만 항상 단정했던 기억이다. 여름이면 하얀 모시 한복을 빳빳하게 풀 먹여 다려 입곤 했다. 할머니는 마루로 나와 댓돌 위에 얌전히 놓여 있는 하얀 코고무신에 발을 끼우며 나를 부른다. 증조할머니 찾으면 냉큼 달려가 보라는 당부와 꽃밭에 물주고 물걸레로 마루 닦고 마당도 쓸라는 것이다. 이내 쑤욱 튀어나오는 내 입을 바라보며 할머니는 자두를 사다 준다며 총총 대문을 나선다.

아침에 삼촌들이 마당을 쓸었건만 왜 저녁에도 쓸라는 건지. 넓은 마당도 아니지만 마당 한 편에는 항상 꽃이 피어 있었다. 방학이면 그 꽃에 물을 주는 것은 당연히 내 차례였다. 할머니는 마치 날 기다리기라도 했다는 듯이 봄부터 꽃을 심고 가꾸다가 여름이면 내게 떠넘겼다. 분꽃, 봉숭아, 채송화, 달리아 등등. 어른이 되어 보니 손바닥만 한 마루도 그때는 왜 그처럼 커보였던지. 나는 엎드린 자세에서 가능한 한 빨리 걸레를 밀기 위하여 엉덩이를 있는 대로 치켜 빼고 마루를 돌아다녔다. 그러다 장에서 돌아와 대문을 들어서는 할머니와 마주친다. "아이고, 망할 년! 마루 닦으랬지 물 바르래?" 하지만 나는 가지고 있던 걸레를 팽개치고 할머니에게 달려가 장바구니를 뒤진다. 약속한 자두 몇 알이 들어 있으면 깡충깡충 뛰며 좋아했다.

할머니는 물기가 마르지 않은 마루에 걸터앉아 장에 가느라 몸에 걸쳤던 것을 입을 때보다 더 조심스럽게 벗고 정리를 한다. 신발은 가지런히 댓돌 구석에 두고 버선은 탁탁 털어 접고 한복 저고리와 치마, 그리고 속치마를 구김 가지 않도록 걸고 몸빼를 주워 입는다. 그때부터 할머니 동작은 빨라진다. 짧은 하루해가 석양에 걸리기도 전에 부지런히 저녁 준비를 해야 식구들이 시간 안에 저녁을 먹을 수 있기 때문이었다.

저녁은 당연히 꽁보리밥이나 죽이었다. 당시의 보리는 겉보리가 있는 상태라 넓적한 옹기에 넣고 손바닥으로 수없이 으깨면서 씻고 또 씻어야 했다. 할머니는 우물가에 앉아 손바닥이 얼얼하도록 으깨어 씻은 보리를 가마솥에 삶아 내었다. 할머니 표현에 의하면 푹 퍼지도록 삶아야지 그렇지 않으면 깔깔해서 먹을 수가 없단다. 푹 퍼진 보리를 채반에 건져 얼마 안 되는 쌀과 함께 밥을 한다. 하지만 쌀은 가급적 보리와 섞이지 않고 한쪽 귀퉁이에 몰려 있게 하여 집안에 장자이면서 유일한 수입원인 큰삼촌의 밥그릇에만 담기도록 한다.

그렇지 않으면 죽이었다. 보리밥에 넣는 정도의 쌀을 가지고 10식구가 넘는 대 식구를 먹이려면 물과 푸성귀를 넣고 마치 마술이라도 부리듯 부풀리고 부풀렸다. 그래서 구수한 된장 냄새 가득한 시금치나 시래기죽을 푸짐한 대접에 넉넉히 담아 모두에게 나누어주었다. 이미 해는 기울고 60촉도 되지 않는 희미한 백열등 아래서 온 식구는 그 달고 맛있는 저녁을 먹었다.

예전의 밤은 해만 넘어가면 캄캄했다. 온 천지에 불이라고는 담장 너머 가정집 작은 창문에서 흘러나오는 백열등 불빛 정도였다. 저녁 설거지까지 마친 할머니에게는 아직도 일이 남아 있다. 반지 고리를 꺼내 바느질을 시작하는 것이다. 둥근 전구를 끼워 구멍 난 양말을 기우는 할머니 곁에 앉아 헝겊 쪼가리를 들고 몇 땀 흉내 내다가 이내 싫이 나서 휙 던지고 보챈다. "할머니 옛날얘기 해줘요." 할머니는 마치 옛날얘기 기계처럼 옛날에, 옛날에를 시작한다. 물론 수도 없이 들은 얘기지만 내게는 항상 새로웠다. 나는 어느새 할머니 곁에서 잠이 들었나 보다. 눈을 떠보니 맨땅에서 뒹굴던 나는 요 위에 뉘어져 있고 그때까지 할머니는 앉아 있었다. 하지만 들고 있는 것이 바느질감에서 반야심경으로 바뀌어져 있다.

손바닥 크기의 누렇게 바랜 얇은 책자는 닳고 닳아 너덜너덜해져 있지만 할머니가 아끼는 것 중에 하나다. 할머니는 돋보기를 쓰고 책자를 펼쳐 들고 읽는 것 같지만 이미 오래 전에 다 외워 주술처럼 흘러나온다. 하지만 소리도 멈춰지고 코에 걸쳐진 돋보기가 더 내려와 있는 것을 보니 할머니는 졸고 있는 것이다. 하루 종일 그렇게 힘들었어도 자손을 위한 간절한 바램으로 하루를 마무리하려는 것을 결코 거른 적이 없었다. 밤이 얼마나 깊었을까. 세상은 갑자기 조용해지고 나는 문득 외로웠나 보다. "할머니 나 배 아파요." 할머니는 떨어뜨린 고개를 얼른 들고 내 배를 쓸어 준다. "할머니 손은 약손, 할머니 손은 약손…."

그 할머니가 50줄에 접어든 내 기억 속에 자꾸 떠오른다.

모를 일이다. 기억 저편에 사라져 버린 줄 알았던 추억들이 요즈음 와서 선명해지고 있다. 세상 모든 것이 내 것인 듯 의기양양하던 젊은 날에는 기억조차 없던 것들이었다. 하지만 어느 날부터 넓기만 했던 세상이 급격하게 좁혀져 오고, 즐거운 일보다는 힘든 일, 때론 감당할 수 없을 만큼 무거운 삶이 느껴질 때, 결코 행복하다고 느끼지 않았던 그때가 이처럼 아름아름 떠오르는 것이다. 할머니는 내게 세상을 가르쳐 준 적도 없다. 내게 본을 보이려고 좋은 언행을 애써 만든 적도 없다. 나와 눈높이를 맞춘다고 놀아 준 적도 없다. 오히려 할머니가 그처럼 하루하루 힘겹게 사는 것을 보면서 나는 절대로 저렇게 살지 않으리라 생각했었는데….

그래서 전혀 다른 방법으로 살았다. 나의 발전에 방해되는 것은 과감하게 정리하고 때론 음지에서 차별 받는 여성의 지위 향상을 위한 투사처럼, 그것이 마치 국가와 민족을 위한 올곧은 삶인 줄 알고 살았다. 운이 좋아 성장하는 경제에 편승하여 당연히 그들보다 성공한 것처럼 느껴졌었는데, 요즈음 들어 미련하기만 했던 예전의 그 여인들보다 결코 자랑스럽지 않으니 웬일일까? 지금 내 나이에 외할머니는 죽은 남편의 병든 어머니까지 모시는데도 불평이 없었다.

봄날 햇볕이 좋으면 증조할머니가 마당에 나와 앉아 있었다. 8살짜리 계집아이가 손으로 툭 밀면 그대로 넘어질 것 같은 수수깡처럼 마른 할머니는 머리카락만큼은 자르지 않겠다고 투정이시다. 외할머니는 오늘만큼은 기어이 머리카락을 자르겠다며 내게 가위 가져오라고 소리친다. 나는 재빨리 가위를 들고 나타난다. 할머니가 안 자르면 나라도 자를 기세다. 머리를 감기고 빗기는 일이 어린 내가 보기에도 할머니에게는 너무도 힘들었다. 증조할머니는 그런 내게 눈을 흘리며 한마디 한다. "저런, 저런 못된 년."

하지만 할머니는 끝내 그 가위를 쓰지 않았다. 할머니는 증조할머니가 목숨처럼 아끼는 머리를 다시 곱게 빗기고 비녀를 꽂아 주고 한마디 한다. "어머니, 머리카락 자르면 깔끔하고 더 좋아요. 매일 누워 이만 키우면서 왜 안 자르려고 하시는지, 원."

증조할머니는 그 긴 머리를 간직한 채 세상을 떠났다. 아무리 생각해 봐도 불가사의다. 어떻게 그렇게 살 수 있었을까? 불과 50여 년 전 여인들의 삶이었다. 많이 배우지도 못했고 20살 전에 집을 떠나 처음 본 남자에게 시집와서 넉넉지 못한 살림을 꾸려가며 그 많은 자식들 먹이고 입히고 가르쳤다. 그렇게 고달팠지만 결코 인정을 잃지도 않았다.

그런 우리는 그들보다 불과 50년 늦게 태어났다. 엄청난 혼란이 마무리되는 1950년 이후에 태어나 대충 고등학교까지는 공부했다. 운이 좋으면 대학도 졸업했다. 그리고 20대 중반에 결혼해서 고작해야 2명 혹은 3명의 아이를 키우고 핵가족이다, 맞벌이다 운운하면서 시부모도 옳게 모셔 본 적 없다. 적어도 30평대 아파트에서 편리한 가전제품을 갖추고 그나마 청소하는 것이 힘들다며 일주일에 한두 번 정도 도우미를 쓰기도 한다. 된장 간장은 물론이거니와 김치에서부터 온갖 종류의 음식은 다 사먹을 수 있다. 더러 외식도 하고 빵이며 라면 등 대체 식품도 많다. 그런데도 죽을 만큼 괴롭단다. 누군가 집에 와도 밥 한 끼 해주는 것이 부담스럽고 명절이면 병이 날 정도로 힘이 든단다.

이제 중년에 접어들면서 더러는 할머니 소리를 듣는 친구들도 생겨났다. 싫든 좋든 할머니가 되고 있는 것이다. 아무 것도 할 줄 모르는 딸자식은 시집이라고 가더니 아이 하나도 버겁다고 징징대면서 치대는 것도 때론 짜증난다. 아침에 산에 가야하고 오전에는 헬스 가고 점심에는 친구 만나고, 남들이 하는 골프 못 가도 한 달에 한 번은 가야 하는 것 아닌가? 이토록 인생을 찾겠다고 몸부림을 치는데도 만족감이 없다. 그렇다고 아주 못 견디게 불행한 것은 아니지만 왠지 편치 않다. 뭐랄까, 마치 고향 떠난 이방인처럼 마음 둘 곳이 없다고 해야 하나.

자식들도 나를 모르겠단다. 말하지 않아도, 눈빛만 보아도 부모의 마음을 읽었던 우리와는 영 다르다. 대화의 단절이 아니라 느낌의 단절이다. 그래서일까? 자식에 밀려 효도도 제대로 못 해봤지만, 늦게나마 돌아가신 부모 생각에 곧잘 눈시울을 적신다. 그렇다고 내게 특별나게 잘 해준 것도 없는 것 같은데. 나도 고달파서 할 말이 많았던 것 같은데. 하지만 그런 아픈 기억이 이처럼 가슴 저린 추억이 될 줄이야. 그래서 늘 박동규 교수가 말하는 그의 어머니를 생각한다.

생각만으로도
눈물을 쏟게 하는 어머니

20여 년 전 서울대의 박동규 교수로부터 들은 어머니에 대한 짤막한 일화가 결코 잊히지 않는다.

"전쟁이 끝나고 하루하루 먹을 것을 염려하며 살아야 했죠. 밑으로 동생이 줄줄이 있는 장남인 저로서는 비록 중학생이기는 하지만 무엇이라도 해서 벌어야 했죠. 수업이 끝나기 무섭게 미군 부대가 있는 곳으로 가서 군용차 바퀴를 닦았습니다. 전쟁 직후라 변변한 도로가 없다 보니 바퀴마다 온통 진흙으로 도배가 되어 있었지요. 한겨울에 맨손으로 내 키를 훌쩍 넘는 커다란 바퀴들을 물로 씻어 내리고 나면 손이 곱아 제대로 펴지지를 않습니다. 그래서 일을 한 대가로 5전을 받으려면 뻣뻣해진 손가락을 가닥가닥 펼쳐야 했습니다. 이미 몸에 걸친 옷은 물에 젖고 얼어붙어 딱딱해져 살을 파고들지만, 그래도 그 5전에 너무 행복해서 쏜살같이 집으로 달려와 손 안에 있는 그 5전을 그대로 어머니의 손바닥에 떨어뜨려 줍니다. 하지만 그 돈을 받는 어머니의 양 손은 언제나 떨리고 눈에는 눈물이 고여 있었습니다. 그렇게 번 돈으로 차린 저녁을 먹고 나는 그대로 쓰러져 잡니다. 얼마를 잤을까? 새벽녘에 부엌에서 새어 나오는 불빛을 따라 문을 살그머니 열어 보니 어머니는 부엌 아궁이 앞에 앉아 불을 지펴 얼어붙어 있던 내 옷가지와 신발을 말리고 계셨습니다. 그런데 말입니다. 내 어머니 눈에서 눈물이 빗물처럼 흘러내리고 있었습니다. 한 손으로는 옷가지를 말리고 한 손으로는 눈물, 콧물로 범벅이 된 얼굴을 감싸며… 하루 종일 추위에 떨었을 나를 생각하며….

이내 그는 말을 잇지 못하고 펑펑 울기 시작했다. 당시 그는 50대 후반이었던 것으로 기억된다. 이야기도 감동적이었지만 어머니를 떠올리며 그토록 우는 모습이 더 신기했다. 하지만 지금 50대인 나는 그를 더 이해할 수 있을 것 같다. 그러면서 그는 평생 어머니의 그 모습을 기억하며 하루도 헛되게 살지 않으려 했다며 강의를 마무리 지었다. 요즈음의 잣대로 보면 10대의 아들에게 생활비를 타서 쓸 만큼 무기력한 어머니였다. 하지만 그 어떤 부모보다도 자식의 가슴에 감동으로 남아 그것이 남은 생을 지배하는 것을 보면 부모와 자식은 능력과는 다른 그 어떤 것이 존재한다는 생각이 든다.

내 자식들은
나를 모른다고 한다

나는 동네 목욕탕에서 사우나를 즐기는 편이다. 한가한 낮 시간의 50, 60대 동네 여자들이라 거의 고정 멤버이고 보니, 땀도 빼지만 주로 소소한 자신들의 삶의 이야기를 주고받는다. 어느 날 한 여인의 고단한 목소리가 들려왔다. "아들이 남편이 술만 마시고 들어오면 짜증내며 집을 나가 버려요. 사실 남편이 술을 즐기는 사람이 아닌데 요즈음 들어 부쩍 술을 마시고 때론 주정까지 하는데, 그런 꼴을 본 적이 없는 아들은 보기 싫다며 피하는 거죠. 사실 나도 예전에 우리 아버지 그런 모습이 너무 싫었어요. 하지만 맞서거나 피하는 것은 상상도 못 했죠. 아버지의 주정을 인내하며 견디면서 미워했지만 지금 그 아버지가 이해돼요. 왜 그때 아버지가 그토록 술을 마셨던지 이제 알겠어요."

능력 있는 부모가 능력 있는 자식을 만든다는 것이 현실 논리다. 그래서 부모의 능력은 곧 경쟁력이라는 기치 아래 자식에게는 절대로 약한 모습을 보여주지 않았다. 때론 감당하기 어려워도 허풍스럽게 앞서 가며 자식을 이끌었다. 부모에게 불효하는 것쯤 상관없다. 나 하나 희생해서 내 자식이 행복하면 된다나. 그래서 기러기 아빠라는 신조어까지 만들면서 부모 자식은 물론 부부 이별까지도 감수했다. 그런데 50 고비 넘기며 사는 게 힘들어 이처럼 술 좀 먹고 추한 모습 좀 드러냈더니 자식이 꼴 보기 싫다며 집을 나간다.

아무래도 우리가 조금 있다는 이유, 또 조금 성공했다는 이유로 부모 자식 사이를 주고받는 관계로만 발전시킨 것 같다. 이처럼 물질적으로 아무것도 받은 것도 없고 무능력하기만 했던 어머니가 평생 가슴에 새겨지는 감동. 생각할수록 가슴 진한 추억이 밀려와 힘들고 고단한 오늘이 잊히는 관계. 그래서 살아갈수록 힘들어지는 세상살이 동안 내 부모 살아온 역사를 떠올리며 곧잘 흐트러지는 마음 자세를 다시 가다듬는 추억의 공동체. 왜 우린 우리의 자식들과 그런 교류가 없을까? 누구는 대화의 부재라고 하지만 꼭 말을 해야 한단 말인가? 우리 부모는 자식의 뒤통수만 봐도 그 생각을 읽는다고 했는데….

하긴 느낌이 없으니 반드시 직설적인 표현을 해야만 알아듣는 모양이다. 풍족하게 먹고산다는 이유로 갈기갈기 찢어졌다. 모두들 바쁘다고 아우성치며 자기 발전에 전부를 건다. 콧물도 마르지 않은 어린 자식을 남의 나라로 보내는 것도 개의치 않는다. 조기 유학, 실패를 운운하기 이전에 부모와 자식의 관계가 파멸로 치닫게 할 만큼 위험한 선택인데도 있으니까, 능력이 되니까, 때론 능력이 없어도 남들이 보내니까 따라한다. 혼자 남은 기러기 아빠는 벼랑 끝에서 울고 있으면서도 괜찮단다. 누군가 가족을 위해 희생하는 기러기 아빠가 불쌍하다지만, 그것도 스스로 선택한 본인의 욕심일 뿐이다.

어쩌면 우리와 우리들의 부모는 운이 좋아 가난이라는 이유로 함께 붙어 있었던 것 같다. 그렇게 있으면서 체계적으로 배우지는 못했지만 진한 인간애로 능력을 뛰어넘는 삶을 산 것 같다. 부모와 자식 간의 서로를 위한 삶, 그것이야말로 인간의 초인적인 강인함을 분출시키며 상승, 발전하게 한 것 같다. 특히 20대 이전의 잠재력으로 평생을 살아간다는 것을 50대가 되어서 알았다. 그래서 18세가 될 때까지는 자녀를 반드시 부모 곁에 둔다는 서양인의 철학을 이해할 것도 같다.

나이가 들수록 유소년의 기억이 생의 전부를 지배한다는 것에 그저 놀라울 뿐이다. 흔히들 모든 것은 때가 있다고 했듯이 이때의 경험이나 지식, 감정, 감각 등이 성장기라는 연령대와 함께 뇌 속에 그대로 축적되어 있다. 그래서 이때의 지식이나 경험은 잠재의식 속에 남아 이후로 이어지는 지식이나 경험을 재구성하면서 성장 발전하고, 때론 그때 미처 깨닫지 못했던 것들도 어떤 계기가 되어 되살아나면서 새롭게 창출되기도 한다. 물론 이때의 악몽으로 인해 평생 동안 심리적인 불안으로 고통 받는 것도 같은 맥락이다. 이러한 유소년의 경험이 청·장년기에는 일시적으로 잊히는 것 같지만, 중년에 들어서면 까마득한 기억의 저편의 것들도 샘솟듯 흘러나와 신기할 지경이다.

영어로만 대화를 했던 이승만 박사 부부의 경우, 이 박사가 노년에 들면서 그렇게 유창했던 영어를 거짓말처럼 잊어서 프란체스카 여사가 대화에 큰 어려움을 겪었다는 소문이 있다. 정말 시작과 끝은 같은 모양이다. 이제는 기억하기보다는 기억되는 사람으로 남고 싶은데, 아무리 생각해도 함께한 추억이 없다. 공유한 사건도 감정도 없다. 이처럼 시작과 끝은 같은데 자식 교육이라는 것을 앞세워 시작조차 안 했으니….

부모의 그늘을 벗어나 독립된 인격체로 자신의 꿈을 펼치며 역동적으로 살았던 청장년의 삶, 정말 그때를 가장 멋지게 사는 것이 인생에 성공하는 일인 줄 알았다. 하지만 돌아보니 그토록 아름다웠던 것도, 그토록 자랑스러웠던 것도 기억에서조차 지워지는 그곳에만 너무 많은 에너지를 쏟아 부은 것이 아닐까? 마치 뿌리 잃은 나무 같다는 생각이다. 뿌리를 잃은 나무가 얼마나 아름다울 수 있을까?

결국 물질에 밀려 세태에 흔들리며 근본을 상실했다는 것은 부인할 수 없다. 과학이 아무리 발달해도 인간은 그 범주에서 벗어날 수 없다. 과학은 삶의 수단을 바꿀지언정 삶 자체는 바꿀 수 없기 때문이다. 남보다 많이 배웠다고, 남보다 많이 가졌다고 자식의 삶을 선도했다. 결국 자신이 그토록 살고 싶었던 것을 자식을 통해 실현시키려 했던 것일 뿐이다. 자식들도 마찬가지다. 스스로 하기보다는 부모의 등에 올라타 편안하고 안락하게 사는 것을 경쟁력이라 내세우며 스스로의 정체성을 상실하고 말았다. 그리고는 지금 서로를 향해 너 때문에 인생 망쳤다고 삿대질하는 꼴이 된 것 같다. 자기희생을 주장하지만 철저하게 자기 이익만을 위해 산 삶이다.

1980년 3월 프랑스 파리의 브뤼셀 병원에 한 세기를 떠들썩하게 했던 지성인 사르트르가 폐수종으로 입원하여 죽음을 눈앞에 두고 있었다. 임종을 맞기 한 달 전부터 그는 발작적으로 고통을 호소하며 주변인들을 힘들게 했다. 실존주의 철학자, 수많은 글과 강연을 통하여 20세기 젊은 이들에게 개인 행복 우선주의를 부르짖었던 그였다. 스스로 시몬 드 보부아르와 계약결혼이라는, 당시에는 파격적인 파문을 일으키며 추종자들을 가정에서 떠나게 했다. 그런 그가, 오로지 개인의 자유에 대한 실천의 삶을 살아온 그가 죽음에 대한 자세에서는 결코 자유롭지 못한 것이었다. 그 누구도, 그 어떤 것도 평생 자유만을 외쳤던 그에게 위로가 되지 못했다.

그가 그렇게 공포에 질려 죽음을 맞자 프랑스의 모든 신문들은 일제히 다음과 같은 기사를 실었다. "왜, 사르트르는 이렇게 죽어야만 했는가? 그토록 자유를 즐기고 죽음의 공포로부터 자유를 선포하고 주장해 왔던 그가 이처럼 죽음 앞에서 두려워하며 비참한 최후를 맞이해야 하는가?" 그때 한 사람이 신문에 다음과 같은 글을 투고했다. "사르트르는 돌아갈 고향이 없기 때문이다."

그 말에는 많은 의미가 함축되어 있다.

베이비 붐 세대, 그 화려한 청장년의 시대는 가고

인생은 3단계

헐벗고 굶주렸던 기억이 전부인 유년 시절을 보낸 우리들에게 세상은 참으로 멋지게 펼쳐졌다. 개개인이 모두 만족할 수는 없었지만 나름대로 꿈을 펼치며 살 만한 세상이었다. 하지만 참으로 열심히 살았다는 기억만으로도 행복할 줄 알았는데, 50줄에 접어드니 왜 이리 허전할까? 도대체 나는 누구이며 또 어디로 가고 있는가 하는 의문이 끊임없이 든다.

나는 인생을 3단계로 나누고 싶다. 1단계는 내게 선택권이 없다. 그저 부모의 자식으로 태어나 그 부모의 영향을 받으며 살아야 했다. 자신의 고유한 능력과는 관계없이 부모를 얼마나 잘 만났느냐에 따라 인생이 전개되는 것이다. 나이로 따지면 20대 전후일 것이다. 2단계는 순수한 나의 능력이 발휘되는 기간일 것이다. 이때는 부모로부터 독립하여 결혼하고 자식을 낳고 그 자식들이 독립해 나가는 시점이다. 돌아보면 생에서 가장 역동적으로 살아온 시절이다. 육적인 에너지로 활발하게 움직이는 이때 한 개인의 다양성이 표출된다.

당연히 이 두 번째 삶에도 1단계의 절대 영향력이 있다고 한다. 요즈음은 과거처럼 개천에서 용 나는 일은 절대 없으며, 이 시대는 잘나가는 부모에 잘나가는 자식이 나온단다. 하지만 나는 그 견해에 혹은 그 통계 치에 찬성할 수 없다. 왜냐하면 그들이 부모의 영향력을 벗어나 자신들의 생이 완성되는 시점에 평가를 해야 한다고 생각하기 때문이다. 2단계가 종결되는 시점은 바로 지금 우리가 접해 있는 50대이다. 하지만 한창 부모 그늘을 벗어난 우리들의 20대에도 부모 잘 만난 아이들이 훨씬 출세의 가도를 달리는 것 같았다. 그러니까 이제 막 2단계 초입에 들어선 그들을 보고 전체를 평가하지 말라는 것이다. 앞으로 20여 년이나 남았다. 그때 그들이 어떻게 변할지는 아무도 모른다. 그러나 아마 그때 그렇게 말할 것이다. 개천에서 용 난다. 왜냐하면 내가 살아 보니 잘난 부모는 자식을 약하게 하고 약한 부모는 자식을 강하게 한다는 무대 원칙은 결코 변하지 않기 때문이다.

이 두 번째 단계를 마치니 인생이 조금은 보이는 것 같다. 생을 되돌아보니 아무도 가르쳐 주지 않은 인생 이만큼 왔으니 그나마 복 받았다는 생각이다. 더구나 시대운도 좋아 전쟁으로 파헤쳐진 이 폐허의 땅을 경제대국으로 이끈 주역의 세대가 아닌가. 말 그대로 단군 이래 최대 호황기를 누린 세대다. 최악의 상황에서 최고의 경지에 오른 것이다. 그런 무대 위에서 활기차게 연기했는데 어느새 50고개를 넘겼다.

이제 산 날보다 살아야 할 날이 짧아졌다. 모든 것이 끝에서부터 세어질 만큼…. 길고 지루한 겨울을 지나 생명이 움트는 봄을 보면 남들처럼 80살을 산다고 해도 내가 볼 수 있는 봄은 30번도 남지 않았구나. 화려한 전등으로 세상을 밝히는 크리스마스를 맞으면서 또 생각한다. 30번도 안 남았네. 이렇게 종말론적 사고가 어느새 나를 지배하고 있는 것이다. 죽음이 아주 멀리 있고 전혀 다른 세계라고 생각했는데, 어느새 죽음이 아주 가까이 있다는 것을 느낀다. 그래서 사람들은 나이 들면 자연스럽게 죽음을 받아들이겠구나 생각했다. 소크라테스는 장년기에 공정하라고 했다. 어쩌면 자기만 특별나다는 편협한 사고에서 남들이 가는 길을 나도 간다는 객관적인 시선으로 인생을 볼 나이가 되기는 된 모양이다.

3단계는 장년의 끝자락에서 노년기를 포함한다. 평생 산을 오르다가 가까스로 정상에 오른 후 내려오는 시기를 말한다. 사람마다 일이십 년 간의 시차가 있지만 대체로 50살 중반부터 시작된다. 산을 내려오기가 오르기보다 어렵다는 것은 익히 알고 있다. 그래서 더 내려오기 싫다. 가장 억울한 것은 아직 때가 아니라는 생각이다. 하지만 밀려 밀려 발길을 돌려야 하는 이 무거운 또 다른 생의 시작. 가슴속엔 온통 어건 정말 내가 계획한 것은 아니었다는 분노로 가득하다. 어떻게 살아야 하지? 아직도 내 뒷다리를 잡고 있는 식구들은? 이렇듯 내 주도적인 삶이 끝나는 이 시점은 참으로 받아들이기 어려운 현실이다.

그 어느 세대보다 강렬하고 화려했던 무대에 2막이 내렸다. 3막은 내가 없어져도 아무도 모르는 구석진 자리에 소품처럼 앉아서 주인공들의 활기찬 움직임을 바라만 보아야 한다. 주인공이라고 나와서 떠드는 것들 영 마땅치 않다. 저거, 저것들 도대체 생각이 있는 거야? 무슨 생각으로 저러고 사는지. 그러다 막상 운이 좋아 무대에 서면 도대체 적응이 안 된다. 원, 이 무대는 왜 이리 복잡해. 극본은 그대로이지만 무대는 너무 자주 바뀐다. 그래서 내가 배운 지식은 정말 써먹을 수가 없다. 나도 너희들만큼 한다며 아무리 대사를 완벽하게 소화했다고 큰소리치며 도전해 보지만 몸이 못 따라 주니 바뀐 무대에서는 결국 무용지물이다. 60년대 무대는 고작 판자 몇 개 바꾸는 평면 공간이었지만, 지금은 최첨단 장비와 함께 현란하게 바뀌는 입체 공간이다. 아이고, 어지러워. 우라질, 늙어 죽을 때까지 배워야 한단 말이야. 앓느니 죽지.

 하늘 아래 삐죽이 솟아오른 정상을 향해 치켜뜬 시선을 고정시키고 부지런히 올라왔지만 보이는 것은 그 모습 그대로다. 밑에서 보나 위에서 보나 하늘의 모습은 달라지지 않았다. 속으로는 저걸 보려고 평생을 왔단 말이야? 에이, 그래도 왔으니 야호, 한번 소리치지만 그저 공허만, 메아리만 산을 울리고 내 귀에 맴돈다. 평생 위를 본 시선이 쉽게 떨어지지 않아 몸은 밀려 내려오면서도 시선은 좀처럼 바뀌지 않아 뒤를 돌아보고 또 돌아본다. 그래서 결국 모든 것을 포기하고 하산한다.

 하지만 그토록 세차게 정상에서 내려오지 않겠다고 울부짖었는데, 막상 발을 내딛고 보니 산 아래 전경이 어찌 그리 아름다운지. 지는 해를 받아 지상에 펼쳐진 아늑한 마을과 강과 이어지는 바다와 꼬리를 잇고 펼쳐지는 크고 작은 산들이 아주 평온하게 펼쳐져 있다. 희망의 상징처럼 해마다 떠오르는 해를 바라보며 앞으로만 향했다. 열망처럼 수평선 위로 불쑥 치솟는 태양, 그러나 그 빛이 너무 강해 세상 모든 것을 삼켜 버린 그 섬광 속에 뛰어들어가 불나방처럼 천방지축 날뛰기만 했었다. 그런데 처음으로 지는 해를 어쩔 수 없이 보게 되었다. 하늘과 바다가 이어지는 그 아래로 기우는 해는 아주 작아져서 금방이라도 물속에 잠길 것 같지만, 그 빛이 너무 은은하고 아름답게 세상을 물들이고 있다. 빛이 강하지 않으니 드러나고 싶지 않은 것은 감추어 주기도 하면서, 그림자까지 길게 드리우니 너무도 평온하다. 평생 강함을 그리도 사랑했는데, 강한 것으로 모두를 잡아먹고 약한 것을 그렇게 싫어했는데 약한 것은 모두를 드러내 준다는 것을 그제야 알게 된 것이다.

 이렇듯 시선이 교차되는 그 경계선을 넘으면 내가 살았던 세상이 보인다. 어쩌면 정상은 신기루였고, 하산은 현실인지도 모른다. 이제 눈 꼬리를 내리고 눈앞에 펼쳐진 것을 보니 아쉽기만 하다. 세상에 이렇게 많은 산들이 있는데 왜 이 산을 고집했을까? 내가 온 길을 가만히 지켜보니, 세상에 여기서 보니 저런 지름길도 있는데 왜 저렇게 돌아왔어? 아니 바로 옆에 구덩이가 있었네. 용케 잘 피해왔군.

그렇다. 노년은 바로 시각이 바뀌는 시점이다. 노년은 단순히 늙고 무기력한 세대가 아니라 비로소 내가 살고 있는 세상을 바라보는 시각으로 돌아온 것이다. 철들자 망령이라고 했다. 좀 더 일찍 이것을 알았더라면 하고 아쉽다. 그래서 자식들이나 그렇게 살지 말았으면 하는 바람을 표현이라도 할라치면 자식들은 무슨 호랑이 담배 먹던 시절 얘기냐고. 세상이 바뀌었다며 도대체 들은 척도 않는다. 하긴 나도 저 나이에 부모 말 안 들었다. 배운 것도 이룬 것도 없는 노인들이 뭘 알까 생각했다. 하지만 이제 이해할 수 있다. 설사 그들이 듣지 않아도 소리를 내었기에 이제 내가 그들을 이해할 수 있다. 그러니 자식들이 듣든 안 듣든 내 소리를 내야겠구나. 아마도 그것이 내가 죽은 후 받는 평가가 될 것이다.

세상에는 두 종류의 인간이 있다. 신이 있다고 믿는 자와 없다고 믿는 자다. 믿지 않는 사람은 두 부류다. 너무 알아서 못 믿고, 또 하나는 너무 무식해서 못 믿는다. 세상의 종교들이 많은 사람들에게 현실의 복을 강조하면서 세를 키워 가지만 종교는 하나이다. 내세가 존재하느냐 아니냐에 관한 것이다. 그것이 가장 종교를 종교답게, 인간을 인간답게 만드는 것이다. 내가 살아온 삶의 과정이 죽음 이후에 평가되고 그 값을 후대가 치른다는 이 엄연한 사실을 인정하면서 인간은 절대자의 가르침을 따르려 한다. 하지만 하나님은 모르고 한 짓은 절대 용서하신다. 하지만 알고 짓는다면 그 죄 값은 네게 간다고 말씀하신다.

정말 내가 살아 보니까 정상에 오를 때까지는 모르고 살았다. 앞서 가는 사람 뒤꽁무니 따라온 죄밖에 없다. 하지만 노년은 다르다. 내가 알았기 때문이다. 이제는 세상의 진리가 눈에 보이는 것이다. 진리는 원본이다. 세상이 아무리 바뀌었다 해도 인간에게 들려오는 지침은 분명하다. 시작은 멋모르고 하지만 마무리는 온전히 내 책임이다.

사람들은 말한다. 세상은 철모르는 젊은것들 때문에 망가지고 있다고. 하지만 나는 노인의 이기심 때문에 세상은 이처럼 혼란한 것이라고 말하고 싶다. 이제 이 나라는 선진국으로 진입하려 한다. 그 선진국의 문턱에서만 몇 년째다. 하지만 그 문턱을 넘으려면 경제 규모만 키워서 되는 것이 아니다. 바로 국민의 의식이 선진화되어야 한다. 이 의식의 선진화를 이끌어 갈 주역이 다름 아닌 노년기에 접어든 사람들이다. 내가 어떻게? 잘난 젊은이들에게 내 소리가 들리겠어? 무슨 소리야? 세상이 얼마나 빠르게 변하는데. 그저 남은 인생 나 하나 잘 먹고 잘살다 갈 거야. 그러면 이 나라의 선진화는 결코 오지 않는다.

비교 의식으로 자신감을 잃어버린 세대

그토록 잘살기를 열망하며 세계 경제 순위 10위권에 진입했는데 우리는 결코 행복하지 않다. 행복 지수가 경제 순위에 훨씬 못 미치는 것이다. 물론 행복 지수가 선진국보다는 후진국 사람들이 높다는 것은 밝혀진 바 있다. 그렇다 해도 지금 우리의 행복 지수는 너무도 낮다. 사람들은 이렇게 말하기도 한다. 다 못 살 때가 차라리 더 행복했어. 사람들은 서로 얼굴을 바라보며 눈을 부라린다. 나는 이렇게 힘들게 사는데 저것들은 뭐야. 돈을 거저로 벌어 호의호식하면서 부끄러운 줄도 모르고 오히려 큰소리치잖아. 저나 나나 다른 게 없는데. 이놈의 세상 안 망하나.

배고픈 것은 참아도 배 아픈 것은 절대 참을 수 없단다. 이 배 아픈 것에는 저주가 포함되어 있어 더 위험하다. 탈무드에 나오는 이야기이다. 어느 친구가 둘이서 사막을 걸어가고 있었다. 그런데 갑자기 천사가 나타나 동행하게 되었다. 세 사람은 이야기를 주고받으며 그 긴 길을 지루한 줄 모르고 갔다. 그러다 거의 사막이 끝날 즈음 천사가 덕분에 즐겁게 길을 왔다며 소원을 한 가지씩 들어 주겠다고 했다. 두 사람은 너무 기뻐하며 소원을 생각하는데 천사가 조건을 제시했다. 단, 처음 사람이 소원하는 것을 두 번째 사람이 배로 받을 것이라고 했다. 그러자 두 사람은 서로를 바라보며 먼저 소원을 말하라고 종용했다. 둘은 먼저 소원을 말하지 않으려고 옥신각신하는 동안 길이 거의 끝나가고 있었다. 천사가 말했다. 이제 저 길 끝에서 나는 내 길로 가겠으니 그 전에 말을 하지 않으면 아무런 소용이 없다고…. 둘은 그 길이 끝나는 곳까지 왔지만 결코 소원을 말하지 못하고 있다가 막 천사가 갈라질 무렵 한 친구가 소원을 빌었다. "제 눈 한 쪽을 빼주세요."

1998년 초에 미국 체류가 끝나고 한국으로 돌아올 즈음 한국에서 IMF 소식이 연일 들려왔다. 한국에 돌아갈 준비를 하면서 금방이라도 나라가 망할 것 같은 이 소식은 마치 전쟁터로 뛰어든 병사 같은 심정을 느끼게 했다. 그런 내 나라로 들어와야 하는 우리를 이민자들도 걱정과 근심의 눈빛으로 바라보았다. 입으로는 위로하지만 표정에서는 묘한 것이 느껴졌다. 더러는 노골적으로 표현하기도 했다. 더 망해야 한다며. 그래야 정신 차린다는 부연 설명을 하면서…. 그들은 내 나라가 잘되는 것이 자신들에게 큰 힘이 된다고 말은 하지만 바다 건너 내 나라의 부흥은 그다지 그들의 마음을 편하게 하는 것 같지 않았다.

아무리 생각해 봐도 내 나라 정말 잘산다. 어디를 가도 우리나라처럼 나를 편하게 하는 곳이 없다. 예전에는 내 나라 나가면 들어오기 싫었는데, 요즈음은 어쩌다 나가면 하루라도 빨리 들어오고 싶은 곳이다. 1997년 IMF가 터질 때만 해도 전 세계 사람들이 당연히 올 것이 왔다며 비웃었다고 한다. 하지만 이후로 세계인들이 이 나라를 다시 평가하게 되었단다. 그 작은 나라에 철강, 조선, 조선, 반도체, 자동차 등 어디에 내놔도 손색이 없는 산업 국가임을 알게 되었다고…. 정말 대단한 나라이다. 그런데 그 위력을 우리만 모른다. 경제 규모만 봐서는 부러울 것이 없는 내 나라다.

이토록 잘 먹고 살 만하면서 그만큼 행복하지 못한 이유가 바로 비교 의식이다. 더구나 빈익빈 부익부가 가속화되는 사회 현상으로 인해 상대적 박탈감은 더 커지고, 게다가 인터넷 매체가 다른 나라보다 발달했다는 것도 개개인의 불행 지수를 높이고 있다. 시시각각으로 떠오르는 소위 잘 나가는 사람들의 기사가 사람들에게 희망을 주기보다는 절망으로 이끈다. 사람들은 빈곤을 탈피하면서 남과 같아지려는 경향이 있다. 특히 우리나라 사람들이 그런 성향이 강한 것 같았다. 어떤 집단이나 무리에 속해 있지 않으면 소외되는 느낌으로 몹시 불안감을 느낀다.

하지만 유럽의 나라들이 선진국의 자리를 결코 내어주지 않는 이유는 바로 이 비교 의식이 없기 때문이다. 남과 나를 비교하지 않고 자신의 개성대로 살아가는 문화가 오랜 역사 속에 형성된 것이다. 이제 길은 하나다. 비교 의식에서 벗어나라는 것이다. 더구나 비교 의식이 가장 강한 세대가 바로 우리 세대이다. 그만큼 치열한 경쟁에서 살아남았으니 생에 대한 애착은 오죽하며, 남보다 잘살아야겠다는 의식은 얼마나 투철하겠는가. 남은 생도 절대 우위에 있어야 한다고 생각한다.

그러나 내려와 보자. 뒷자리에 물러나서 내가 살아온 것을 가감 없이 털어놔 보자. 나는 여자다. 남자에 대해 아는 것이 없다. 그저 여자로 살며 여자가 느낀 것만 말하려 한다. 스무 서너 살까지는 거의 비슷하게 시작했다. 그리고 30여 년이 흐르면서 나름대로 인생이라는 것이 생겼다. 평생 남편 밑에서 애들 낳고 키우며 이름 없이 살았든 자기 커리어를 가지고 살았든, 혹은 결혼을 했든 못 했든, 아니면 이혼을 했든 어느새 과부가 되었거나 혹은 죽었든 간에….

58년 개띠 여자들의 이야기

내 친구는 커리어 우먼

그녀는 참 잘나가는 내 중학교 동창이다. 그녀는 공부에 두각을 나타내는 수재였다. 더구나 3년 내내 반장 자리를 내주지 않을 정도로 리더십도 있었다. 모두가 예상한 대로 그녀는 서울대학을 우수한 성적으로 입학하고 졸업해서 공영 방송국의 기자가 되었다. 그리고 2년 후에 결혼을 했다. 남편은 성형외과를 전공한 캠퍼스 커플이다. 아들도 순산하고 해외 특파원도 나갔으며 대학원도 다녔다. 그녀가 이처럼 잘나가니 만나지는 못해도 그 소식만큼은 동창들의 입을 타고 귀에 들어왔다.

그러던 어느 날 그녀가 사표를 제출했다는 소식이 들렸다. 국장이라는 직책으로 명퇴가 한참 남아 있는 것 같은데 돌연 사표라니? 그래서 소문이 돌았다. 병에 걸렸다느니, 남편과 관계가 안 좋다느니…. 좋을 때는 부러움으로 온갖 찬사를 내놓다가도 막상 안 좋은 느낌이 들면 그동안 누르고 있던 시샘이 악성 바이러스를 내뿜으며 추측성 기사를 남발하는 지인들의 속성이다.

그러던 차에 그녀가 우리 모임에 나왔다. 항상 모임을 주도하는 동창생이 집요하게 달라붙어 끌어낸 것이었다. 뭐 위로라도 해주어야 한다는 공론이었지만 사실 그 실상을 파헤쳐 보고 싶었던 것이다. 그렇게 기대를 모으고 나타난 그녀는 다소 수척해 보이기는 했지만 표정만큼은 활기차고 명랑해 보였다. 모두가 그녀를 바라보며 목구멍까지 올라온 소문의 진상을 묻고 싶은 표정이지만 애써 참으며 침만 삼키고 있었다.

그녀는 그런 우리를 둘러보며 자기 얘기를 털어놓았다.

"내가 아들만 둘이잖니. 하나는 대학교 졸업반이고 한 녀석은 이제 고등학교 일학년이야. 사실 하나만 낳고 말려 했는데 어쩌다 늦둥이를 만들어서 이 고생인지. 아무튼 작은놈은 큰놈보다 영특했어. 큰애는 약지를 못하고 어수룩한 반면에 작은애는 머리 회전력이 빠르고 진취적이지. 내가 좋아하는 타입이야. 어릴 때부터 뭐라도 될 것 같은 착각으로 둘째를 유난스럽게 좋아했어. 그런데 그 작은 녀석이 학기말 시험을 얼마 남기지 않고 집을 나간 거야. 그때처럼 배신감을 느낀 적이 없었어. 도대체 무엇이 아쉬워 이런 짓을 하는지 백 번을 생각해도 이해할 수 없었어.

처음에는 며칠 내로 붙잡아 학교로 돌려보내면 되겠다 싶어 일체 비밀로 하고 사람을 풀어 잡는 데 주력했어. 다행히 담임선생님도 상당히 협조적이었어. 이미 아이가 2학기 개학을 하면서 눈에 띄게 불량해진다는 몇 번의 경고를 받은 적이 있었지만, 설마 내 새끼가 그 지경까지 가겠나 생각했어. 사춘기에 몰래 숨어 담배도 피울 수 있고 패거리로 몰려다닐 수도 있고, 계집애들 꽁무니도 쫓아다닐 수 있다고 제법 대범한 척을 했으니까. 다행히 가출 일주일 만에 붙잡았어. 이미 머리는 색색으로 물들이고 귀에는 구멍을 3개씩 뚫고, 주유소에서 일을 했는지 손에는 기름때가 반들반들 배어 있었어. 집안으로 끌려 들어서는데도 반성은커녕 눈에 독기를 뿜으며 입에서 나오는 말마다 욕으로 범벅을 하며 자기를 내

버려두라는 거야. 도저히 내 새끼라고 믿어지지 않더군. 그래서 억지로 참고 있던 울분을 다시 터뜨리며 맞붙자 남편이 나를 밀치고 자기에게 맡기라고 했어. 기자 생활 30년이야. 남자들과 어깨를 나란히 하면서 살았는데 쥐방울만 한 것 하나를 이기지 못한다니, 정말 분통이 터져 죽을 일이었지.

남편이 밤새 아이를 어떻게 달랬는지 보통 아이의 모습으로 돌아와 학교를 다니기 시작했어. 그런데 일주일 만에 다시 집을 나간 거야. 이번에는 제대로 준비를 해가지고 나갔어. 옷가지며 적당히 돈 되는 것까지 들고서….

이상하게 처음보다는 덜 황당했고 덜 화가 났어. 그리고 궁금해졌지. 도대체 우리 아들이 왜 가출을 한 걸까? 나는 그 아들을 위해 최선을 다해 준 것밖에 없는데 집을 나가다니. 아이의 소지품과 책상을 뒤져 봐도 알 만한 것은 거의 없었어. 성적도 상위권에 있던 녀석이 그렇게 양아치처럼 떠돌고 싶어 하는 이유를 모르겠는 거야. 큰놈에게 물어보아도 잘 모르겠다는 대답뿐이야. 그런 큰놈도 섭섭했어. 형이라는 것이 동생 하나를 건사하지 못하나 싶은 게. 남편은 말할 것도 없고. 하지만 시간이 갈수록 이유조차 모르고 앉아 있는 내 자신이 한심해졌어. 그러면서 나는 내 아이를 얼마나 알고 있었는지 되묻게 되더군. 내가 낳았다는 것 외에 그 아이에 대해 아는 게 없었어. 태어나자마자 시어머니 손에 맡겨졌지. 그때는 해외 특파원으로 나가서 때론 한 달씩 집을 비우는 일도 다반사였으니까. 애 딸렸다고 몸 사린다는 소리가 듣기 싫었어. 대부분 새벽에 자는 아이 잠깐 보고 밤이면 역시 잠에 곯아떨어진 아이 얼굴을 보는 게 전부였으니까.

생각해 보니 작은놈은 큰놈 같지 않게 알고 싶은 것이 많았어. 틈만 나면 질문도 많고 요구하는 것도 많아 일에 지쳐서 집에서만큼은 쉬고 싶은 나를 귀찮게 했었지. 어떤 때는 때려죽이고 싶을 만큼 귀찮게 해서 왜 나를 괴롭히느냐고 소리도 많이 질렀지. 작년에 부서를 옮기면서 거의 절정에 달했던 것 같아. 이 한창의 나이에 한직으로 돌면서 정년을 맞아야 하는 내 자신을 생각하면 억울하고 분하고, 그토록 모든 것을 던져 쌓아 온 공든 탑이 한순간에 무너지는 배신감으로 불면증까지 생겼지. 그때는 아이와 눈빛도 마주하기 싫었어. 내가 너무 괴로우니까 누군가 내 곁에서 말을 거는 것도 소름이 돋도록 싫었으니까. 물론 그즈음 아이도 전혀 나와 마주할 생각을 하지 않더군. 그래, 너도 사춘기인가 보구나, 잠깐 그렇게 생각하며 넘기는 거지 뭐. 한심하지? 그게 나였어. 안으로는 곪고 터지는 것도 모르고 밖에 나가면 그럴 듯한 논리로 가정을 지키라는 입바른 소리를 하면서. 괜찮은 남편에 공부 잘하는 아이들 가진 이 시대의 슈퍼우먼이라고 스스로 자부했으니까.

　우리는 아이가 없어져도 겉으로 보이는 생활은 그대로 이어져 갔어. 어쨌든 각자의 역할이 있으니 아침에 일어나면 나와 남편은 각자의 일터로, 큰 아이는 학교로···. 이게 우리 집의 풍경이야. 작은 아이의 자리는 처음부터 없었던 것처럼 각자의 일에만 매달리며 살고 있었지. 나는 드디어 울기 시작했어. 출근하는 차 안에서, 퇴근해서 돌아와 불 꺼진 우리 집 창을 바라보며, 화장실에 우두커니 앉아서 아이를 생각하며 울었어. 어느 순간부터 아이가 얼마나 외롭고 힘들었을까 하는 생각이 나를 떠나지 않는 거야. 그래도 남편이나 큰아들 앞에서는 아주 의연한 듯했지, 물론 남편도 마찬가지였어. 오히려 그러다가 들어올 테니까 너무 걱정하지 말라고 나를 위로하면서. 하지만 어느 날 너무 답답해서 아파트 주변을 산책하는데 그때까지 들어오지 않았던 남편이 공원 벤치에 앉아 있는 게 보였어. 늦은 시각이라 인적도 희미한 가로등만 희미하게 비치는데 그가 울고 있다는 것을 알았지. 그 모습에 나는 차마 아는 척하지 못하고 먼저 집으로 들어왔어.

아이가 나간 지 일주일이 지난 어느 날 밀린 일감을 잔뜩 들고 텅 빈 집 안을 들어서는데 갑자기 그것을 팽개치고 싶은 충동을 느꼈지. 도대체 이 것들이 나와 무슨 상관이냐고 소리치면서 말이야. 그래 사표를 쓰자. 그 때 결심했어. 사람들은 말리더군. 사춘기에 한번은 그럴 수 있다고, 내가 너무 예민하게 받아들인다고, 이제 아이도 대학 가면 정말 할 일 없는데 그때는 어쩔 거냐고. 남편도 말리더군. 자식새끼 하나 없는 셈 치자나?

하지만 나는 결심을 바꾸지 않았어. 사실 나도 지쳤거든. 인생의 무대 는 죽는 그날까지 내가 찍지 않으면 마침표는 오지 않아. 그래서 내가 찍 기로 했어. 뭐 당장 할 일은 없지만 아이 기다리는 것도 내 할 일이겠지. 밥하고 빨래하고 청소하면서 기다려 보지 뭐. 사실 그 아이에게 따뜻한 밥 한번 해준 적 없으니까. 정말 아이가 좋아하는 것이 무엇인지 모르는 엄마야. 먹겠다면 닭튀김이나 자장면 같은 것 시켜 주었으니…."

친구의 이야기가 빠르게 진행되더니 잠시 숨을 고르는 듯했다. 얼마간 생각에 잠기다가 이내 말을 이었다.

"아마도 작은놈이 연말을 고비로 들어올 것 같아. 전에는 하루가 조급 해서 견딜 수가 없었는데 이제는 오히려 느긋해졌어. 까짓것, 올해 학교 못 가면 내년에 가고 또 이 나라에서 안 받아 주면 유학이라도 보내지 뭐. 어디에 있든 씻을 수 없는 죄나 짓지 말고 몸이나 상하지 말아 달라고 기 도하면서….

한때는 모든 것이 하기에 달렸다고 큰소리쳤지만 자식 때문에 세상 뜻 대로 되는 일이 없다는 것을 알았어. 그래서 나만 해결할 수 있다는 집착에서 벗어나기로 했어. 며칠 전에는 밤늦게 전화가 걸려 왔어. 아무 대답이 없다가 끊는 것이 분명 우리 작은놈이라는 것을 직감으로 알았지. 하루가 다르게 날은 추워지고 낮이면 주유소나 음식 배달원으로 일하고 밤이면 독서실에서 웅크리고 자보니 처음과 달리 집 생각이 나겠지 싶더군.

　아들 녀석 돌아오면 배낭여행 갈 거야. 인도도 가고 태국도 가고 네팔도 갈 거야. 특정한 일정 잡지 않고 그냥 둘이서 동남아로 떠나 볼 거야. 언제부터인가 몹시 하고 싶었지만 일 욕심에 매여 못 했어. 아마도 여행이 끝날 즈음 아들의 고민도 알아지지 않을까? 이 날까지 살면서 많은 일을 겪었지. 하지만 그 무엇도 날 이처럼 설레게 한 것은 없었어. 떠날 거야, 우리 아들과…"

　그녀가 그토록 담담했던 이유를 이제 알 만했다. 어쨌든 그녀의 것을 그토록 과감하게 놓을 수 있는 것도 상당한 용기였다. 자식 때문에 자신의 인생을 희생하는 것은 어리석다고 주장하는 친구도 있었지만 나는 그녀의 결정에 박수를 보낸다.

　친구야, 한번 내려놓아 보아라. 너무 귀해서 손 안에 틀어쥐고 있으면 정말 귀한 줄 모른다.

　그리고 고통 속에 뛰어들어라. 사람들은 작은 능력만 있어도 그 고통을 회피하려는 경향이 있다. 특히 가족의 문제는 내 것을 버리고 뛰어들어야 비로소 문제를 알고 결국에는 하나가 된다. 세상에 그보다 소중한 것은 없더라.

포카라에서 온 친구의 편지

　이번 여행의 가장 큰 목적은 안나푸르나 트레킹이야. 하늘과 맞닿은 그곳에서 열흘간의 순례 길을 행하며 몸과 영혼을 조금이라도 정화하려고…. 과연 끝까지 마칠 수 있을지 두렵지만 시도는 해보려고 해. 아무튼 그 관문인 포카라에서 이틀을 묵기로 했다. 포카라의 페와 호숫가는 카트만두의 타멜 거리에 비견하는 곳으로 모든 여행자가 몰리는 곳이다. 호숫가에 있는 피쉬 테일 호텔(fish tail hotel)에 묵고 있다. 이 지역에서는 가장 비싸다는 곳이다. 오랜 만에 호사를 누려 보려고…. 호숫가에는 평화롭게 보트가 떠다닌다. 창가에 앉으니 불현듯 옛날이 떠오르기에….

　내가 태어난 그 즈음 이 나라는 징그럽게 가난했지. 딸만 나오면 미역국도 제대로 얻어먹지 못하고 피가 뚝뚝 흐르는 몸을 추스르고 밭으로 나가는 어머니의 딸들이었지. 태어난 자체가 슬픔이었으니까. 어떤 아이는 이름도 없이 아버지가 불만스럽게 내뱉은 '또 딸이야!' 가 그냥 '김또딸' 로 호적에 올랐지. 그 외에 더 이상 딸은 낳지 말자고 '말순', '말자' 라는 이름도 흔했지. 철이 들 무렵부터 딸들은 어머니가 아들을 못 낳는 것도 함께 고통을 받았지. 중학교 때로 기억되는 어느 해인가 교실에서 점심 도시락을 먹고 있는데, 딸 부잣집 순영이가 교실로 뛰어 들어와 환희에 찬 소리를 질렀어. "얘들아, 우리 엄마 아들 낳았대." 아이들은 입안에 있던 밥풀까지 토해 내며 와 하고 웃어 댔지만 순영이는 부끄러운 줄도 모르고 기쁨의 눈물만 쏟았어.

　우리 엄마 세대의 여인들은 남성 위주의 사회 구조 때문에 희생되었다고 했지. 그래서 딸인 내게 무조건 남자처럼 배우고 남자처럼 살라고 가르쳤어. 물론 나도 절대로 엄마처럼 살지 않으며 아버지와 똑같은 역할을 수행하며 남자와 대등하게 살 거라고 했지. 하지만 결혼을 하고 얼마 지나지 않아 남자처럼 살 수 없다는 것을 알았어. 그것은 남자 때문도 사회 구조 때문도 아니었어. 바로 내 탓이었어. 더러는 밉기도 했지만 그 남자의 사랑을 원하고, 때론 그 남자의 그늘을 벗어나고 싶기도 했지만 결코 그 남자가 없다는 것이 상상되질 않았어.

한창 나이에는 직장 내 여자 선배들이 동료 남자들과는 달리 애들이나 가정에 매달리는 꼴을 보며 저러니 여자들에게는 발전이 없는 거리고 흥분했었지만, 어느 시점부터 나도 같은 꼴로 나이를 먹어 가더군. 하지만 어쩌겠어? 모성애적 본능이 남자와 대등해지려는 이성을 지배하는데. 이같은 근본 구조는 그대로 둔 채 역할 변화만을 주장하지만 결국 여자들이 포기하고 말지. 앉아서 오줌을 눌 수밖에 없는 성기를 가진 여자들이 남자들과 똑같아지려고 서서 누려 하지만, 오줌 줄기가 남자처럼 뻗어 나가지를 못하고 가랑이를 타고 흐르는데 어쩌라고.

남자와 살면서 한 치도 안 지려고 아옹다옹 해봤지만 그 모두가 나만 소진시킬 뿐이었어. 남자와 여자는 같은 포유동물이지만 그 역할이 아주 다른 개체로 분류해야 할 것 같아. 마치 나사로는 같지만 암나사와 수나사처럼 그 누구도 바꾸지 못하는 하드웨어 같은 것이겠지. 남녀 생식기도 주고받는 모형이며 실제 행위도 남자가 능동적으로 정자를 쏘아대고 여자는 방어 자체도 불가능한 수동형이야. 그래서 성폭행이라는 용어는 남자만이 여자에게 가할 수 있는 거야. 간혹 여자가 남자를 성폭행할 수 있다지만 그것은 여자들의 억지일 뿐이야. 때로 내가 남편에게 구애를 하지만 결정은 남편이 하기에 절망하지. 하지만 남편은 내가 원하지 않을 때도 혼자 즐기다 떨어져 나가. 타고난 불공평의 구조야.

물론 생리 구조처럼 타고난 심리 구조도 다를 게 없어. 여자는 남자에게 받는 것이 당연한 기쁨인 데 반해 남자들은 정반대의 반응이야. 모멸감을 느낀다고 하더군. 어쨌거나 남편에게 인정받으려고 시부모님께 없는 사랑도 만들려는 나 자신을 보며 절망할 때도 있었어. 그래도 문 밖에 나서면 여성이 남자와 결코 다를 게 없다고 부르짖었지. 하지만 남자는 역할을 바꾸려 하지 않는데, 여자들만 대물림하는 열등감으로 역할 변화에 대해 끊임없이 도전하는 거야.

그러면서 여자들이 그처럼 힘들게 벌어낸 것이 경제력에 얼마나 기여했는지 생각도 해봤어. 예전에는 아버지 혼자 벌어서 온 가족이 충분히 먹고 살았지. 큰소리치는 남편에게 돈 타서 살림하는 것이 더럽고 치사해서 딸들에게 경제력이 최고라며 엄마는 무조건 일을 해야 한다고 했지. 그래서 또 우리는 열심히 벌었어. 하지만 일정한 보존 자원 하에 여자들이 들어선 자리만큼 남자 자리는 없어지는 거야. 직장 여성들이 한자리 차지하고 있으면서 남편 덕까지 보려 한다면 그건 지나친 과욕이야. 물론 시대가 발달하여 무수한 업무가 창출되고 있다지만 배분의 원칙은 바꿀 수 없어. 여자들이 가정을 포기하고 남자들이 하지 않은 일을 하는 것이 아니라, 남자들의 일을 빼앗는 거야. 결국 노동에 대한 소득은 예나 지금이나 같은 거야. 즉 여자와 남자가 함께 벌든 혼자 벌든 같다는 논리지. 졸업하고 벌써 이십여 년 가까운 세월을 산 졸업 동기를 보아도 맞벌이 팀이 남편 혼자 번 외벌이보다 경제적으로 풍요롭지도 못해. 오히려 못한 쪽이 더 많아. 어쩌면 둘이 벌다 보니 서로에게 절대 절명의 책임의식이 떨어지기 때문인 것 같아. 거기다가 구조적으로 허세가 높은 남자들이 무능해질 확률이 높은 거지. 마누라가 벌면 그만큼 자존심 세우며 직장 자주 바꾸고 사업한다고 거들먹거리고….

맞벌이가 보편화되어 있는 미국의 경우에도, 경기가 나빠 계속되는 구조 조정으로 급증하는 실직자도 남성을 의미한다더군. 결국 아내는 가족을 먹여 살리기 위해 낮은 급여를 받고 공장에 나가고, 남편은 임금 경쟁에 밀려 실직자가 되어 집에서 애나 보는 신세로 전락하고 있다고 한 저널리스트의 말이야.

정말 지금껏 일이 좋아서 자신의 커리어에 도취되어 남아 있는 여자들이 몇이나 될까. 경제적인 자립, 그것도 역사 이래로 억눌렸던 남성으로부터 자유로워지기 위한 조건이었지. 그것이야말로 누구에게도 종속되지 않는 행동의 자유를 누리기 위한 것이었어. 한 조사에 따르면 여성들은 로맨스보다 돈에 더 집착한다더군. 남자는 돈에 대한 욕구가 34퍼센트인 데 반하여 여자는 60퍼센트였대. 돈이 많아야 한다는 생각 자체가 이미 나머지 부분은 버려지고 있는 거야. 그래서 여성들은 좋아하지도 않는 직장에 남아 있을 수밖에 없어. 또한 여성들이 일을 포기하지 못하는 이유 중에 하나는 그것을 얻기 위해 그동안 너무 많은 것을 포기해서 일이 전부가 되어 버린 거야. 결국 돈과 일에 구속받게 되고 만 거지. 모두들 자신을 변호하며 허울 좋은 구호를 외치지만, 격변하는 시대를 따라 살아온 전후 세대들이 어느새 절반이 훨씬 넘는 생을 살고 나니 왠지 자기 덫에 걸려 후회조차 못 하는 삶을 살고 있는 것 같아.

차라리 남자와 여자 각자 사는 구조로 바뀌면 부작용이 덜할까? 하지만 양쪽이 맞추어지는 부분이 존재하는 한 혼자서는 절대 행복하지 못하지. 인간의 유전자를 완전 해독하고, 세포 하나로 자기와 똑같은 것을 복제하고, 난자와 정자가 수정하지 않아도 인간이라는 개체를 만들 수 있는 21세기를 살아간다지만, 아예 인간의 구조를 뜯어고쳐 아메바처럼 성의 구별 없이 하나로 통합되지 않는 한 남녀 간의 사랑 놀음은 결코 끝나지 않아. 문명의 이기로 배에 기름 끼고 신체가 갈수록 편안해지면 인간의 정신 상태는 공허해지면서 쾌락 탐구에 몰입하지. 인간의 역사를 보면 등 따습고 배부르면 반드시 성적 타락으로 나라가 망하는 것이 진리야. 그래서 인간이 결혼이라는 이름으로 가정을 꾸리는 것은 안팎으로 자신을 지키기 위한 최후 수단이야.

페미니즘에 젖어 사는 우리들, 나는 정말 이 시대의 여성으로 가치 있는 삶을 살고 있는 것일까? 여성 해방이라는 이름하에 여자들은 절대로 남자의 전유물이 돼서는 안 된다고 교육을 받았지. 당연히 어머니들도 딸들도 남자와 똑같이 하라고 하면서도 아들에게는 좀스럽게 굴지 말라고 이율배반적인 행동을 취해 왔지. 남자는 바뀌지 않으면서 여자만 가정에서 나오게 한 거야. 하지만 가정이라는 울타리를 쳤으면 누군가는 가정을 지켜야 하잖아. 여자들이 여성 해방을 부르짖으며 뛰쳐나온 집에 남은 게 뭐야. 팽개쳐진 아이들, 무너진 가정뿐이지. 그러니 진정한 의미의 여성 운동가라면 역할을 나누지 말고 역할을 바꾸었어야 해. 여자는 나오고 대신 남자가 들어가게 했어야지.

그러나 여의치 않으니까 여성 전체를 대변한다는 명분으로 자신의 남편이나 아이들을 희생시키거나 아니면 혼자 살면서 사회 개혁을 부르짖지만, 그것이 정말 자신을 포기하고 가정을 지킨 여자보다 승리한 삶인가? 페미니즘이 남자 중심의 사회 개혁을 위해 깃발을 날리며 맹렬하게 달리기 시작하면서 얼추 한 세기 지났지. 정말 그들의 노력대로 세상은 아주 많이 바뀌었어. 더 이상 여자의 이름으로 남자의 것을 갖지 않는 것이 없으니까. 하지만 그만큼 행복한지는 잘 모르겠어. 남자와 여자는 생각하는 각도가 다른 것 같아. 여자는 자신의 일에 성공했다 해도 가정이 기대만큼 이루어지지 못하면 실패했다고 생각하고 남자는 반대야. 남자는 비록 가정생활이 만족스럽다 해도 일에서 성공하지 못했다면 실패했다고 생각하는 거야.

아, 정말 혼란스러워. 이제 와서 내가 이런 의문을 갖는 것이…. 차라리 살아온 삶에 대해 누가 무어라 해도 최선을 다했다는 자기 확신만 있었더라면…. 왜 자꾸 절반의 삶에 대한 미련이 남아 나를 괴롭게 하는지…. 그래, 한번 벗어 보지 뭐. 이제 무슨 일을 하느냐보다는 내가 누구냐를 알기 위해서. 하지만 지금껏 소중하다고 생각하는 것을 버리는 것이 솔직히 두려워. 너무 멀리 왔나봐. 이러다가 내가 누구인지도 모르고 미쳐 버리는 것은 아닐까?

하지만 나는 이 시대에 선택받은 자였어. 이 시대의 모든 여자들이 그토록 갈망하던 사회적인 역할을 수행했으니. 오로지 내 이름 석 자를 걸고 나의 능력을 마음껏 발휘하고 남자들과 어깨를 겨누며 당당하게 살았어. 한때는 일을 하면서 결혼한 것을 후회한 적이 많았어. 나를 갉아 먹는 원흉이라고 생각하며, 만일 일에 방해가 된다면 이혼도 불사하겠다는 가능성도 열어 두었지.

하지만 지금은 결혼을 하고 싶을 때 결혼해서 이 날까지 살아온 것 정말 감사해. 아무것도 없는 주제에 미래도 불확실하면서 오로지 사랑하기 때문에 결혼했지. 아마 나도 그 시기를 놓쳤더라면 이 나이까지 결혼 못했을 거야. 결혼하고 미친 듯이 일만 했으니 내 마음에 그런 사랑이 살아나질 못했겠지. 그래서 한창 일할 나이에 결혼했고 또 한창 사랑할 나이에 결혼하고 애 낳으면서, 일에서도 가정생활에서도 온전히 내 능력을 발휘하지 못했던 것도 사실이야.

말이 좋아 이것저것 다해 보고 나서 결혼을 한다지만, 결혼처럼 철저하게 미래를 위한 투자는 없는 것 같아. 나이 따라 숙제하듯 하지 않으면 결코 완성될 수 없는 조립품 같은 것이 가정인 것 같아. 각기 다른 두 사람이 만나 새로 써야 하는 가족사에서 시간은 절대 요건이야. 또 각자 자리를 잡고 나면 합쳐지기 그만큼 어려운 게 결혼 생활이겠지. 결혼은 분명 무언가 부족한 상태에서 만나 그 부분을 맞추느라고 애쓰는 시간의 산물이야. 나는 결혼을 레고블록 같다는 생각을 해. 단순히 오목 볼록한 개체들이 흩어져 있으면 아무런 의미도 없지만, 서로 일치하는 부분을 맞추어 끼우면 어떠한 형태의 모형이 되잖아. 그렇게 만들어진 모형이 바로 가정이야. 하지만 투자 정신으로 사다 놓고 방치하면 결국 의미가 없겠지. 당연히 맞추어질 부분을 고민하며, 때론 마음에 들지 않아 무너뜨려 새로 쌓기도 하면서 완성되는 모형은 정성을 들인 만큼 아름다울 거야. 그래서 철없는 나이에 멋모르고 결혼해서 갈등하고 후회하고 서로 미워하며 때론 행복했던 지난 30여 년의 세월은 결코 피할 수 없는 과정이었구나 생각이 되네.

일? 자신의 성취감? 물론 중요했어. 하지만 인간을 가장 행복하게 하는 것은 그 어떤 물질도 명예도 지식도 아니라 바른 인간 그 자체였어. 태어나 부모를 보며 행복하고, 사춘기에는 이성을 보며 행복하고, 청년기에는 배우자를 보며 행복하고, 노년에는 자식을 바라보며 행복하지. 인간의 모든 슬픔과 기쁨은 그것에서 시작되고 그것에서 끝나는 거였어.

이 나이 되고 보니 엄마처럼 살았어도 나쁘지 않았겠구나 싶어. 70 고개 넘기신 시어머니나 친정어머니 모두 남편을 하늘처럼 떠받들며 살아온 여인네들이지. 친정엄마는 아버지의 손발톱까지 깎아 주며 살았어. 오로지 남편의 삶에 녹아들어 자신이라고 할 수 있는 것은 하나도 없는 그 맹한 표정…. 한때는 왜 저러고 사나 싶었는데, 요즈음은 그 속에 들어 있는 세상에 때 묻지 않은 천진함과 편안함은 결코 내가 가질 수 없는 것임을 느끼지. 하나에 만족하지 못하고 끊임없이 변화를 시도해온 내가 하나에 충성한 단순함에 졌다는 생각이야. 끝이 어떻게 끝날 거라는 것에 아무 의심하지 않고 오로지 남자의 권위에 눌려 날려 버린 여자의 일생…. 하지만 요즈음 들어 가정 내에 남자의 권위는 처음부터 없었다는 것을 알았어. 그 어디에도 어머니가 없는 아버지란 존재할 수 없는 거야. 아주 단순 논리로 어머니가 아버지를 떠받드니까 자식도 따르는 거야. 각자 평행선을 달리면 권위란 결코 존재할 수 없어. 남자들의 편견과 독선을 그대로 받아들여 흡수 통합하는 것이 바로 어머니였어. 그러니까 아버지의 권위란 어머니란 주체에 의해 형성된 허구와 같은 존재야. 나이 들어 갈수록 어머니의 치마꼬리에 매달려 전전긍긍하는 아버지가 오히려 엄마의 삶 속에 녹아들어 흔적도 없어졌구나 생각해.

어쨌든 전례도 없는 새로운 길을 좌충우돌하며 열심히 살아온 우리야말로 온갖 패러독스에 시달리고 있는 거야. 중년에 들어서면서 살아온 삶 전체를 부정하는 것도 그 때문이야. 때론 탈선조차도 가치관과 시대의 흐름이라는 탈을 쓰고 정당화시켜 보지만, 인간의 본질이 바뀌지 않고는 기존의 원칙은 변할 수 없어. 어쩌면 우리가 이 시대의 돌연변이였는지도 모르지. 어차피 우리는 총알받이 선두주자야. 내 것을 고집하지 않고 내 자식들이 객관적으로 평가할 수 있도록 좋은 선례를 남기는 것도 져야 할 책임이겠지. 물론 내가 살아온 삶이 그르다는 것이 아니야. 단순히 내 방식을 고집하지 않고 내 어머니의 삶을 부정하는 자세에서 벗어나 그들의 방식대로 살아보고 싶어.

그래서 남은 생애 동안 남편만 죽도록 사랑할 거야. 그것만이 이 혼돈의 시대에서 나의 정신 건강을 가장 건실하게 지켜 줄 것 같아. 물론 처음 만났을 때 눈부시도록 아름답던 몸매는 그 어디에서도 찾을 수 없다지만 배불뚝이 남편의 엉덩이도 예전처럼 사랑할 거야. 어쩌면 그 옛날의 열정이 식었다지만 세월 속에 삭힌 덧정으로 이제 남은 생을 새롭게 살아보겠어. 집에서 빈둥대며 머리 빠지고 어깨 처져 가는 남편의 기운을 북돋워 줘야지. 피곤할 때 발도 씻겨 주고 마사지도 해주고 맛있는 것도 챙겨 먹이면서 말이야. 어느새 서로가 늙어 빠진 모습을 측은해 해야 할 지금에 와서 부부 사이에 자존심을 내세우는 것은 최악의 소모전이야. 인간에게 가장 잔인한 고문은 발가벗기는 거라더군. 그런데 부부란 그 단계를 뛰어넘은 흡수 통합 관계잖아. 최악의 수치심에도 서로 무감각한 주제에 자존심이라니….

마흔 고개 넘길 때도 이렇지는 않았어. 하지만 50고개를 넘기니 요즈음은 모든 게 아프게 가슴에 와닿아. 어쩌다 내 몸이라도 타보겠다고 남편이 올라와도 걱정이 앞서. 아무리 자극을 주어도 내 질은 반응을 하지 않아. 언제 내가 젖과 꿀이 흐르는 습지였냐고 딴청을 피우며 모래 바람 이는 사막처럼 건조해서 쓸릴 때마다 내가 아픈 것은 고사하고 가뜩이나 힘도 없는 남편에게 미안할 따름이야. 그래 돌아가면 호르몬 치료 받을 거야. 이런 것조차 쉽게 떠날 거였다면 젊은 날 좀 더 열심히 할 걸. 후회돼.

돌아가면 간장 담그는 것도 배우고 고추장 담그는 것도 배울 거야. 나는 아직 김치 담는 것도 몰라. 해본 적이 없거든. 일단은 내가 해보지 않은 것에 도전해 보기로 했어. 아마도 미쳤다고 할 거야. 다들 지겨워 놓는 것을 한다고. 또 뭐라고 빈정댈 거야. 그것은 도전해 볼 만한 일이 아니라고. 여자면 다 한다나? 얼마나 하나 두고 보자고.

내가 본 가장 아름다운 부부

내가 그 모습을 본 것은 1995년 6월이다. 6월 장마가 시작된 그 달 그믐께 500여 명의 사망자와 900여 명의 중상자를 낸 대형 사고가 터졌다. 전시도 아닌, 천재지변도 없이 평온한 어느 날 시내 한가운데 대형 백화점이 한순간에 무너져 내린 것이다. 사상자가 1500명이라는 것은 숫자일 뿐, 시신 발굴 수색 작업만도 2달이 걸렸으니 가산되지 않은 실종자는 또 얼마인가. 8·15해방 이후 가장 큰 인명 피해라고 했다.

나는 그때 삼성의료원 내과 계 중환자실 수간호사로 근무했었다. 사고 직후 병원은 실려 오는 부상자를 분리 수용하느라 분주해졌고, 그 날 자정부터 중환자실에도 사고 환자들이 입원하기 시작했다. 처음에는 중환자실에 입원해도 되지 않을 정도의 경환자들이 주류를 이루었지만, 시간이 지날수록 환자의 중중도가 높아가기 시작했다. 매몰되었던 사람들이 하루 이틀 지나 구조되면서 대부분 호흡 곤란을 일으키거나 의식이 없는 상태였다. 그녀도 그렇게 중환자실에 입원했다. 의식도 없고 호흡 곤란이 와서 호흡기를 달아야 했다. 중환자실로 실려 왔을 때 50대 후반 즈음의 여인이라고 추정하는 것이 전부였다.

그녀는 붕괴 3일 만에 구조되어 병원에서 치료받기 시작했지만 오히려 상태가 급격히 나빠지고 있었다. 심장 기능이 떨어지면서 순환에 장애가 오기 시작했다. 혈액을 타고 흐르는 수분이 체내에 쌓이면서 몸이 붓기 시작하더니 순식간에 부풀어 올랐다. 팔다리가 코끼리처럼 부어오르고 얼굴은 함바집 양은 쟁반처럼 커져 가고 있었다. 소변도 거의 나오지 않고 혈압상승 작용을 하는 약을 다량 투입해도 전혀 효과가 없었다. 중환자실 주치의도 거의 포기한 상태에 이르렀다.

그녀가 입원한 지 7일째 되는 날이었다. 사고 이후 하루도 거르지 않고 내리던 비가 그 날은 더욱 극성스럽게 쏟아졌다. 주치의는 오전 중에 사망 선언을 하겠다고 했다. 약을 퍼부으면서 생명을 연장하는 것이 의미가 없다는 것이다. 하지만 그녀가 이름도 없이 죽어서는 안 될 것 같다는 생각이 들었다. 조금만 더 연장을 하면 어떻겠느냐는 내 질문에 그는 다소 짜증스럽게 대답했다.

"그런 사람이 한둘입니까? 할 만큼 했어요. 죽을 사람이 못 죽고 자리를 차지하고 있는 동안 살 사람이 치료를 받지 못해 죽는 것도 생각합시다."

그도 지쳐 있었다. 사고 이후 거의 집에 가지 못하고 밤을 샜으니….

그녀의 가족들은 왜 아직도 그녀를 찾지 못하는 것인지 안타깝기만 했다. 하긴 가족들은 얼마나 답답할까? 백주 대낮에 사람들을 잔뜩 먹고 그대로 무너져 내린 삼풍백화점. 모두가 섞여 매몰된 그 아비규환에서 구조된 사람들은 경중을 가릴 것도 없이 무조건 대기된 앰뷸런스에 실려 병원으로 뿔뿔이 흩어진다. 숨이 끊어졌으면 영안실로, 상태가 경하면 입원실로, 중태면 중환자실로. 그러는 와중에 자신이 누구인가를 밝힐 수 있다면 그는 존재하지만, 이처럼 자신이 누구인지 밝힐 수 없다면 그를 아는 사람이 찾아 주기를 기다릴 밖에….

졸지에 비보를 접한 가족들은 뿔뿔이 흩어져 사진 몇 장씩 나누어 들고 병원마다 찾아다니지만 손들고 나오지 않으면 찾기 어려운 지경이다. 그녀의 가족들도 입이 부르트도록 병원을 뒤지고 다니겠지만 그녀가 이렇게 있다는 것을 알 길이 없다. 수많은 가족들이 혹시나 하는 바람으로 그녀를 확인하러 왔었다. 오전 중에 사망 선언을 할 것 같은 주치의가 잠시 자리를 비운 틈에 젊은 남자가 황급히 중환자실로 들어왔다. 여지없이 사진을 손에 들고 비에 젖은 몸을 떨면서 다가왔다. 나는 그에게 물었다.

"어머니를 찾으세요? 이분이 맞는지 확인해 보세요."

하지만 그는 중환자실의 각종 모니터에서 전개되는 화면과 소음에 놀랐는지 환자 곁으로 다가서지를 못했다.

"이리로 오셔서 어머님인지 확인해 보세요."

하지만 그는 멀리 선 채 내게 사진을 내밀었다.

"우리 어머님 사진이에요. 맞는지 확인 좀 해주세요."

"우리로서는 알 수 없어요. 아마 어머님이라면 어떤 특징 같은 것으로 알 수 있을 거예요."

남자는 고개를 갸웃거리며 말했다.

"아니에요. 우리 어머님은 저렇게 살이 찌지 않았어요."

"부어서 그래요. 다가와서 확인해 보세요, 얼른!"

그러면서 나는 망설이는 그에게 달려가 멱살이라도 잡아끌고 와 얼굴을 확인시키고 싶었다. 그는 내 심정을 알아채기나 한 듯 이내 다가와 그녀의 여기저기를 살펴보았다.

"특징 같은 것, 점이라든가 상처라든가 뭐 그런 것 있잖아요."

내가 그렇게 재촉하는 동안 그도 제법 꼼꼼하게 살펴보더니 이내 고개를 저었다.

"아니에요. 우리 엄마가 아니에요."

그는 절망감에 휩싸여 한숨을 내쉬었다.

나는 한 번 더 살펴보라고 했다. 그는 아니라며 돌아섰다.

"이분도 돌아가시기 전에 가족들을 만나야 하는데…."

내가 안타깝게 말을 하자 그가 힘없이 말했다.

"죽은 시체라도 있다면 언젠가 가족들이 찾을 겁니다. 병원 영안실과 중환자실마다 이 잡듯 뒤지며 돌아다니고 있지만 어디에도 우리 어머님은 안 계십니다. 미치겠어요. 오늘이 벌써 열흘째인데…. 이제 구조된다 해도 살았다는 희망도 없습니다. 매몰된 채 시체조차 찾지 못할지도 모릅니다."

그 남자가 그렇게 떠난 시간이 열한 시 즈음이었다. 텔레비전에서는 연일 붕괴된 현장을 보여주며 구조에 열을 올리고 있지만, 점차 생존자가 남아 있다는 생각은 하지 않고 있다. 또한 현장에서 처절하게 울어대는 가족들을 바라보는 시청자들은 그저 일순간 혀를 차며 안타까운 표정을 짓지만 그저 방관자들일 뿐이다. 당시를 떠올리면 직간접적으로 연관된 가족들의 애끓는 마음은 거의 공황 상태였던 것 같았다. 결국 그녀는 죽어서 가족을 볼 모양이라는 생각이 들었다. 그의 말처럼 죽어서라도 찾을 수 있다면 그것도 다행인 현실이었다.

주치의는 12시부터 일체의 투약을 중지하고 NO CPR(심폐소생 금지)을 선언했다. 그녀의 심장은 아주 약하게 뛰면서 힘겹게 이어가고, 우리는 조만간 멈출 것을 예상하며 모니터를 바라보고 있었다. 침상 위에 있는 모니터에 전개되는 활력 증상이 다 녹아내린 촛불처럼 희미하게 꺼져가는 듯했다. 그런데 아주 꺼질 줄 알았던 그 불빛이 갑자기 밝아지며 활기차게 솟아오르고 있었다. 맥박이 빨라지고 혈압도 오르기 시작했다.

"뭐야? 약 다 끊었는데?"

주치의는 모니터를 믿지 못하겠다는 듯이 직접 청진기로 가슴과 배 등을 청진하고 혈압도 재보고 고개를 갸우뚱한다.

"다르지 않는데…."

"사망 직전에 반짝 하는 것 아니겠어요?"

간혹 환자들이 사망 직전에 반짝 좋아지는 경우가 있었다.

"그런가?"

그러면서도 주치의는 그녀의 동공을 확인하고 자극을 주고 손을 잡아 본다.

"가만, 손에 힘이 느껴지네."

그때 한 남자가 중환자실로 들어서고 있었다. 60에 가까운 남자였다. 그도 비를 맞았는지 이마를 타고 흘러내린 머리카락이 물기를 잔뜩 품고 달라붙어 있었다. 그도 중환자실이라는 커다란 공간에 들어서면서 잠시 방향 감각을 상실했는지 주춤거렸다. 그래서 내가 환자를 찾느냐고 묻자 그는 나의 소리를 따라 시선을 주며 다가왔다. 다가서는 그의 발걸음이 점점 빨라지며 여인이 누운 침상에 당도하기도 전에 눈물을 쏟기 시작했다. 침상에 도달하자마자 그는 그녀의 얼굴을 감싸며 다급하게 소리쳤다.

"여보, 여보! 나야 나 왔어. 눈떠 봐!"

그는 환자의 퉁퉁 부어오른 몸을 어루만지며 신음했다.

"아이고, 이게 웬일이야. 불쌍한 것 어쩌다 이 지경이 됐나."

그는 그녀의 몸에 와락 엎드려 통곡을 했다. 그녀도 아는 걸까? 그녀의 맥박과 혈압이 거침없이 오르고 축 늘어져 있던 신체가 반응을 하는 듯했다.

"남편이세요?"

나는 당황하며 물었다.

"내가 남편입니다."

"어떻게 그렇게 금방 아세요?"

"제 처를 제가 왜 모릅니까?"

"보시다시피 환자 분은 예전 모습을 육안으로 식별하기 어려우십니다."

"내가 남편이라는 사실을 의심하시는 모양입니다."

"그게 아니라…."

말은 그랬지만 사실이었다. 그 많은 사람들이 다녀가도 그런 반응은 처음이었기 때문이다.

"내 처 오른쪽 허벅지 안쪽에 큰 점이 있습니다."

나는 순간 시트를 걷어 확인했다. 사실이었다.

"또 없나요?"

그래도 미심쩍어 수사관처럼 다시 물었다. 그는 화도 내지 않으면서 왼쪽 귀 뒤에 수술 자국 있을 것이라고 했다. 정말 있었다. 그녀의 이름은 김순희, 그 해 나이 56살, 큰아들 혼수 준비하느라 백화점에 갔다가 변을 당했다고 했다.

하지만 남편이 당도한 지 10분이 지나지 않아 김순희 씨의 활력 상태가 급격하게 떨어지기 시작했다. 맥박은 50회 이하로 떨어지고, 혈압은 거의 잡히지 않았다. 남편이 나타나기 전까지만 해도 냉정하기만 했던 주치의도 당황하며 심폐 소생술을 시도하려 했다. 하지만 나는 남편에게 설명했다.

"입원 시부터 상태가 안 좋았어요. 사실 오늘까지 끌고 왔다는 것이 기적에 가깝습니다. 모든 기능이 떨어졌는데 심폐 소생술을 한다는 것이…."

그는 내 말을 막았다.

"압니다. 그만하세요, 저도 의사입니다. 더 끄는 것이 무슨 소용이 있겠습니까? 여보, 이제 편히 가. 그동안 고생 많이 했어."

그가 손을 꼬옥 잡자 거짓말처럼 그녀의 눈에서 눈물이 흘러 나왔다.

중환자실 근무 경력이 15년이다. 지금이야 중환자실의 개념이 많이 바뀌어 고가의 첨단 장비를 사용하는 곳인 만큼 생존율이 높은 환자를 입원시키지만, 1990년대까지만 해도 생존과 관계없이 중중도만 높으면 무조건 입원을 허용했다. 그래서 살아서 나가기보다는 죽어서 나가는 모습을 더 많이 보았다. 대학 졸업하고 한창 생명이 움트던 20대에 매일 죽어가는 현장에서 일을 하다 보니 남보다 일찍 염세적이 되었던 것 같다. 그 어린 나이에도 죽음은 아주 가까이 있으며 상하고하를 막론하고 인간은 같은 모습으로 죽는다는 것을 알았다. 어쨌든 그런 과정을 겪으면서 간혹 무의식 상태의 환자들이 의학적으로 진단하는 것과는 달리 의식이 존재한다는 느낌이 들 때가 있다. 또한 생과 사를 오가는 시점에서 과학적으로 설명할 수 없는 신비한 영역도 있었다.

분명 그녀도 남편을 보고 죽어야겠다는 간절함이 있었던 것 같았다. 남편은 그녀의 한 손을 꼭 잡고 남은 손으로 눈물을 닦아 주며 말했다.

"너무 늦게 와서 미안해. 애들도 못 보고. 애들도 당신 찾느라 뿔뿔이 흩어져 있어."

그토록 질기게 버티던 그녀의 심장도 이윽고 멎었다. 순간 슬프도록 아름다운 그 모습에 내 마음이 뭉클했다. 저토록 아름답게 마무리를 짓는 모습에 그녀는 죽어서도 행복할 것 같다는 생각까지 했다. 나는 그때 부부란 저럴 수 있구나 하는 생각을 했다.

일그러진 우리의 자화상

　50줄에 접어드니 간혹 친구가 죽었다는 소식도 들려온다. 위암으로 죽은 그녀도 친구 사이에 아주 잘나가는 것으로 정평이 나 있었다. 초등학교 때부터 전교 수석을 놓쳐 본 적이 없는 그녀다. 결국 의과대학에 입학해서 의사가 되어 개업하여 상당한 수익을 올리고 있었다. 더구나 대학교수인 남편 그리고 그녀만큼 영특한 딸과 아들도 있으니 도대체 그녀에게 부족한 것이 무어냐며 친구들은 다 이룬 것 같은 그녀를 부러워했다.

　하지만 그녀는 행복하지 않단다. 그녀는 자신이 가진 재능을 다 쓰지 못했다는 것이었다. 그녀가 졸업하던 1980년대 초반까지만 해도 의과대학에 여자가 있다는 것도 희귀했지만 졸업 후 대학병원에 남는 것은 더더욱 어려웠다. 그런 차별에서 벗어나기 위해 죽을힘을 다해 공부했지만 결국 학교 병원에 남지 못하고 개업의가 되었다.

　그러던 그녀가 몇 해 전 둘째 아이가 대학에 진학하면서 자유를 선언했다. 이제 남은 생은 자신이 가장 하고 싶었던 것을 하겠다는 것이었다. 그것은 공부였다. 그래서 그녀는 50살 가까운 나이에 미국의 존스홉킨스 의과대학에 출사표를 던졌다. 자신이 전공한 산부인과는 징그럽다며 해부병리를 더 공부해서 돌아와 새로운 인생을 찾겠다고 했다. 그렇게 희망에 차서 활기차게 공항을 빠져 나간 그녀가 1년 만에 들것에 실려 돌아왔다.

　그토록 하고 싶었던 공부였는데 가는 날부터 머리카락이 한 움큼씩 빠지는 스트레스에 시달렸단다. 하지만 이왕 시작했으니 조금만 버티자, 조금만 더 버텨 보자고 다짐하면서 병이 깊어 간 것 같다고…. 아무래도 꿈을 꾸기에는 너무 늙었던 모양이라고. 그 꿈을 품었던 나이는 사라졌는데, 꿈만 움켜쥐고 있었던 것 같다며…. 나이 따라 꿈도 바뀌어야 하는데, 왜 병들고 그것을 알았는지 모르겠다며 죽어갔다.

또 한 친구는 정신병원에 입원했단다. 세상에 비밀은 없는 모양이다. 정신과 병동 수간호사로 근무하는 친구로부터 그녀의 입원 소식을 전해 들었다. 공무원인 남편을 만나 전업주부로 살림만 하던 그녀가 어느 날부터 복부인이 되었다는 소문이 들려왔다. 얌전하고 소극적이던 그녀가 1980년대 이 나라 전국을 휩쓰는 땅따먹기 싸움에 빨간 반바지를 입고 가방 하나 달랑 들고 뛰어든 것이었다.

1990년대 후반부터 그녀는 거부가 되었다는 소문이 들려왔다. 그 즈음 그녀는 초등학교 동창 모임에도 자주 나오면서 자신의 세를 뽐냈다. 정말 그때 그녀는 명품으로 온몸을 휘감고, 손에는 듣기만 했던 형형색색의 굵은 알반지를 번갈아 가며 끼고, 눈에서는 그보다 더한 광채가 일었다. 그러면서 공부로 사회적 기반을 잡은 친구들의 쥐꼬리만 한 월급을 한심스럽게 바라보았다. 사실 대학을 가기에 충분한 성적을 가진 그녀였지만 집안 형편 상 상업 고등학교만 졸업하고 말았다. 아마도 그것이 그녀를 평생 아프게 하는 것 같았다. 이후로 남편도 사업을 하면서 수백억대 자산가로 알려졌다. 그런 그녀가 미쳤다니….

이유는 골프장에서 우연히 만난 젊은 정부에게 수억 원을 떼였기 때문이란다. 그 소문에 대한 친구들의 반응은 더러는 불쌍하다고 했다. 하지만 돈으로 세상을 다 얻은 것처럼 위세를 떨더니 고소하다는 반응이 압도적이었다.

그러던 어느 날 정신과 병동 수간호사로 있는 친구로부터 전화가 왔다. 아무도 면회를 오지 않으니 그나마 병원 사정을 아는 내게 면회를 오란다. 일단 환자로 입원하면 자의로 나올 수 없는 두꺼운 철문이 정상인에게도 위압적인 패쇄 병동은 간호대학 시절 실습할 때 이후로 처음이었다. 그 문을 들어설 때의 경직된 느낌은 그때나 지금이나 다르지 않았다. 외부와 단절되었다는 이유만으로도 그런 느낌이 오는 것이다. 나는 친구인 수간호사의 인도를 받고 그녀가 입원한 병실로 들어섰다. 그녀는 문을 등지고 햇빛이 쏟아지는 창문을 바라보고 앉아 있었다. 흰머리가 절반이 넘게 섞인 머리카락만이 빛을 따라 살아 움직일 뿐, 그녀는 몇 번을 불러도 꼼짝 하지 않았다. 수간호사가 친구 어깨를 감싸며 내가 왔다고 말을 했다. 이내 그녀가 돌아서 나를 보고 물었다.

"왜 그 사람 안 데리고 왔어?"

"누구?"

"재덕이, 재덕이 말이야."

수간호사는 나를 툭 치며 말했다.

"애인."

그리고 친구는 처음부터 끝까지 그 남자에 대해 말했다. 화장기 없는 얼굴에는 여기저기 뜯어 고친 자국과 주름살 제거 시술로 당겨 올라간 눈 꼬리가 자연스럽게 내려오지 않으니 마치 가면 밖으로 눈물이 흘러나오는 것 같았다.

그 방을 나서며 나는 수간호사인 친구에게 물었다.

"왜 나를 불렀어?"

"그냥. 남편도 아이들도 전혀 면회를 오지 않아. 심지어 친정 식구까지. 아무리 미자가 잘못을 했기로서니 그래도 그 덕에 먹고 살았는데, 어쩌면 금방 옮으면 죽는 전염병 환자 취급을 하니? 보기가 너무 딱해서 너라도 오라고 한 거야. 외부 사람을 보면 기분이 좀 나아지지 않을까 해서.

그나마 너는 이런 상황을 이해하니까."

"그럼 재덕인가 뭔가 하는 남자는?"

"당연히 올 리 없지. 멀쩡했을 때도 도망갔는데 미쳤다고 오겠어. 아마 가족들도 그 둘의 관계를 이미 오래 전부터 알고 있었나봐. 가족이 먼저 떠난 거지. 그래도 미자에게 마지막 남은 자가 그자였던 것 같아. 얼굴 봐라. 그 어린 자식 비위 맞춘다고 여기저기 다 뜯어 고쳤잖아."

"나는 돈 때문에 그런 줄 알았는데."

"돈 때문에 미치는 경우는 거의 없어. 다 사람 때문이야. 그놈의 사람 정 때문이지."

그렇게 대화를 나누며 복도를 걷고 있는데 우리 또래의 중년 여인이 수간호사인 친구 옆으로 다가왔다. 그녀는 나를 경계하는 눈빛으로 힐끔힐끔 보더니 친구만 들으라는 듯이 아주 작게 속삭였다. 친구는 의료인답게 인내심을 가지고 끝까지 듣더니 알았다며 나를 가리키며 이 친구를 배웅하고 나서 다시 듣겠다고 했다. 그러자 눈에 초점을 잃은 그녀가 고개를 끄덕이며 돌아섰다. 환자복이 엉덩이 절반까지 내려와서 바지 끝이 바닥에 끌렸지만 그녀는 전혀 개의치 않고 복도를 따라 걸었다. 나는 그런 불안정한 그녀의 뒷모습에서 시선을 떼지 못하는데 친구가 말했다.

"조울증 환자야. 조증과 울증이 번갈아 나타나는데, 울증일 때는 밥도 안 먹고 똥마려운 것도 참으며 칩거해서 때론 정신 질환보다는 영양실조나 변비로 더 고생을 시키기도 해. 하지만 조증일 때는 저렇게 참견을 하고 돌아다녀. 사실 저럴 때 조심해야 해. 좋아졌다고 방심하는 사이에 일을 치르거든. 때론 저 때 자살도 시도해."

하지만 나는 그 환자가 무슨 말을 했는지 궁금했다. 그러자 친구가 말을 해주었다.

"저 환자는 미자랑 한 방을 쓰는데 미자에 대한 치료법이 틀렸다는 거야. 그러면서 자기가 아는 새로운 치료법을 알려 주겠다는 거야. 요즈음 환자들은 아는 것도 많아서 의사나 간호사들을 가르치려 들거든. 특히 중년의 여인들이 그 증세가 심해서 온갖 참견을 다하려고 들어. 무조건 자신들이 옳다며 젊은 레지던트나 신규 간호사와 싸우기 일쑤야. 최근 들어 중년의 여자 환자가 늘고 있는 것은 재미있는 추세야. 일반 병동에서도 중년 여인들의 입원율이 높다고는 하더만. 앞으로 여자가 남자보다 오래 산다는 말하기도 어렵겠어."

친구야 제발 혼자 늙지 마라

1950년대에 출생한 여인 중에 유달리 독신이 많다. 사회가 급성장하는 가운데 여자들의 사회 진출이 늘어나면서 생기는 자연스러운 현상이기도 하지만, 한 사회학자는 당시의 독특한 인구 불균형 때문이라고도 한다. 3년간 이어진 6·25 전쟁으로 많은 아이들이 죽고, 전쟁이 끝난 이듬해인 1954년부터 아이들이 태어나는데, 그 해부터 5~6년간 함께 태어난 여자들에게 짝이 부족하다는 것이다. 남자들의 상대 결혼 연령이 일반적으로 서너 살에서 예닐곱까지 낮다 보니 그 연령에 걸친 여자들은 당연히 파트너 공백이 올 수밖에 없단다. 뭐 굳이 이유를 갖다 붙이다 보면 그렇다는 것이지만, 결국 사회가 발전하고 여성의 참여가 늘면서 자기 성취라는 개인적인 욕심도 한몫 했을 것이다.

그런 친구 중에 나와 아주 절친한 중학교 동창이 있다. 비록 고등학교와 대학을 같이 다니지는 않았지만 40여 년간 우정을 쌓았으니 어찌 보면 형제 이상이다. 그녀가 결혼하지 않은 여러 가지 이유가 있겠지만 그만큼 절박하지 않은 것이 가장 큰 이유였을 것이다. 안정된 직장을 가진 그녀는 큰 풍파 없이 자기만의 삶을 영위해 갔다. 재테크도 제법 잘했던 덕에 노후도 그리 염려하지 않을 정도였다. 얼마 전부터 박사학위 공부도 시작했다. 명퇴하면 강사 자리로 남은 생을 더 알차게 소일할 수 있을 것이다. 청춘에 멋모르고 결혼해서 남편에 매이고 시댁과 갈등하고 아이들 뒷바라지하느라 자기 인생은 송두리째 사라졌다는 친구들은 그녀야말로 알차게 자기 인생을 산다고 마냥 부러워했다. 그런 그녀가 50살을 넘기며 결혼을 갈망하는 것이었다. 아니 왜? 친구들은 말했다. 네 팔자 최고야. 결혼 별것 없어. 우리 나이는 있던 남편도 떼어낼 판에 웬 결혼?

미친 것들. 지들은 결혼해서 애도 낳고 살았으면서 왜 나한테는? 그녀는 그렇게 말은 하지 않았지만 표정은 그랬다. 친구들의 모임에서도 그녀는 활발하게 자기 의견을 내놓지 않았다. 그렇다고 그녀가 전혀 자신의 의견이 없는 것은 아니다. 자신의 전공과 관련된 분야에서는 논리 정연하다. 그런데 아줌마들 수다 앞에서는 영 맥을 못 추는 것이었다. 그러면서 가끔 대단해. 어쩌면 앞뒤 안 맞고 원칙에도 없는 말을 저렇게 당당하게 할 수 있는지, 이해 할 수 없다며 혀를 내둘렀다.

그러던 어느 날 그녀는 생 이빨을 뽑혔다며 분통을 터뜨렸다. 이유인즉 오른쪽 어금니가 아파서 치과에 갔더니, 사진 찍고 진찰을 해놓고는 정작 뽑기는 왼쪽 어금니를 뽑았다는 것이다. 그 소리에 친구들은 일제히 아연 질색했다. 아니 어떻게 그런 일이? 당사자는 설마하며 치과의사를 믿었다는 것이다. 과정에 의심이 들었지만 전문가다운 타당한 이유가 있는 줄 알고 참았는데 결국 잘못 뽑혔다는 것이었다. 듣고 있던 친구들은 일제히 소리쳤다. 그 치과를 가만둬. 어떤 놈이야? 내가 가서 그 의사 이빨을 다 뽑을 거야. 손해 배상을 청구해서 100배 보상을 받아야지. 인터넷에 진상을 올려 환자 씨를 말려야지. 친구들은 마치 그 병원을 테러라도 할 것 같은 자세였지만 정작 그녀는 기운 빠지는 대답을 했다. 뭐, 미안하다고 임플란트 해준대. 그러면 됐지. 이제 와서 어쩌겠어?

항상 그랬다. 그녀는 자신이 취급하는 업무에서는 누구보다 자신 있게 표현했지만 생활에 부딪히는 것에서는 늘 이처럼 위축되고 처져 있었다. 최근에 그녀는 아주 힘든 사건을 겪었다고 했다. 그녀는 마당이 있는 단독 주택에서 산다. 그런데 어느 날 경계선에 있던 집에서 자신의 땅을 침범했다며 주변의 나무를 무작위로 잘랐다는 것이다. 사실 30여 년 담도 없이 키 큰 나무로 경계를 치고 살아왔는데, 갑자기 수십 년 된 나무를 상의도 없이 베어 버리는 것은 예의에도 어긋나지만 명백한 불법이었다. 그래도 그녀는 한 마디도 못 한 채 몇 날 며칠을 속앓이를 하고 있는데, 오히려 주변에 있던 이웃들이 달려가 소리 지르며 항의를 했다고 했다. 상대방도 비로소 문제의 심각성을 깨닫고 사과하며 협의를 요청해 왔다고 했다.

친구는 그때 세상은 때론 그렇게 시시비비를 가려야 한다는 것도 알았고, 그때처럼 이웃이 고마운 줄 몰랐단다. 그녀는 이웃의 수준이 상식 이하라며 상대할 가치가 없다고 치부했었다고 했다. 하지만 그들의 문제 해결력은 논리 이전에 어떤 기세가 있다는 것이었다. 그런 친구를 바라보면서 힘이란 내가 가진 돈과 권력이 아니라 의지할 누군가가 있어야 한다는 것을 알았다. 그가 반드시 나보다 힘이 있기보다는 때로는 존재

자체만으로도 힘이 된다.

최근에 명퇴를 앞두고 힘이 빠진 남편과 살아야 할 것이 두렵다는 친구들에게 누군가가 말했다. 힘없는 남편도 없는 것보다 낫다며 한 일화를 들려주었다. 그녀가 어렸을 때 고향에 살았던 한 여인의 이야기였다. 그녀는 사지가 마비되어 10여 년 병석에 누워 있는 남편을 뒷바라지하며 어린 자식들까지 먹여 살리면서 힘겹게 살아가고 있었다. 그래도 그녀는 한번도 자신의 신세를 한탄하거나 불평하지 않고 시장에서 장사를 하며 살았다. 그렇게 살다가 돈을 못 받는 일이 생기면 여인이 남편을 리어카에 싣고 채무자의 집으로 가면 두 말 없이 돈을 준다는 것이었다. 그러면서 그런 남편이 자신에게는 가장 큰 힘이 된다고 말했단다. 이후로 남편은 죽고 자식들은 아주 잘 성장하여 자기 기반들을 잡았다. 그녀가 하던 장사도 아주 잘되어 꽤나 많은 재물을 모아 지금은 고향에서 큰 지주로 잘살고 있다고 했다.

존재감만으로도 나를 지켜 주는 힘. 어렸을 때 기억을 떠올리면 항상 그 존재가 엄마였다. 집에 엄마가 있는 날이면 골목에 나가 노는 것에 힘이 났다. 그래서 평소에 나를 괴롭힌 아이들이 있으면 공연히 시비를 걸어 약을 올리다가 상대가 힘으로 제압하려 들면 울 엄마한테 일러줄 거야 하면서 큰소리를 쳤었다. 그래도 상대가 기죽지 않으면 더 약을 올리고 집 대문을 향해 달음질치면서 소리쳤다. 엄마 철수 좀 보래요, 하면서 대문을 꽝 닫고 들어와 고개만 쏙 내민 채 혀를 날름거리고 약을 올린다. 대문까지 따라온 철수는 씩씩대며 허공에 대고 주먹질만 해댔다. 나오기만 해, 너 죽었어. 물론 엄마가 내 편을 들어 철수를 야단친 적은 한번도 없는데 그런 용기를 주는 것이었다. 어쩌다 학교 갔다 왔을 때 엄마가 없는 날이면 영락없이 풀이 죽어 마루 끝에 앉아 엄마가 들어올 대문만 바라보던 기억이 난다.

  사람들은 대한민국 아줌마들이야말로 엄청난 파워를 가지고 있다고 한다. 특히 입의 양기는 세상 어떤 것도 감당할 수 없을 만큼 당당하다. 요즈음 인기 있는 '세 바퀴'라는 프로그램을 보더라도 결혼한 여자들의 거침없는 입담이 얼마나 기로 충천해 있는지 알 수 있다. 특히 여자들이 이권에 얽혀 뭉치면 그 힘은 아무도 막을 자가 없을 만큼 강하다.

  오래 전에 우리 아파트 옆을 지나가는 지하철 노선 공사로 인해 아파트가 부실화되었다고 보상을 요구하는 데모가 몇 달간 이어진 적이 있었다. 부녀회를 중심으로 여자들이 머리에 띠를 두르고 밤늦도록 꽹과리를 두드리며 함성을 쳐댔다. 남자들은 혀를 차고 인상을 쓰면서 말했다. 여편네들이 쯧쯧쯧, 하면서도 피해 다니기만 했다. 당시 나도 일을 했기에 그들과 동참하지 못했고 상식적으로 보상을 받는다는 것이 어렵다는 판단도 했었다. 아무튼 그토록 앞뒤 없이 극성을 떨어 봐야 힘만 들 거라는 내 생각과는 달리, 결국 그 해에 우리는 적은 액수지만 보상을 받았다. 안 되는 것도 되게 하는 힘이 있다는 것을 그때 알았다. 또한 그때 왜 남편들이 안 나오고 여자들이 나왔을까? 지금 생각하니 아마 그녀들은 남편들이 직접 나와 힘을 보태 주지 않아도 그들이 있다는 것 자체가 힘이 된 모양이었다.

  결혼이 여자를 구속한다지만 사실 결혼은 여자를 모든 것으로부터 자유롭게 해준다. 결혼 전에는 세상의 모든 남자가 내 것이라는 가능성 때문에 평판에 매이고 주변의 남자를 살피고 신경을 쓰느라 본래의 내 모습을 드러낼 수 없다. 하지만 반드시 치러야 하는 숙제 같은 결혼을 막상 하고 나면 더 이상 고민하지 않아도 된다. 또한 감정적으로 긴장할 필요도 없으니 매사에 당당하고 뻔뻔스러워지기까지 한다. 거기다가 아이를 낳아 키우면 세상에 두려운 게 없어진다. 생명을 걸고 생명을 잉태했기 때문이다.

그래서 결혼 전에는 온갖 내숭을 떨면서 방귀조차 뀌지 않는 여자처럼 굴다가 결혼을 하면 화장실 문을 열고 볼 일을 보는 그 뻔뻔함도 결국 남자라는 나무에 둥지를 틀었기 때문이다. 둥지도 없이 팔랑대며 날던 새는 보는 자들에게는 한없는 자유를 꿈꾸게 하지만, 정작 새는 끊임없는 날개 짓으로 살아남기 위한 몸부림만 치느라 진정한 자기 가치를 찾지 못하는지도 모른다.

그래서 나는 친구에게 결혼하라고 했다. 일도 중요하지만 함께 늙어갈 동반자를 찾으라고. 결혼은 여자에게 숙명이므로 설사 가서 실패하더라도 더 늦기 전에 결혼을 시도하라고…. 또 다른 친구는 말했다. 늙어 보니 차라리 혼자 사는 게 나은 것 같다며 그냥 살라고. 또 말했다. 같이 살지는 말고 그냥 만나서 취미생활이나 함께 하라고. 이처럼 선택이 다양한 시대에 살고 있으니 어느 것 하나 통일된 소리가 나오지 않는다. 어쨌든 이 같은 결혼한 여자들의 마구잡이 훈수에 친구는 망설이기만 했다.

그런데 어느 날 그녀에게 남자가 생겼다는 소문이 들려왔다. 친구들은 다시 그녀에게 관심을 쏟기 시작했다. 심심하던 차에 이게 웬 떡이냐는 반응들이다. 대부분 부럽다. 이 나이에 사랑을 하다니. 나야 어차피 매인 몸, 이제 친구의 로맨스에서 대리 만족이라도 느끼고 싶은 모양이었다.

친구는 연애와 함께 모임에도 잘 안 나오고 나와의 전화 통화도 거의 없었다. 아마도 연애에 푹 빠졌나 싶었다. 늦게 배운 도둑질에 밤새는 줄 모른다고 친구들은 섭섭하단다. 그러던 어느 날 그녀가 날 찾아왔다. 사랑에 빠져 밝고 활기찰 것이라는 나의 예상과는 달리 그녀의 표정은 몹시 어두웠다. 상대 남자가 싫지는 않지만 아무래도 결혼 상대는 아니란다. 이유인즉 남자가 띠 동갑이란다. 60살을 넘긴 것까지는 참겠는데 돈이 없다는 것이다. 그 나이가 되도록 집도 한 칸 없고 그렇다고 안정된 연금이 나오는 것도 아니란다. 도대체 이 나이에 그런 사람과 살아야 할 아무런 이유가 없단다. 그러면 헤어지면 되지 무슨 고민을 하느냐고 했더니 또 그게 쉽지 않다는 것이다. 50여 년 혼자 살다가 잠시나마 함께한다는 기쁨도 경험한 것이다.

상대 남자가 나이도 많고 가진 것도 없지만, 언론사 출신에다 당시 정치를 하고 다니느라 다양한 층의 사람들과 만나는 것을 즐기는 사람이었다. 그래서 다람쥐 우리 같은 틀에 갇혀 있던 친구에게 그녀가 전에는 전혀 느끼지 못했던 또 다른 세상을 경험하게 해주었다. 조직에서처럼 이해관계가 얽히지 않은 채 그와 함께 만나는 사람들과 자유로운 대화를 나누고, 취미가 같은 연극이나 마당극을 함께 보고 풍광 좋은 카페에서 차를 마시고…. 남자가 비록 나이는 먹었지만 그녀가 찾고 있던 바로 그런 감각을 가진 것 같았다. 그래서 일반적인 결혼 조건에는 한참 미달인 그이지만 그녀의 마음을 끄는 매력이 있어 쉽게 정리도 못 하는 것 같았다. 어쩌면 그녀에게 50년 만에 사랑이 찾아온 것이 아닌가 생각했다.

나는 그 사랑을 놓치지 말라고 했다. 친구는 남의 일이라 그렇게 쉽게 말한다고 했다. 모두들 다 늙어서 돈도 없는 늙은이 시중들 일 있느냐고 반대한단다. 그런 해답이 나왔는데도 포기가 안 되면 상황을 한번 받아들여 보라고 했다. 친구 주변에는 아무도 없었다. 부모님도 이미 돌아가셨고 식솔이 딸린 형제도 자기 살기 바쁘니 남과 다름이 없다. 자식도 남편도 없이 남은 생을 살기에는 너무 무료하고 길다. 비록 경제적으로 무능해도 곁에서 취미 생활만 같이 하는 것도 나쁠 것 같지 않은데, 세상의 잣대가 그녀를 혼란스럽게 하는 것이다.

친구야, 나이 들면 돈 많이 필요하지 않아. 네가 가진 것으로도 충분히 먹고 살 수 있으니 두려워하지 말고 인생을 한번 바꾸어 보려무나. 내 인생을 살면서 남의 소리에 휘둘리지 말고 주도적으로 살아 봐.

어쨌든 친구는 다시 고민에 빠졌다. 모두 반대하는데 유일하게 찬성하는 나 때문이라지만 바로 그녀의 마음이었기 때문이다. 그러나 자기 확신이 없으니 이처럼 내 탓으로 돌리는 것이었다. 이제 친구는 점집을 돌아다녔다. 뭐 대충 혼자 살 팔자라지만 직업 운이 좋아 평생 먹고 살 걱정은 없단다. 어차피 남자 복이 없는데 혼자 사는 게 낫다는 것이 점쟁이들의 공통된 견해란다. 그래도 포기가 되지를 않는지 어느 날 용하다는 점집을 예약해 두었다며 나에게 함께 가잔다. 마지막이라는 단서를 달고….

나는 이태원에 위치한 점집에 친구와 동행했다. 허름한 건물 2층에 위치한 대기실에서 순서를 기다리다 그녀와 함께 들어가니 하얗게 센 머리를 두피에 단정하게 붙인 할머니가 작은 상 앞에 앉아 있었다. 할머니는 그녀가 내미는 두 사람의 사주를 옮겨 적고 잠시 고민하다가 말을 시작했다.

"두 사람이 사주에 뿌리가 없다는 공통점이 있어요. 그러니 이 나이들 먹도록 혼자 사는 거죠. 그래도 두 사람의 궁합은 나쁘지 않아요."

"그 남자는 돈도 없고 직업도 없어요."

친구가 말했다.

"돈은 없지만 당신이 가진 재산 축내지 않아요. 어차피 당신은 남자 밥 먹을 팔자가 아니에요. 운 나쁘면 당신 것을 빼앗는 남자를 만날 수도 있어요. 이 궁합을 점수로 매기면 60점 정도는 됩니다. 만일 젊은 사람들이 이런 궁합을 가지고 묻는다면 저는 나쁘다고 말해요. 하지만 댁에게는 궁합이 나쁘지 않으니 살라고 권합니다."

친구가 다소 기분 나쁘다는 표정으로 반문했다.

"왜요? 100점이 되도 살까 말까 한데…. 차라리 젊었으면 60점으로도 살 수 있지만 다 늙어서 인생에 도움도 되지 않는 남자랑 살면서 골치를 썩인다는 게 말이 되나요?"

"인생을 출발하는 젊은이에게 이런 궁합으로는 살지 말라는 것은 노력해도 안 되는 영역이기에 될 수 있으면 피해 가라고 하는 거죠. 갈 길이 멀기 때문입니다. 하지만 댁들은 돈이 행복을 좌우하는 나이가 아닙니다. 이제 남은 인생 당신이 가진 것 가지고도 얼마든지 행복할 수 있습니다. 오히려 늙어서 돈에 집착하면 남은 행복마저 누리지 못해요. 요즘 말이 있습디다. 70살 넘으면 부의 평준화라고. 늙어 돈, 돈 하지 마세요. 요즈음 다들 남은 인생 돈 가지고 편하게 산다지만 그거 맹랑한 소리예요. 돈으로 편하게 살지도 못하지만 그저 혼자 잘 먹고 잘살면서 기쁜 일도 슬픈 일도 없다면 죽은 인생이지 어디 살았다고 하겠어요?"

할머니는 운명이라기보다는 철학으로 그녀를 설득하는 것 같았다. 하지만 친구는 끝내 마음에 들지 않는 모양이었다. 할머니가 다시 말했다.

"당신 사주에 사실 남자가 아주 약해요. 그런데 올 내년이 정말 남자가 천우신조로 나타나는 해입니다. 그 기회를 잡으세요. 이 사주로는 절대 시집 못 간다고 나와요."

"그러면 내년까지 기다리면 좀 더 괜찮은 남자가 나올 수 있지 않겠어요?"

그러자 할머니는 껄껄 웃으며 대답했다.

"당신에게 그런 남자는 없어요. 그러니 지금껏 혼자 사는 거지. 이 정도도 아주 좋아요. 둘이 마음만 먹으면 충분히 행복할 수 있다는 소리입니다."

그러나 결국 친구는 그 남자와 헤어지고 말았다. 아무래도 자신이 없다는 최종 결론을 내리고 마침표를 찍었다. 이제 남은 인생 어떻게 살 것인가에 대한 궁리만 한다. 하기는 궁리랄 것도 없다 부지런히 돈을 모아서 남은 삶을 편안하게 의탁할 곳을 찾는 것뿐이다. 평생 글쟁이로 살았기에 행동도 따르지 않는다. 그 남자와 있을 때는 남자가 산을 좋아해서 곧잘 따라서 산에도 오르더니….

그 남자는 자기가 해준 냄비 밥을 아주 좋아한다고 했다. 그래서 한동안 냄비 밥을 열심히 했단다. 친구는 정말 냄비 밥을 잘했다. 어쩌다 놀러 가면 전기밥통 대신에 냄비에 쌀을 안쳐 밥을 해주었다. 어려서부터 해왔던 것이라 그것만큼은 자신이 있다고 했다. 그런 그녀가 지금은 아예 냉장고도 열어 보지 않는단다. 혼자 먹자고 꿈지럭거리기 싫단다. 대충 사무실 근처에서 사먹고 집에서는 물도 떠먹기 싫단다. 그러면서 신세 한탄을 늘어놓는다.

"늙으니 일도 싫어. 그저 남자에게 밥 얻어먹고 살면 딱 좋겠는데…. 나 혼자 먹고 살자고 죽어라 일하다 죽어야 하다니, 참 나, 팔자도…."

친구야, 내가 살아 보니까 인간은 혼자 살게 되어 있지를 않게 되어 있다. 인간은 이상하게 나를 위해서는 절대로 어렵거나 힘든 일을 하려 하지 않는다. 특히 인간의 육체는 자기 필요에 따라 움직이지 않는다. 아주 간단한 예로 나 혼자 있으면 귀찮음이 우선이라 밥을 해먹지 않지만, 내가 해주지 않으면 안 되는 자식들이 있으면 몸이 아파도 밥을 하게 된다. 나 때문이 아니라 내가 아니면 안 되는 상황이 나를 움직이게 하는 것이다. 그래서 가족이라는 것이 때론 나를 힘들게 하는 십자가이지만, 결국 그것이 나를 움직이게 하는 원동력이다. 어쩌다 기회를 놓쳐 이 나이 되도록 자식도 남편도 없이 혼자 살았지만, 노년에 너를 움직이게 하는 동반자를 만들어라.

앞서도 말했지만 나를 강하게 하는 것은 의지할 누군가이다. 그 의지자가 강하면 내가 약하게, 내가 강하면 의지자가 약하게 서로 끌고 밀며 가는 것이 인생이다. 하지만 누가 더 이익이 되고 손해가 되는지, 세상의 잣대로 계산하지 마라. 어쩌면 간절하게 너의 손길이 필요한 사랑하는 남자에게 따뜻한 밥을 해주었다면 그것은 네가 받을 축복이다. 세상은 자꾸 나와 상관있는 사람을 내팽개치고 거리에 있는 노숙자나 독거노인에게 선행을 베풀라고 하지만, 상관이 있는 사람들이 그들을 돌보면 그들은 결코 거리로 나오지 않을지도 모른다.

왜 자꾸 잘 먹고 잘살기를 원하면서 신간 편한 것만 추구하니? 신간이 편하면 절대 잘 먹고 잘살지 못한다. 나이 들어가니 정말 세상에 귀하다는 산해진미가 나와는 상관이 없어진다. 내 입맛에 그것이 전혀 맛있게 느껴지지 않기 때문이다. 아무리 보기에 화려하고 아름다운 의복도 내 몸에 불편하여 입기 싫어진다. 젊고 힘이 있을 때 가진 소망을 늙어서까지 가지고 가려는 어리석은 짓은 하지 마라. 이제 늦게라도 찾아온 사랑을 복이라 생각하고 살지 그랬어.

친구야,
차라리 그 남자와 자봐라

중학교 동창으로 초등학교 교사인 친구가 있다. 그런데 그녀는 45살이 되도록 결혼하지 못했다. 그렇다고 결혼에 뜻이 없는 것도 아니었다. 대학 졸업하고 선본 것을 합치면 100번도 넘었을 것이다. 초등학교 선생이라는 안정된 직업에 교육자 집안의 막내딸로서 중매 시장에서는 최상의 조건임에 틀림없었다. 굳이 원인을 따지자면 그녀의 눈이 너무 높다고는 하지만, 내가 보기에는 자신이 가진 조건이 너무 안정되다 보니 새로운 것에 대한 두려움이 너무 컸던 것이 아닌가 생각된다.

아무튼 선만 보고 오면 무슨 이유가 그렇게 많은지 아주 썩 마음에 들지 않으면 웬만해서 애프터는 받지 않았다. 주변에서는 그래도 몇 번 만나 보면 생각이 달라진다고 해도 어차피 안 할 건데 그럴 필요가 없다며 배짱을 피웠다. 그렇게 고르고 망설이다가 40살을 훌쩍 넘기더니 결국 45살이 되던 해에 독신을 선언했다. 더 이상 원하는 상대의 선이 들어오지 않는 것이 결정적인 이유였다. 심심치 않게 등장하는 재혼 자리도 그녀에게는 충격적이었던 모양이다.

그녀는 더 이상 결혼에 연연해하지 않고 남은 생을 홀로 살 결심으로 그동안 함께 살아온 부모로부터 독립까지 했다. 분양받아 두었던 아파트로 분가를 하면서 마치 신혼 살림하듯 집안을 꾸미며 들뜨기도 했다. 그리고 혼자의 시간을 즐기기 위해 취미 생활을 강화한다는 계획의 일환으로 탈춤 연구회에도 가입했다. 그랬는데 그곳에서 한 남자를 알게 되었다. 둘은 동갑이었다. 운명처럼 노총각 노처녀가 자연스럽게 만난 것이다. 하지만 남자의 관심과는 달리 그녀는 극구 부인했다. 사실 그가 그녀의 절대 조건에 일치하는 것은 딱 한 가지 총각이라는 것뿐이었다. 최종 학력이 고졸이고 집도 한 칸 없는 경제력에 그녀가 끔찍이도 싫어하는 숱 없는 머리로 이마가 벗겨지면서 거의 대머리에 근접하고 있었다.

　결코 자기 상대일 수 없다고 주장하면서도 그 남자에게 연락이 오면 나가서 함께 시간을 보냈다. 그리고는 가슴을 찍으면서 후회하는 생활을 1년 가까이 끌고 오는 것이었다. 그러다 나에게 소개까지 해주었다. 내 의견을 듣고 싶은 모양이었다. 그는 당시 과거 스키 선수 경력으로 강원도에 있는 스키장 매니저로 일하고 있었다. 겨울바람을 맞는 직업이고 보니 새까맣게 그을린 피부가 시골스럽기는 했지만 윤기가 흐르는 것이 나이답지 않고 건강하게 보였다. 하지만 피부가 희고 손가락이 가는 남자를 좋아했던 친구는 남자 머리에 든 것이 없다고 쿨평을 했다. 하지만 그는 운동선수답게 세상을 일찍 경험했던 탓인지 일반적인 잇속에 매이지 않는 자기 나름의 철학을 가지고 있는 것 같았다. 쥐뿔도 없으며 놀기만 좋아한다고 내 앞에서 꽁알대는 친구를 말없이 바라보는 남자의 느긋한 눈길에서 친구는 이미 강을 건넜다는 생각이 들었다.

　친구는 부모님 상견례까지 마치고도 분통을 터뜨렸다. 늙은 딸이 시집 못 갈까 봐 부모님이 그런 남자도 마다 않고 허락했다는 것이 비참하단다. 세월을 오래 산 부모님이 남자의 사람 됨됨이를 보시고 허락하지 않았겠느냐는 내 말에 그녀는 발끈했다.

　"그게 그렇게 간단한 문제가 아니야. 세상의 이목이라는 것이 있잖아. 솔직히 자존심 상해 죽겠어. 고르고 기다리면서 여기까지 왔는데 고작 그런 남자와 결혼을 해야겠어? 학교 선생들은 얼마나 비웃겠어? 꼭 이렇게까지 해서 결혼을 해야 해? 나 솔직히 결혼식 하고 싶지 않아. 정말 나를 알고 있는 사람들한테 알리고 싶지 않다니까."

그날은 정말 참을 수가 없었다.

"그럼 만나지 말아. 안 만나면 되지 왜 그래? 그 사람이 너를 보쌈이라도 한대? 네가 싫다면 절대 강요할 사람처럼 안 보이던데."

그러자 친구는 울먹였다.

"잘 안 되니까 그렇지. 만나면 괴롭고 안 만나면 허전하고…. 차라리 작년에 선본 그 남자에게 다시 연락을 해볼까?"

"누구? 그 은행 지점장이라는 남자? 같이 앉아만 있어도 소름이 돋는다며?"

"물론 키가 땅바닥에 붙고 나이도 훨씬 많지만 모양새는 그래도 그 쪽이 낫잖아. 나 정말 자신이 없어. 동료 선생들 중에 늦게 결혼한 사람들을 봐도 그래. 쥐꼬리만 한 봉급 받는 월급쟁이 만나 줄줄이 애 낳고 고생하는 것 보면 왜 저러고 사나 싶다고…."

45살 친구의 주름진 얼굴을 바라보며 정말 사랑이란 나이도 없다는 생각을 했다. 그녀는 마치 그 분야에서는 세상 경험이 짧은 20대와 다르지 않았다. 일찍 결혼한 친구들은 첫 아이가 결혼까지 하는데, 친구는 그 자리에서 시간이 멈추어 선 것 같았다. 나도 가끔 친구의 안정된 직업이 부러웠다. 아마 내가 교사였다면 지금껏 일을 하지 않았을까 생각하기도 했다. 스승의 위치로 사회적인 존경을 받고, 무엇보다도 방학이 4개월이나 되는 것이 매력적이다. 더구나 친구는 딸린 식구가 없어서 방학이면 자유롭게 여행을 다니고, 자기 개발을 위해 계속 공부를 하고, 결혼한 친구들보다 여유로운 시간을 즐기는 그녀를 모두들 부러워했다.

하지만 이만큼 살고 보니 친구가 이처럼 자신만의 삶을 즐긴 것이 그다지 그녀의 발전에 기여한 것 같지는 않았다. 남보다 탁월한 재능이나 지식만으로도 충분히 기질을 발휘할 수 있었던 젊은 날의 여유가 급격히 퇴화되고, 오히려 편협해지면서 독선에 가깝게 자신에게 집착하고 있었다. 무엇보다도 연륜에 따른 성숙도가 떨어졌다. 발달 심리에 의하면 여자들은 결혼을 하면서 성숙해진다고 했다. 무엇보다도 환경을 바꾸기 때문이란다. 남자들은 자기 환경을 크게 바꾸지 않기 때문에 결혼으로 달라지지 않는다.

여자들은 결혼과 함께 자기가 살아오지 않은 새로운 무대에 적응하면서 어쩔 수 없는 상황에 처했을 때 선택의 폭이 넓지 않다. 당연히 남편, 자식, 시댁 식구 등으로 순위가 밀리는 것에 처음에는 이빨을 세우고 앙탈을 해보지만, 판을 깨고 뛰쳐나오지 않고는 그 원칙을 바꾸기 어렵다. 인간은 받을 때보다 줄 때 혹은 잃을 때 성숙해진다. 그런 시간이 지나면서 잃는 것보다 얻는 게 더 많다는 것도 알게 된다. 그러나 독신녀들은 자신을 떠나 본 적이 없기에 이 같은 주고받는 전략에 취약하고 오로지 이론으로 무장하며 움켜쥐려고만 한다. 당연히 고통 속에 자기의 것을 잃어 본 적이 없고, 양보하고 돌볼 대상도 없다 보니 친구처럼 유아기적 사고에서 벗어나지 못한다.

어쨌든 친구는 부모님까지 허락했음에도 점점 더 두려움과 근심걱정으로 저울질만 하고 있었다. 그래서 어느 날 내가 친구에게 물었다. 남자하고 자본 적이 있느냐고. 그랬더니 친구는 얼굴까지 붉히면서 내게 달려들었다.

"너 사람을 어떻게 보고 하는 소리야? 아무리 나이가 먹었어도 결혼도 해보지 않은 나에게 그걸 질문이라고 하는 거야?"

"너 그거 자랑 아니야. 네 나이 올해로 45살이야. 이제 곧 폐경인데 여자로 태어나 애는 못 낳는다고 쳐도 남자랑 자보기는 해야 할 것 아니야.

결혼을 하든 안 하든 간에 그냥 그 남자랑 한번 자봐. 궁금하지도 않아?"

"어머, 어머, 이 계집애가 정말 미쳤어."

눈물까지 글썽이는 그녀를 바라보며 생각했다. 불쌍한 베이비부머 시대의 노처녀들…. 너 순정 지키고 살았다고 죽어 무덤에 꽃이라도 핀대? 살날 얼마 안 남았어. 고만해라.

남자와 달리 여자들은 성을 경험하기 전에는 막연한 호기심일 뿐 남자들처럼 욕구가 강하지 않다. 물론 호기심에 정도의 차이는 있다. 그러면서 성에 대한 환상과 상실에 대한 두려움이 공존한다. 그래서 여자들은 남자와의 실제적인 성행위보다는 상상과 함께 자위로 오르가즘을 느끼는 경우가 더 많다고 한다.

간호대학을 졸업한 나는 보건학에서부터 시작하여 인체 해부학이나 생리학, 이어서 산부인과 간호학 등을 공부하며 성에 대한 지식을 많이 쌓았다. 그래서 남보다 꽤나 많이 아는 척하면서 성을 주제로 하는 농담도 마치 자신을 과시하듯 주도적으로 하곤 했다. 하지만 그런 모든 간접경험으로 성은 결코 알 수 없다. 그러면서 성 경험도 없이 나이가 들어가고 매체가 발달할수록 호기심만 늘어나는 것 같았다. 그래서 성경험이 없는 여자들이 엉뚱한 상상을 많이 하는 것 같았다.

어쨌든 남편과 결혼하고 한 번의 잠자리로 단번에 그것이 무엇인지 알았다. 나는 더 이상 그것에 대한 말을 타인에게 하지 않는다. 그것이 좋다 나쁘다가 아니라 그냥 쳇, 별것도 아니네, 그런 느낌이었다. 마치 풍선에서 바람이 빠지는 느낌이었다. 그러나 경험을 하지 못하면 풍선은 금방 터질 것처럼 팽팽하게 있으면서 마음속을 돌아다닌다. 성을 모르거나 성 경험이 많으면 성에 대해 거침없이 말을 하지만, 자신만의 귀한 성 경험은 절대로 남에게 표현하지 못한다.

그러나 친구는 이제 폐경을 앞두고 있다. 여자로서는 대단원의 막을 내리는 시점에 와 있는 것이다. 친구는 나이만큼이나 그 호기심이 눈덩이처럼 부풀어 올라 있었다. 친구는 결혼한 친구들이 하는 성에 대한 걸쭉한 표현에 얼굴을 붉히면서 마치 20살처럼 굴었다. 그 마음에 호기심이 얼마나 많을까. 저러다 나이 들어 죽으면 그것도 슬픈 일이었다. 친구는 나의 권고에 펄쩍 뛰기는 했지만 마음에 전혀 없는 것은 아닌 모양이었다.

그러던 어느 날 친구는 모든 것이 끝난 것 같다며 한숨을 쉬며 나타났다. 그리고 한편의 드라마와 같은 그녀의 이야기를 들려주었다.

친구의 남자는 식도락가여서 맛있다고 소문이 나면 기어코 가보는 것이 취미라고 했다. 그 날도 남자가 팔당 근처에 오리 요리를 기가 막히게 잘하는 곳을 알았다며 가자고 하더라는 것이었다. 먹는 것을 좋아하는 그녀이고 보니 당연히 따라 나섰다. 음식은 소문대로 아주 맛있었다며 나보고도 가보란다.

그들은 그곳에서 저녁을 먹은 후 근처에 있는 전망 좋은 카페에 들어갔다. 친구는 그도 자기처럼 말을 잘 못 하고 유머 감각이 떨어져서 만나도 특별한 재미는 없다고 불평했다. 남자는 평소와 달리 술을 시키더란다. 친구는 술을 마시지도 못하고 술 마시는 사람도 이해하지 못했다. 그래서 남자가 그녀가 싫어하는 것을 피해 왔는데, 그 날은 창밖에 고여 있는 시커먼 어둠만 응시하며 술을 마시더란다. 겨울의 짧은 해가 이미 산을 넘고 테이블 위에 작은 불빛이 그의 얼굴을 더욱 붉게 물들이고 있는데, 친구의 마음은 불안해지기 시작했단다. 운전해야 하는데 술을 마시면 어떻게 하냐고 해도 그는 반응하지 않았단다.

둘이 카페를 나온 것은 열시 즈음이었다. 화가 난 친구가 운전을 하겠다며 키를 달라고 하자 남자가 들은 척도 않고 운전석에 앉으니 그녀는 마지못해 조수석에 앉았단다. 아무튼 그 날은 그녀의 의견을 전적으로 수용하던 남자가 아니었단다. 흔히 말하는 카리스마로 그녀를 압도했다. 남자가 차를 빼서 강을 거슬러 서울로 향하다가 5분도 채 안 되어 강 쪽으로 차를 대는 것을 보고 친구가 왜 그러느냐고 물었지만, 대꾸도 않고 강가에 차를 바싹 세우고는 헤드라이트를 끄더라는 것이다. 순간 캄캄한 어둠이 차 속으로 왈칵 밀려들고 달빛을 실은 강물이 희미한 그곳에서 남자가 그녀를 덥석 껴안더라는 것이었다. 이어서 친구 입술 위로 덮쳐지는 그의 숨소리가 점점 거칠어지더니 급기야는 의자 등받이를 뒤로 젖히고 그녀를 덮칠 자세를 취하더라는 것이었다. 친구는 풀어 헤쳐지는 앞가슴을 움켜쥐고 옹색한 자세로 몸부림치며 소리를 질렀단다. 그러자 남자가 문득 멈추더니 풀어 헤쳐진 옷깃을 추스르고 운전석으로 돌아가 잠시 숨을 고르더니 이내 시동을 걸더라는 것이다.

그런데 친구는 그때 내 말이 떠올랐다고 했다. 그래서 다 기어들어가는 목소리로 말을 했단다. 여기서는 싫다고. 어디 호텔이라도 들어가자고. 말없이 차를 몰던 남자가 얼마 가지 않아 나타난 호텔 앞에 차를 세우더라는 것이다. 친구는 꼼짝없이 그를 따라 방으로 따라 들어갔다. 하지만 친구는 또 후회했단다. 오다가다 만난 불륜 관계처럼 칙칙한 싸구려 러브호텔에서 첫 경험을 하고 싶지 않았다. 친구는 유난히 침대만 현란한 그 호텔에 들어서면서 이미 온몸이 경직되어 있었다는 것이다. 강하게 밀려든 두려움에 그가 목욕탕으로 들어간 순간 도망을 치고 싶을 정도였단다. 막대기처럼 뻣뻣해진 몸을 의자 한 귀퉁이에 걸치고 앉아 있을 때 남자가 온몸을 드러내고 허리 아래 수건만 걸치고 나오는데 가슴이 덜컹 했다.

나는 그 이야기를 들으며 속으로 픽 하고 웃음이 나왔다. 그리고 너 45살 맞아? 하며 묻고 싶었다. 하지만 친구가 너무 진지해서 그럴 수도 없었다. 어쨌든 뒤가 너무 궁금해서 계속하기를 재촉했다.

"그 남자가 나를 번쩍 들어서 침대에 뉘고 옷을 벗기는데 몸이 점점 더 굳는 거야. 하지만 그렇게 경직된 내 몸을 달래며 남자가 행위를 하려고 내 몸을 타는데 너무너무 아프고 끔찍해서 미친 듯이 그만하라고 소리를 질렀어. 마치 강간이라도 당하는 듯이 난리를 쳤잖아."

"그래서?"

"뭐가 그래서야. 그 남자가 하지도 못하고 머쓱한 표정을 지으며 옷을 주섬주섬 입었지 뭐. 벌거벗고 누워 있는 내 꼴은 또 뭐며…. 서울로 돌아오는 내내 정말 창피해서 얼굴을 들 수가 없었어. 사실 그 남자하고 키스와 애무 정도는 했었거든. 그럴 때면 질이 흥건해지도록 흥분을 느꼈었는데, 그 날은 왜 그랬는지 잘 모르겠어. 아마도 그 남자가 나한테 정 떨어져서 다시는 전화하지 않을 것 같아."

하지만 친구는 그 해 겨울이 지난 어느 봄날에 그 남자와 성대한 결혼식을 올렸다. 오히려 남자는 그 날 친구의 세련되지 못한 모습에 사랑을 느낀 모양이었다. 늦은 결혼식이었지만 두 사람은 정말 행복해 보였다. 물론 두 사람 사이에 아이는 없다. 그녀는 이제 남편 없는 삶은 상상조차 할 수 없다고 말한다. 친구들 모임에 나와도 수시로 남편과 통화를 하면서 남편이 집으로 온다면 주저 없이 따라 들어갔다. 그런 모습에 친구들이 입을 삐죽이며 남편 버릇을 잘못 들인다고 해도 그녀는 늦게 만났으니 이해해 달라는 말을 남기고 사라진다.

친구야,
남편과의 잠자리 피하지 마라

미국에서 사는 친구가 있다. 부부가 맞벌이로 생활해 오다가 남편이 IMF 때 구조 조정으로 회사를 그만두고 미국으로 이민을 떠났다. 직장생활을 하던 친구도 결국 남편의 뜻에 따라 다니던 직장을 그만두고 함께 따라갔다. 당시까지 은행의 전산실 관련 업무만 했던 남편은 계획했던 미국에서 취업도 어렵지만 적응하는 것도 쉽지 않다는 결론을 내리고 장사에 뛰어들었다. 2년 가까이 지인의 가게에서 빵 굽는 것부터 배우고 익힌 후에 자신의 가게를 내고 불과 5년 만에 가게를 두 개나 늘리는 성과를 거두었다. 비록 몸은 고달프지만 두 아이 대학 공부까지 시키면서 나름대로 이민 생활에 빠르게 적응을 한 셈이었다.

하지만 삶은 고단했다. 새벽에 일어나 빵을 굽기 시작하여 하루 종일 그 빵을 팔고 집에 돌아가면 쓰러져 자는 것 외에 아무것도 할 수가 없었다. 그래도 한국에서는 자타가 인정하는 중산층이었는데 어쩌다 중년의 나이에 남의 나라에 와서 이토록 고생을 하는지 신세 한탄이 절로 나온단다. 언어가 미숙하니 사회생활은 엄두도 못 내고 고작 자기 전에 한국에서 방영되는 드라마를 빌려 보는 것이 낙이라고 했다. 그러니 속내를 털어놓을 사람도 없어 일을 하다 잠시 틈이 나면 내게 전화를 걸어오곤 했다.

최근에는 폐경이 왔다면서 귀찮은 것이 해결되어 좋다고 한다. 아픈 데가 없다면 다행이라는 내 말에 친구는 다행히 아플 겨를도 없다고 했다. 그러면서 딱 하나 괴로운 것은 남편이 잠자리를 요구할 때라고 했다. 일이 힘들어 귀찮기도 하지만 너무 아파서 죽을 것 같다고 했다. 나도 그 느낌을 안다. 특히 폐경 직후 질에서 분비물이 전혀 배출되지 않아 사막에 모래알 쓸리는 느낌이었다. 싫다 좋다는 떠나서 그 자체가 고통이었다. 그래서 심각하게 호르몬 치료를 생각해 본 적이 있었다.

하지만 친구야, 남편이 잠자리를 요구할 때는 그것부터 들어 주어라. 특히 중년에 접어든 남편이라면 더더욱 거절하지 마라. 남녀 공학을 다니고 연극회에 가입하여 남자들과 몰려다니고, 직장생활을 오래 하면서 남자들을 꽤나 아는 것처럼 큰소리를 쳤지만, 사실 전혀 아는 게 아니었다. 결혼을 하고서 남자와 살아 보니 비로소 남자를 알게 되는 것 같았다. 남자란 아내에게 잠자리를 요구했을 때 거부당하는 것을 가장 자존심 상해 한다는 것을 알았다. 그것도 한참 나이 들어 알았다.

사회가 혼탁해지고 여자들의 힘이 강해지면서 남자들의 성은 위축되어, 오히려 음성적으로 발달하면서 사회 문제를 일으킨다. 남자들의 성은 말 그대로 감정이 섞이지 않은 배출 욕구이다. 배출만 하면 감정이 쌓이지 않는다. 하지만 여자의 성은 훨씬 복잡하다. 육체적인 욕구보다는 감정이 섞인 정신적 욕구가 강하다는 것이다. 단순하게 말을 한다면 필요에 의해서 응한다는 것이다. 실제로 여자들은 남자와의 성교에서 오르가즘을 거의 느끼지 못한다는 설도 있다. 그저 그래야 한다고 생각하기에 그렇게 표현한다는 설이다

더구나 여자들이 아이를 낳고 생활을 하다 보면 더 몰입할 수 없다. 보채는 남편보다 아이들에게 더 신경이 쓰여서 집중할 수가 없다. 남편이 아내를 즐겁게 해준다고 끙끙대며 열심을 내지만 머릿속에는 아이들 도시락 반찬이나 생각하고 천정에 날아다니는 파리를 잡을 생각이나 한다. 퇴근한 남편이 오랜 만에 힘 좀 쓴다고 빨리 침실로 들어오라고 해도 여

자는 기어코 남은 빨래를 하고 방으로 들어서면, 남자는 기다리다 지쳐 어느새 코를 골며 자고 있다. 그래서 미안한 마음에 툭툭 건드리면 이미 바람 빠진 풍선이 되어 귀찮다고 손을 내젓는다.

페미니즘은 이런 성욕까지도 남자와 같아지라고 부추긴다. 인간은 동등한데 남자로부터 부당하게 억눌렸기 때문이라는 것이다. 그것은 마치 항아리보고 주전자처럼 주둥이로 물을 뿜으라는 것과 똑같다. 현대 여성들은 여성 상위 시대를 주창하면서, 거절할 권리도 부추기면서 섹스의 주체가 되려고도 한다. 하지만 이것은 여성 자신의 욕구보다는 사회적 요구에 맞추는 것이다. 그것이 시대를 앞서는 능력이라고 생각하지만 여자들을 더 혼란스럽게 하고 있다.

친구야, 남편이 너를 힘들게 하는 존재라고 생각하지 마라. 그가 존재하기에 네가 존재하는 것이다. 존재 가치는 절대 가치가 아니라 상대 가치이다. 중년의 나이에 물설고 낯선 타국 땅에서 소처럼 일만 하는 남편이다. 그러다 가끔 이는 생리적 욕구마저 묵살한다면 그의 세상살이는 점점 더 힘들어진다. 남자에게 생식 능력이 사라지면 곧 삶의 의욕도 상실한다. 젊은 날처럼 오랜 시간 너를 괴롭히지도 못하는데, 그래도 기능이 살았다면 기쁘게 받아 주어라. 어쩌면 젊어서 주변 사람들 눈치 보느라 제대로 사랑을 못 나누었다면 새롭게 시도해 보는 발상의 전환은 어떨까?

중년 이후에 남편과 잠자리가 싫은 이유는 폐경으로 인한 신체적인 이유도 있지만 정신적인 거부로 더 몸을 고달프게 할 수 있다. 삶도 고달픈데 남편이라는 속물, '정말 너 그러고 싶어?' 하는 생각에 신체도 더욱 거부하는 것이다. 일본 속담에 남자는 서 있을 힘만 있어도, 여자는 누워 있을 힘만 있어도 섹스가 가능하다고 했다. 나도 한창 폐경이 진행됐을 때는 그 소리를 믿을 수가 없었다. 하지만 그 시기를 넘기니 어떤 치료도 하지 않았는데 자연스럽게 회복되는 것을 보고 전혀 틀린 소리가 아니구나 생각했다.

    세상이 좋아져 호르몬 치료도 받을 수 있고 보조 용품도 사용하면서 신체적인 어려움을 해결하고 남편의 요구를 들어주다 보면, 서로 건강한 부부 생활을 영위할 수 있다. 대부분 중년이 되면 잠자리를 따로 하려 한다. 서로에게 식상하고 나이 들어 예민해지면서 각 방을 쓰려 하지만 절대 반대다. 늙어가는 몸에 서로 익숙해져야 한다. 젊은 날의 그 향기, 그 윤기는 사라져 버린 육체이지만, 친숙함과 익숙함으로 부비고 자다 보면 사랑은 다시 피어난다. 간혹 중년의 나이에 새로운 사랑을 꿈꾸는 친구도 있다. 그래서 남편 모르게 이탈하는 친구도 있고, 그것을 은근히 부러워하는 친구도 있다. 하지만 끝은 결코 행복하지 못하다. 남편과 다시 한번 사랑을 해보아라.

    뉴욕 주 스토니브룩 대학의 연구진이 MRI를 활용한 뇌 스캔을 통해, 사랑은 뇌의 화학적인 작용에 의해서 일어나며 사랑에 빠진 지 15개월쯤 되면 화학 작용이 사라지기 시작해 10년이 지나면 완전히 사라진다는 기존 가설을 뒤집었다. 연구진은 평균 21년의 결혼 생활을 하면서 여전히 배우자를 사랑한다는 대상자들의 뇌를 스캔했다. 그 결과 이들의 뇌 스캔 사진은 사랑에 빠진 지 1년 된 사람과 같았다. 즉 처음 만났을 때의 낭만적인 사랑과 성적인 흥분이 그대로였다는 것이다.

하나님이 축복하는 부부간의 성

인간 창조 이래 성은 끊임없는 논란거리이다. 인간에게 마지막까지 남는 것이 성욕이라고 한다. 눈먼 자들의 도시에서 보면 최악의 상황에서도 인간은 섹스를 하고, 모든 것을 갖춘 최적의 상태에서 성적 타락으로 이어져 결국 나라가 망하는 지경까지 간다. 인간의 성, 그것은 인간을 가장 행복하게도 하지만 인간을 완전 파멸시키기도 한다. 그러나 성처럼 아름다운 것도 없다. 몸과 마음이 일체가 되는 그 접점에서 이는 환희는 세상 어떤 것과 견줄 수 없다. 이름도 기억하지 못하는 수많은 사람들과 향락에 빠지기보다는 한 사람과의 지고한 사랑을 추구하기에 인간은 또 위대하다.

하나님은 아름다운 에덴동산에서 아담과 이브가 사랑하며 행복하게 살기 원했지만, 결국 인간의 쓸데없는 욕심으로 그 동산을 빼앗기고 말았다. 정말 세상은 진정 사랑하는 한 사람만 잘 만나도 행복할 수 있다. 한때 부부가 행복하면 아프리카 오지에 가서도 행복하게 살 수 있다는 생각을 한 적이 있다. 두 사람이 서로를 바라보면서 행복하면 세상의 어떤 바람에도 귀 기울이지 않는다. 남편과 자식이 물에 빠지면 남편을 먼저 건지라고 했다. 부부가 존재해야 자식도 존재한다.

부부의 성은 두 사람만의 비밀스러운 영역이다. 음식으로 따지면 양념이 가미되지 않은 은근한 맛으로 평생 질리지 않는 그런 것이다. 처음에 그 맛은 매력을 주지 않지만, 시간이 지나면 그 맛은 다른 어떤 것에 비교되지 않는 맛을 주며 건강까지 더한다. 최근에 떠도는 농담으로 부부는 가족이기 때문에 부부간의 성은 근친상간이란다. 두 사람 간에 자식을 잉태할 만큼 가깝지만, 그만큼 또 어렵기도 한 것에 대한 아주 적절한 표현이라는 생각이다.

지나온 결혼 생활을 가만히 생각해 보니 결혼은 마치 링에서 팬티도 입지 않고 싸우는 권투 선수 같다는 생각을 한다. 공이 울림과 동시에 모든 것을 보여주며 사투를 다해 상대를 제압하려 든다. 3라운드까지는 자신들이 가진 모든 힘을 다 쓸 수 있을 만큼 기세 있게 달려들어 싸운다. 이때 KO를 당한 상대는 실려 나간다. 상대의 절대적인 우위에 무릎을 꿇든 튕겨져 나가든 결정이 난다.

초반 라운드에서 결정이 나지 않으면 둘은 공이 울릴 때마다 링 안으로 달려 나가 서로에게 주먹질하지만 제대로 된 펀치보다는 헛방을 날리기 일쑤다. 횟수가 거듭될수록 상처투성이인 지친 둘을 끌어안고 의지하다가 다시 떨어지면 헛주먹질이다. 하지만 어느새 상대가 약한 곳을 알고 그 부분을 공략하려 든다. 하지만 일반 권투시합의 선수석처럼 대각선으로 마주 보이는 곳에 있는 것이 아니라, 부부 링에는 선수석이 붙어 있다.

20여 년 동안 이혼 서류를 가슴에 품고 살면서 부부 싸움에 이골이 났다던 친구가 최근에 그 마음을 접었다며 해준 말이다. 그렇게 싸우면서 지금껏 헤어지지 않고 살 수 있었던 것은 하늘이 두 쪽 나도 잠자리만은 절대 따로 하지 말라는 친정엄마의 말을 따랐기 때문이란다. 숨을 헐떡이며 지친 몸을 맞대고 쉴 수 있는 선수석 때문이었다.

서로의 마음을 몰라준다고 아픈 곳만 골라 잔인하게 비수를 꽂으면서 거의 죽어가는 상황에서도 통합의 마지막 코스가 남아 있는 것이다. 오로지 잠자리를 같이하는 것은 부부만의 특권이다. 격렬하게 싸운 뒤에 지친 몸을 섞으면서 오는 그 환희는 말로 다할 수 없다. 그때 비로소 서로의 상처를 핥아 주고 보듬으면서 미안해 하며 사랑을 나눈다. 이때 나누는 섹스야말로 하나님이 인간에게 내려준 가장 아름다운 사랑의 결집처럼 느껴진다. 정신과 육체가 일치하는 그 접점은 감히 말로 표현할 수 없을 만큼 아름답다. 요즈음 젊은이들이 섹스를 스포츠라고 표현하며 단순히 육체 놀음의 일부로 생각하는 것은 아주 위험하다. 흔히들 성행위라는 우리말도 행위에 국한하기에 옳은 표현이 아니다. 영어에서는 메이크 러브라는 표현을 쓴다. 행위보다는 추상적인 개념이다.

결국 부부란 처음부터 서로의 것을 세우며 맞서는 상대가 아니라 부족분을 맞추며 하나로 통합되는 사이다. 섹스도 결국 맞추는 작업이다. 더구나 그 은총의 섹스에서 완전한 자유를 누리는 것도 결국 부부라는 이름에서만 가능하다. 프리섹스를 외치던 서구 사회에서 최근 들어 다시 순결을 주장하는 것도 의미 있는 현상이다. 현재 유럽 사회는 1970~1980년대 성행하던 변태적인 섹스 산업이 급격히 쇠퇴하면서 부부 중심의 정신적 가치를 추구하고 있다. 최근 통계에 의하면 일본인 중 매년 천여 명씩 자살하는데 그 연령대가 오십대라고 한다. 그들은 1970~1980년대 일본의 고도성장을 틈타 결혼에 부담을 느끼고 독신으로 살아온 사람들이다. 발 빠르게 잇속을 챙기며 누구에게도 매이지 않고 원하는 것을 하며 자유롭게 살기는 했지만 마흔 고개 넘기면서 죽고 싶을 만큼 외로워져서 스스로 목숨을 끊는 선택을 마다하지 않는다.

결혼은 사랑하기 때문에 하는 것이 아니라 사랑하기로 서약을 하고 시작하는 것이다. 죽는 그 날까지 사랑을 배우며 가야 죽어서도 하나님의 은총을 받을 것이다.

제2부

이 시대에 엄마로 산다는 것

자식, 심은 대로 거둔다

자식? 그 이중의 잣대

그래도 50살 즈음 되면 삶이 좀 더 쉬워질 줄 알았다. 멋모르고 살던 30대 전후를 지나 활기차게 살던 40대를 지나면 인생이 어느 정도 내 손 안에 들어올 줄 알았는데, 도대체 인생은 왜 점점 무거워지기만 할까? 쓰나미처럼 달려와 나를 압도하던 시댁 식구들도 평정해서 내 손 안에 틀어쥐고, 탁구공처럼 튀던 남편도 내 발밑에 납작 엎드렸는데, 그동안 기쁨이요 소망이던 자식들이 이제 복병이 되어 내 어깨를 짓누른다.

이제 친구들끼리 모여 앉으면 자식에 관한 이야기뿐이다. 잘나가는 남의 자식들 이야기를 들으면 내 가슴은 피멍이 들고, 못 나가는 남의 자식들 이야기를 들으면 내 마음이 위로가 되고…. 이제 사회적으로 출세하는 것도, 남보다 돈을 더 많이 버는 것도 다 부질없다. 그저 저 하나 잘 먹고 잘살아 주면 고마울 뿐인데….

자식 하면 떠오르는 글이 있다. 그것은 은희경 씨의 소설 『비밀과 거짓말』에 나온 인용문이다.

"고려 인종 때 새로 현감이 부임해 왔는데, 며칠 후 한 촌로가 동헌 앞에 엎드려 곡을 하는 것이었다. 저는 이곳에서 약 십 리 가량 되는 장터에서 여관을 경영하는 자입니다. 마흔이 넘도록 소생을 보지 못하다가 무슨 은혜인지 다 늦게 사형제를 얻었습니다. 그 사형제를 키우면서 입 속의 밥이라도 내주었고 창자 속의 쓴 물까지 남김없이 쏟아 부은 것은 하늘과 땅도 아는 일입니다. 다들 씩씩하고 잘생긴 청년으로 자라 저의 눈가에 기쁨의 눈물이 마를 날이 없었습니다. 그런데 얼마 전 이름 모를 병으로 하나씩 죽기 시작하더니 불과 수일 새에 모두 불귀의 객이 되고 말았으니, 세상에 이런 변고가 있을 수 있으며 하늘의 무심함이 이에 더할 수가 있겠습니까? 사위가 캄캄하고 슬픔이 극에 달해 죽음만을 생각하다가, 하도 원통하여 이렇게 현명하신 원님께 호소하는 것입니다.

원님은 한참 동안 깊이 생각하더니 사령을 불러 일렀다. 오늘밤 성문 밖 한길을 지키고 있으면 삼경이 못 되어 꽃가마가 지나갈 것이니 불문곡직 붙잡아 동헌 마당에 대령하라. 그런데 사령에게 끌려온, 보기에도 황홀한 꽃가마에서 나온 것은 위풍이 당당하고 몸집이 장대하여 비범해 보이는 인물이었다. 원님이 정중히 맞아들인 다음 위엄을 갖추어 말하기를, 그대는 염라대왕으로서 몹쓸 사람을 벌해야 하거늘 왜 억울한 사람을 잡아가는 것인가. 염라대왕은 그 말씀이 지당하니 노인 집 마당을 파보시오, 라고 대답했다. 노인 집 마당을 파내려 가자 물이 흐르고 있었고, 그 위에 썩지 않은 시체 네 구가 눈을 부릅뜬 채 둥둥 떠 있었다. 그들은 모두 20년 전에 죽은 자들이었다. 날이 저물어 노인의 여관에 묵었다가 재물을 탐낸 노인이 물속에 빠뜨려 죽임을 당한 것이다. 염라대왕이 전하는 말이다. 노인의 네 아들은 모두 그때 죽은 사람들의 원귀로서 원수를 갚기 위해 차례차례 아들로 태어났다가 이제 그 원수 갚음을 마친 것이오."

품안에서 재롱을 부리며 삶의 기쁨을 알려준 사랑스러운 자식이 사실은 과거에 끔찍한 비밀을 증거하기 위해 하루하루 자라고 있는 귀신이라니…. 그런데 왜 죽은 자들은 복수의 방법으로 하필 원수의 아들이 되는 것을 택했을까? 복수의 내용은 잔혹하거나 고통스럽지 않았다. 단지 오랜 시간 동안 극진한 사랑을 얻도록 한 다음 한순간 그것을 잃게 만든 것뿐이었다. 가장 처절한 복수의 수단이 될 만큼 사랑의 상실이 고통스럽다는 뜻일까? 아니면 자식이란 언젠가는 자기 부정을 통해 부모에게 치명적인 보복을 가할 수 있는 존재라는 암시일까?

자식이란 언젠가는 자기 부정을 통해 치명적인 보복을 가할 수 있는 존재?

그 출처가 분명하지 않은 이야기다. 어디가 진실이고 어디가 거짓인지 분명하지는 않지만 십여 년 전에 강남에서 일어난 살인 사건에 관한 것이다. 강남에 꽤나 잘사는 부부를 살해하고 집에 불까지 지른 범인이 아들로 판명된 것까지는 사실이다. 신문 방송을 타면서 당시 모든 사람을 놀라게 한 사건이었다. 이후로 세월이 흘렀으니 누구도 그것을 기억하지 않는다.

그런데 부모를 잔인하게 죽이고 증거인멸로 불까지 지르고 아주 태연했던 그 패륜아에게 사형이 선고되었다. 하지만 모든 증거가 명백함에도 본인은 살인을 부인한다는 것이었다. 심리사, 정신과 의사, 각계 종교인을 차례로 면담시키면서 사실 인정 작업에 들어갔으나 그는 끝내 부인하며 이렇게 주장했다고 한다.

"나와는 상관없이 자기들이 좋아 그 짓을 하다가 나를 만들고 내가 원하는 것은 다 해주었다. 그 어떤 것도 내가 싫다는 것은 강요하지 않았다. 나는 돈이 없이는 하루도 살 수 없다. 그런데 어느 날부터 그들이 내게 돈을 주지 않는 것이다. 그것은 곧 그들이 나를 죽이려는 의도와 같다. 그런 살해 위협에 공포를 느꼈기 때문이다. 그래서 나를 지키기 위해 할 수 있는 최선의 선택이었다."

사실 자식들이 자랄 때는 몰랐다. 그저 사랑으로 온 정성을 다해 키우면 내가 그리던 그 무엇이 되는 줄 알았다. 하지만 20살이 넘어 부모로부터 독립할 때가 됐는데 어찌된 일인지 내가 그린 작품이 아니다. 어디서부터 잘못 되었을까. 한번 되돌려 보자.

이론으로만 무장된 내 자식들

아파트 단지 내에 초등학교가 있다. 워낙 단지가 크다 보니 전 학생이 아파트에 살고 있는데도 등하교 시간이면 주차난으로 학교 앞이 몸살을 앓는다. 단지 내에 살고 있으면서 승용차로 아이들의 등하교를 시키는 학부모들이 꽤나 많은 모양이었다.

교육열이 가장 높다는 강남에 사는 친구가 있었다. 딸을 키우는 그녀는 학교 앞에 있는 건널목을 혼자 건너게 하는 것이 불안해서 늘 데리러 갔는데, 일이 바빠져서 마침내 과외 교사에게 아예 학교 앞에서부터 아이를 만나 집으로 와서 공부를 시키기로 했다고 한다. 물론 웃돈이 더 들지만 마음은 편하단다. 그러면서 자기만 그러는 것이 아니라 주변에 그런 사람이 많다고 덧붙였다.

초등학생의 학부모인 사촌 여동생이 말했다. 옆집에 사는 남자는 너무 좋은 아빠란다. 매일 아침 아이들 가방을 들고 학교까지 데려다 주고 출근한단다. 그래서 늦게 들어와 아침에 출근하기 바쁜 남편이 밉고 그렇게 해주지 못해서 아이들에게 미안하단다.

중학교 다니던 딸이 방학 숙제 중에 음악회를 가라는 프로그램이 있었다. 인터넷을 통해 금방 어디서 무엇을 하는지, 심지어는 객석의 위치까지 찾아내지만 이내 한숨이다. 승용차로 필요한 목적지를 정확하게 옮겨 다니기만 했던 터라 어떻게 가야 할지 모르겠다고 한다. 뒤늦게나마 고쳐 볼 양으로 이렇게 저렇게 해서 가라고 하면 혼잡한 대중교통에 시달리며 땀 흘리면서 가고 싶지 않다고 한다.

아는 것은 많다. 하지만 산 정상에 엄청난 보물이 있다는 것을 알고 있는 것만으로 그것이 내 것은 아니다. 그런데도 대부분 불필요하다거나 혹은 남보다 특별나다는 이유를 달면서 길을 가려 하지 않는다. 뇌에 아무리 방대한 지식이 쌓여 있다 한들 그것을 풀어 내지 못하면 그것은 죽은 지식일 뿐이다. 즉 내게 내재된 지식을 활용하여 현실에서 접목시키지 못하면 그 많은 지식이 전혀 소용없다. 실행 없이 공부만 하고 자라는 지금의 세대를 바라보면서 나는 종종 혼돈에 빠진다. 가진 지식을 표현할 줄 모르고 사용할 줄 모르며, 심지어 왜 그것을 배우고 있는지 모르기 때문이다.

그저 지식만 쌓는다. 기계처럼 닥치는 대로 외워 익히고, 안 되면 고액 과외라도 받아서 목표 점수에 도달한다. 그래서 모든 과목에서 최상위권, 내신 일등급이다. 그러나 막상 그런 점수 우등생들과 접해 보면 현실과 괴리된 부적절한 표현이나 행동을 보이고, 심지어는 자신감을 상실한 모습을 보이기도 한다. 이는 축적된 지식이 빠르게 성장하는 신체와 급변하는 사회 환경 속에서 적절하게 활용되지 못한 결과일 것이다. 때론 그런 지식이 차라리 없는 것만 못한 결과를 낳고 있다. 표출되지 못한 지식이 열등감으로 점차 심화되면서 사회 부적응자로 전락하거나 외부 세계에 대한 두려움 또는 상실감으로 자폐적인 삶을 살아갈 수도 있다.

머리만 커진 채 무능한데, 그 누구보다도 잘 알고 있다며 깊은 자기도취에 빠져 있다. 피터팬 신드롬이란다. 현대 심리학적 용어로 몸은 컸지만 마음은 어린아이로 늘 빗자루를 타고 날아다니는 꿈속에서 사는 현상이란다. 이는 엘리트 콤플렉스에 빠진 우리 세대가 급격하게 경제적인 부를 창출하면서 이어지는 한 맺힌 몸부림의 결과이기도 하다. 내 아이들만큼은 아주 특별하다는 의식 속에서 무언가 차별적으로 키운 것이다. 그 결과 아이들은 단계도 밟지 않고 바로 어른이 되고 말았다. 하지만 알 필요도 없는 것뿐 아니라 몰라야 할 것도 다 알아 버린 징그러운 아이들이 몸만 커진 어른이 되어 버렸다.

아이에서 어른으로 가는 험난하고 고달픈 과정은 완전히 건너뛰어 이론적인 지식만으로 무장된 기술자가 된 것이다. 몸이 아이일 때 벌써 어른의 마음이더니, 몸이 어른이 되고 보니 마음은 아이에 머물러 있다. 세부적인 것은 외우는데 통합 관리 능력이 전혀 없다. 남의 잘못은 지적하면서도 해결 방법은 제시하지 못한다. know-how는 있는데 know-what이 없고, know-what은 있는데 know-why가 없다. 존재 의식도 없고 상황 판단력도 떨어진다. 수단과 방법을 가리지 않고 구겨 넣은 지식을 소화하지 못한 채 자신의 내면세계로 둥지를 틀고 들어가 버린다. 이렇듯 사회에 적응하지 못하는 엘리트들을 사회 심리학자들은 미립자 인간(particle man)이라고 한다.

그래, 다 내 탓이다. 내가 능력이 있다는 이유로 자식 괴물 만들었나 보다.

오로지 한 가지만을 고집하는 내 자식들

딸이 강북에 있는 외국어 고등학교로 진학할 때 우리는 송파구에서 살았다. 그래서 아침 6시에는 스쿨버스를 타야 했다. 거주지 중심으로 배정받지 않는 특목고인 관계로 대부분 서울시 전역은 물론 신도시에서까지 통학하는 아이들이 주류를 이루고 있었다. 그러다 보니 학부모 모임에 가도 항상 스쿨버스를 놓쳐서 온 가족이 고생하는 이야기들이다. 대부분 운전할 수 있는 부모들이 스쿨버스를 쫓아가서 따라 잡거나 아니면 학교까지 태워다 준다는 것이다.

어느 날 동창 모임에서 나는 다음과 같은 이야기를 들었다. 나처럼 강남에 살면서 강북에 있는 예술 고등학교를 다니는 딸을 둔 친구는 집 근처까지 오는 스쿨버스가 있지만, 아파트 단지 내로 들어오지 않기 때문에 바로 집 앞에서 탈 수 있는 사설 미니버스를 따로 이용하게 한단다. 그런데도 그 차마저 놓치는 날이 많다고 불평했다.

"저 좀 편하게 하자고 한 달에 20만 원의 추가 비용을 더 쓰는데도 소용없어. 버스 기사로부터 기다리다 떠난다는 전화를 받고 깨어나는 날이 더 많으니까. 그때마다 금방 나갈 테니 기다려 달라고 사정사정하지만, 그것도 하루 이틀이지. 정말 지겨워. 근데 어제도 또 늦었잖니. 이제는 늦으면 아예 택시 값 들려서 내보내. 그런데 떠난 지 얼마 지나지 않아 우리 딸에게 전화가 온 거야. 택시 기사가 학교를 어떻게 가는지 모른다면서. 그게 우리 딸이야. 관심이 없으니 매일 다니는 길도 몰라. 화가 났지만 꾹 참고 반포 대교를 지나 시청을 끼고 어쩌고 하는데, 우리 애가 뭐라고 묻는지 알아? 시청이 어디에 있는데? 하는데 정말 꼭지 돌겠더군. 열 받아

택시 기사 바꾸라고 소리쳐서 길을 알려주고, 다시 딸아이를 바꾸어 달라고 했어. 나는 이를 악물고 조용히 말했어. 이년아, 너 다리 벌리고 자면 죽을 줄 알아."

우리 딸도 매일 새벽에 집을 나가며 툴툴거렸다. 교복은 대충 몸에 걸치고 머리는 산발을 하고 나서는 그 꼴을 한심해 하면, 어두워서 볼 사람도 없고 스쿨버스 타면 바로 자기 때문에 몸단장이 필요 없단다. 그리고 너무 멀다며 학교 근처로 이사를 가잔다. 오히려 부모들이 등하교 시간 줄이자고 먼저 이사를 하는데, 새벽 밥 먹고 도시락 두 개 들고 만원버스 타고 동대문에 살면서 서대문에 있는 학교 다녔다고 주장하는 우리 엄마 이상한 사람이란다. 그 이전에는 책 보따리 등에 걸머지고 산 넘어 물 건너 걸어서 다녔다면 딸은 혀를 쏙 내밀고 문을 꽝 닫고 사라진다.

우리 딸이나 그 집 딸이나 남 보기에 손색이 없다. 좋은 집에 좋은 학교를 다닌다지만 하는 짓은 거지꼴이다. 우리가 고등학생일 때는 스스로 어른이라는 생각을 했었다. 누가 지켜 준다는 생각을 해본 적이 없었다. 또한 어른으로서 자존심을 지키려는 노력도 꽤나 했었다. 머리를 공들여 단정하게 빗고 빳빳하게 풀 먹인 교복 깃을 세우고, 행여 비듬이라도 떨어질까 조심하며 대문을 나섰다. 그것이 학교를 향하는 학생의 자세라고 생각했다. 사실 그것이 요즈음 아이들이 생각하는 만큼 불편하지도 불필요하지도 않았다. 오히려 그에 따른 자긍심이 더 컸고, 시작부터 스스로 자세를 가다듬기에도 적합했던 것 같다.

그런데 부모들인 우리는 그것이 싫었던 모양이다. 하기는 가물에 콩 나듯 자가용 타고 등하교하는 아주 부잣집 학우를 뼈에 사무치게 부러워했으니, 내 자식만큼은 그런 아픔 주고 싶지 않았겠지. 어쨌든 나도 가끔은 새벽 공기에 몸을 움츠리고 나가는 딸을 보며 이사를 가야 하나 말아야 하나 고민하기도 했다. 나도 게으른 성향이 있고 아침마다 남편을 태워 출근을 시켜야 하니 아이는 또 뒷전이었다. 딸은 늦어도 엄마가 자기를 태워 줄 구원 투수라고 생각하지 않는 것 같았다.

어느 날 아침 딸이 제 시간에 나간 것 같은데, 버스 기사로부터 전화가 왔다. 기다려도 나오지 않아 그냥 떠난다는 것이었다. 물론 딸로부터 아무런 연락이 없었다. 다소 불안하기는 했지만 학교에서 연락이 없는 것을 보니 지각이나 결석을 한 것은 아니라고 생각했다. 방과 후 집으로 들어서는 딸에게 묻자 대수롭지 않게 대답했다.

"전철 타고 갔어요. 이른 새벽이라 거의 비슷한 시간에 도착할 수 있어요. 처음에는 스쿨버스를 놓쳐서 전철을 탔지만, 요즈음은 일부러 타기도 해요. 초여름이 되니까 새벽 공기도 좋고 해서 전철역까지 걸었어요. 처음에는 꼭 스쿨버스를 타야 한다는 생각에 잠도 설치면서 긴장했는데, 지금은 놓쳐도 그만이라는 여유가 생겨서 좋아요."

자식들아, 대안을 가진 자의 여유로움을 즐겨라. 1안을 계획할 때 반드시 2안도 생각해 두어라. 직선 도로만 고집하지 말고 한두 개의 우회 도로는 알고 있어라. 그런데도 모두들 best way를 고집한다. 간혹 돌아가라고 하면 힘에 겹다고 불평불만을 늘어놓고, 때로는 쓸데없는 짓거리라고 항변하면서 마지못해 하거나 포기하고 만다. 그러니 한 가지만을 고집하는 자에게는 정해진 길이 막히면 결국 경쟁력을 상실하고 마는 것이다.

이렇듯 한 가지만 고집하다 보면 결국 삶의 주체가 아니라 정해진 일종의 부속물처럼 전락할 수도 있다. 앞선 예로 가장 편안한 방법만을 고집하다 보면 결국 그 버스에 매여 사는 꼴로, 부리는 것이 아니라 부림을 당하고 마는 것이다. 이것은 하나의 작은 예에 불과하지만 주변 어디를 둘러보아도 모두들 같은 방법으로 살고 있다. 인간은 없고 그저 편리성에 길들여진 문명의 도구들일 뿐이다. 처음부터 스스로의 계획은 없다. 그저 천편일률적으로 꿰어 맞추어 살면서도 남과 다르다는 엉뚱한 자부심을 갖는다. 부모의 잘못된 사랑이라고 하기에는 자식들의 짐이 너무 무거워질까 걱정이다.

자식들아, 부탁하건대 스스로 계획하는 인간이 되어라. 누군가 정해 준 길을 편안하게 가려는 생각을 접고 자신의 길을 찾아서 가라. 아무에게도 짐이 되지 않으려면 스스로의 길을 개척하고 풀어 나가라. 1안이 안 되면 2안으로, 2안이 안 되면 3안으로. 1안이 정녕 best way인가? 누가 1안이 best way라고 하던가? 2안에도 3안에도 best way가 숨어 있는 것이 인생이다. 모든 것에서 가능성만 있을 뿐 정해진 것은 없다. 정녕 자기만의 best way는 스스로 노력하는 중에 찾아내는 것이다. 부모가 정해 주는 길은 단지 부모의 길일 뿐 너와는 상관없는 길이다. 물꼬를 트는 것은 분명 부모이겠지만, 광활한 벌판을 헤집고 나아가는 물길을 만드는 것은 당연히 너희들의 몫이다.

빈 시간 없이 살아온 내 자식들

우리나라는 신학기만 되면 아이들의 학교를 따라 온 식구가 이동을 한다. 마치 통학 거리가 짧은 곳에 사는 것이 일류 대학을 가고 성공 인생을 향한 지름길인 양 서둘러 집을 옮긴다. 그래서 이사철만 되면 집값이 오르고 대학 합격률이 높은 학교 근처의 집이 천정부지로 뛰어 오른다. 이런 놀음으로 자식들이 나보다 나은 사람으로 성장했는지 되돌아보지 않을 수 없다.

1960~1970년대에 중고등학교를 다닌 우리들의 왕복 통학시간은 족히 3~4시간이 걸렸다. 8시에 시작하는 학교 수업을 들으려면 적어도 6시에는 집을 나서야 했다. 지금처럼 잘 계획된 도로가 아니라 집과 집을 연결하는 긴 골목길을 빠져나와, 대로에 도달하여 만원 버스에 시달리며 한 시간 즈음 가서 다시 길을 따라 또 얼마간을 걸어야 비로소 학교 정문을 들어설 수 있었다. 물론 수업을 마치고 학교를 나오면 같은 방법으로 집으로 돌아갔다. 하루에 6~7시간의 수업을 받기 위하여 그 절반이 넘는 시간을 길거리에서 소모한 것이다.

하지만 지금 돌아보면 그것이 결코 쓸데없었다는 생각이 들지 않는다. 상쾌한 새벽 공기를 가르며 대문을 나설 때의 하루에 대한 기대감과 때론 불안감이 교차되는 시작, 그리고 수업을 마치고 지친 몸을 이끌고 집으로 향하는 골목길을 들어설 때까지, 학교에서 배운 지식 외의 또 다른 것들은 그 쓸데없는 듯한 시간 속에서 배웠다. 새벽길을 나서면서부터 우리는 교과목에서 배우는 이론이 아닌 실제의 삶에서 전개되는 일상과 접했기 때문이다. 어둠이 채 걷히기도 전에 하루를 시작하는 부지런한 사람들의 모습에서 희망을, 때론 어두컴컴한 구석에 도사리고 있는 성도착자들의 모습에서 두려움을 느끼기도 하고, 터질 듯이 달려오는 만원 버스를 어떻게 하면 요령 있게 잘 타는지도 배우고, 그 와중에 우연히 스치는 괜찮은 남학생 때문에 설레기도 하고…. 하교 후 지친 몸을 끌고 터덜터덜 돌아오면서 그 날 중에 있었던 일을 곱씹어 보고….

대학에서 만났던 대다수의 남학생들은 여자인 우리가 전혀 알지 못했던 세계에 대해 곧잘 자랑스럽게 말을 했다. 비교적 우등생이었을 것 같은 그들도 열심히 공부해서 대학에 입학했다는 것을 자랑하기보다는 야간 자율 학습을 마치고 돌아오는 늦은 시간에 부모 눈을 속이며 몰래 거리에서 한 일들을 털어놓으며 낄낄거리곤 했다. 평생 두고두고 잊지 못할 귀한 경험처럼 그들에게는 소중한 산지식인 것 같았다.

지금 청소년들은 부모의 집중적인 관심과 넘치는 풍요로 그런 시간들을 도려내어 더 많은 지식을 얻겠다지만, 결국 실제와 접목되지 못하는 한계를 드러내고 있다. 공부하는 시간이 있으면 반드시 쉬는 시간이 있어야 한다. 빡빡하게 정해진 시간 외에 스트레스를 풀어낼 한가함이란 말 그대로 몸과 마음이 텅 빈 상태를 말한다. 수업을 마친 후 무거운 몸을 흔들리는 버스에 싣고 차창에 스쳐가는 풍광을 무심히 바라보며 상념에 빠졌던 것 같다. 그 날의 기쁨과 슬픔이 주마등처럼 펼쳐지고, 내 마음을 흔들어 놓았던 하루를 다시 되돌리며 내일을 계획했다. 세상을 놀라게 한 많은 발명이나 이론 중에는 정해진 연구와 방법으로 된 것보다 그저 빈 시간에 우연히 발견된 것이 많다. 때론 그 일과 관련이 없는 엉뚱한 곳에서 발견하기도 한다.

그런데도 현대인은 무언가를 하지 않으면 불안을 느낀다. 그래서 정체되어 있는 시간을 참지 못한다. 공부를 위한 시간 외에는 그 어떤 것도 절대로 용서할 수 없다는 사회 분위기다. 통학 거리는 극히 짧아야 하고 일체의 과외 활동은 반드시 셔틀버스로 이동하면서 쓸데없이 길에서 낭비하는 시간을 줄이겠다는 것이다. 그렇게 물 샐 틈 없이 정해진 시간 내에 기계처럼 움직여야만 부모나 자식도 보람된 하루를 보냈다고 생각하는 것 같다. 하지만 그렇게 절약된 시간이 과연 생산적일까?

우리는 분명 예전보다 훨씬 큰 집에서 살고 있다. 각자의 방에서 자신만의 공간을 가지고 사는데도 항상 답답하다고 느낀다. 예전에는 단칸방에 온 집안 식구가 모여 살아도 그렇게 느끼지 않았다. 한 방에 모두 모여 살았지만 가족 구성원 모두가 너무 바빴던 것 같다. 직장을 다니는 아버지나 공부를 하는 아이들도 가야 할 곳이 멀기 때문에 일찍 가고 늦게 들어왔다. 엄마는 불편한 생활공간에서 새벽밥 짓고 5~6개씩 되는 도시락 싸고, 모두들 일터로 학교로 보내고 나면 설거지하고 빨래하고 다시 저녁을 위한 장을 보고…. 날이 어두워 하나 둘씩 방안으로 들어서는 가족들은 또다시 각자의 일로 바쁘다. 어린것들은 방바닥에 엎드려 숙제를 하고, 학력이 높은 오빠나 언니들은 한쪽 귀퉁이에 놓인 앉은뱅이책상에 앉아 공부하고, 엄마는 아랫목에 앉아 옷을 깁고, 피곤에 지친 아버지는 어느새 코를 골며 자고 있는 것이다. 그래도 누구 한 사람 불편하다고 짜증내는 사람이 없다. 각자의 일로 바빠 서로를 참견할 겨를이 없기 때문이다.

하지만 지금의 우리들은 각자의 방이 있고 너무도 편리한 생활공간에 파묻혀 틈새 없이 잘 짜인 스케줄에 따라 살고 있는데도 전혀 편안함을 느끼지 못하고 있다. 나는 그 이유가 바로 그렇게 절약한 시간의 결과 때문이라고 생각한다. 쓸데없는 시간을 줄여서 남은 시간에 모여 앉아 서로를 감시하고 있는 것이다. 자신의 방에 있지만 문을 열면 거실에 앉아 아이들을 주시하고 있는 엄마, 아버지가 텔레비전이라도 볼라치면 시끄럽다고 아우성치는 아이들, 결국 자식들 공부에 지장을 초래할까 노심초사하면서 안방에 웅크리고 있어야 하는 아버지, 어쩌다 예상치 못한 손님이라도 오면 언제 가려나 기다리며 온 가족이 안절부절이다. 결국 그럴 듯한 명분을 내세우지만 모두가 시간이 남아 주체할 수 없다. 이제는 방학만 되면 지겹다고 푸념을 늘어놓는 학부형도 상당수다. 그래서 학원이다, 도서관이다 하며 아이들을 부지런히 뺑뺑이 돌리는 것도 어쩌면 함께 묶여 있는 시간을 해소하기 위한 것인지도 모른다.

 자식들아, 통학 거리가 짧은 것을 자랑하지 마라. 발바닥에 흙 안 묻히고 승용차로 다니는 것 자랑하지 마라. 그렇게 해서 남긴 시간으로 지금 무엇을 하고 있는가 한번쯤 생각해 보거라.

부모가 되어도
부모를 이해 못할 것 같은 내 자식들

 우리 사회는 모든 세대가 성장기에 있는 자식들의 생각으로 전환되어야 한다고 주장한다. 그래야만 진정으로 그 세대를 인정하고 포용하는 앞선 세대가 된다는 것이다. 그래서 앞뒤 분별없는 아이들에게 마치 심오한 의미라도 있는 듯, 혹은 한창 감수성이 예민하기에 또 다른 부작용을 우려하는 듯, 한창 반항기에 있는 자식들의 방종을 부모들은 일방적으로 이해하고 수용하려 애쓴다. 그러면서 우리도 저 나이에는 다 그랬어, 하지만 지금 보라고, 특별히 잘못된 것도 없잖아, 다 그러면서 나이 먹는 거야, 한다. 제법 관대하다.

 하지만 우리의 부모들은 우리를 이해하지 않았다. 그래서 우리가 할 수 있는 것이라고는 그런 부모의 눈을 속이다가 지쳐서 그만두는 것이었다. 물론 우리에게 열정이 없었던 것은 아니다. 그런 완고하고 뭘 모르는 무식한 부모 때문에 결국 내 인생 망친다고 때론 소리치며 반항했지만 부모를 이기지 못했다. 하지만 부모 나이가 된 지금에는 그 부모들을 이해할 수 있다. 때론 왜 그때 좀 더 강하게 말리지 않았을까 아쉬워하기도 한다.

세상이 바뀌었다고 하지만 인간이 달라진 것은 아무것도 없다. 인간은 세상 따라 변하지 않고 세월 따라 변하기 때문이다. 세상이 바뀌었다고 노인이 아이 되지 않고 부모가 자식 되지 않는다. 어떠한 세상도, 그 누구도 삶의 위치를 바꿀 수 없다. 부모는 지나온 삶을 돌아보는 세대이고, 자식은 삶을 바라보는 세대이다. 정반대의 위치에서 어떻게 자식들의 생각에 동조를 하란 말인가. 내가 걸어온 그 잘못된 길을 뻔히 아는데 어떻게 그냥 두란 말인가?

그런데도 끊임없이 기성세대가 양보하자면서 세대 간의 융화를 주장한다. 하지만 나는 자기 세대의 색깔을 드러내야 한다고 생각한다. 세대 간의 차이를 인정하는 것이야말로 세대를 좇아 살아야 하는 인간을 가장 인간답게 만드는 것이다. 부모가 자식에게 주려 하는 것은 뼈아픈 자기반성이다. 그런데 요즈음의 부모들은 그렇게 살아온 자신의 가치보다는 시대의 흐름이라는 것에 동조한다. 고등학생 아들을 둔 친구가 말했다. 아들이 술 마시고 돌아다니는 것을 안 순간 아예 집에서 먹으라고 사준다는 것이다, 몰래 마시면서 사고치는 것보다 차라리 자기 앞에서 먹는 것이 마음이 편하다는 괴변을 당당하게 피력했다. 누군가 오죽 공부에 시달렸으면 그렇겠느냐는 동정도 했다. 또 요즈음 아이들은 다 그렇다는 당연론도 나왔다.

날이면 날마다 공연장이나 공개 방송이 있는 방송국 앞에서 진을 치고 있는 여중생 딸을 둔 동창이 말했다. 처음에는 무슨 소리인지도 모르는 괴성을 질러대며 흔들어 대는 젊은 가수들을 쫓아다니는 딸이 미워 견딜 수가 없었지만, 동참하고 이해하려 들자 어느새 자신도 그 젊은 가수들이 좋아졌단다. 이제는 팬의 경지에 이르러 딸과 함께 공연장을 찾는다며 세대를 뛰어넘은 트인 엄마처럼 자랑을 했다. 그러면서 세상이 변했는데 이해하려 들면 못 할 것이 뭐냐고 반문했다. 못 하게 하면 더 하려 하니 실컷 하도록 내버려두면 저절로 지쳐 떨어지지 않겠냐고?

정말 그럴까? 그 나이면 그렇게 바람처럼 모든 것에 급격한 변화를 위해 자기 탈출을 시도한다. 그것은 누구나 겪는 성장 과정이다. 엄청난 잠재력이 분출하지만 불행하게도 모든 것이 동시에 뿜어져 나온다. 선과 악, 생산적인 것과 소비적인 것, 절제와 타락 등. 이 양면적인 것이 팽팽히 맞설 때 세상을 온전하게 경험하지 못한 자식들은 분명 눈앞의 즐거움에 먼저 빠져들고, 부모는 자신들이 살아온 안목으로 대부분 그 반대의 것을 들이댄다. 그렇게 갈등하면서 그 시기는 균형을 유지하는 것이라고 생각한다.

그것은 마치 바람처럼 왔다가 바람처럼 사라지는 젊은 날의 신기루 같은 것처럼 짧지만, 그때의 경험은 남은 생을 지배할 만큼 강력하다. 중년에 접어든 지금에서야 그때 갈등하고 느꼈던 것만이 고스란히 남아 있다는 사실에 놀라워하며 종종 때늦은 후회를 한다. 그때 왜 그런 일에 목숨 걸었을까? 그런데도 마치 그 시기가 영원할 것처럼 결코 생산적이지 못한 것에만 매달리는 자식들의 안목을 그대로 인정하면 영원히 거기에서 머물고 만다. 거기다가 시대를 앞세운 부모들의 과(過) 이해가 감기처럼 지나갈 것을 중독자로 만들고 마는 것이다.

자식들아, 내게 생을 돌이킬 수 있는 기회를 준다면 가장 돌아가고 싶은 곳이 바로 네가 서 있는 청소년기란다. 그 시기가 얼마나 중요한지 너희는 아직 모른다. 그래서 사사건건 간섭하고 싶다. 시간을 낭비하지 마라. 정의롭게 살아라. 배움을 멀리하지 말고 성실함을 익혀라. 한 가지에 몰입하지 마라. 지나침은 부족함만 못하기 때문이다. 직접 경험을 못하면 책이라도 많이 읽어 간접 경험이라도 해라 등. 셀 수도 없이 많은 내가 못 했던 것들….

　네가 지금 하고 싶다는 것들은 언제든 할 수 있지만, 배우는 것은 지금 너희들이 있는 곳이 아니면 할 수가 없단다. 같은 것을 배워도 느낌이 다르다. 그래서 지금 배우는 것이 평생을 가며 남은 생의 잣대로 남는 것이다. 수단과 방법을 가리지 않고 무엇이든 배우고 익혀라. 그것밖에는 미래가 없다. 그리고 다음 단계로 넘어가자꾸나. 그것이 버겁다고 뛰쳐나가지 말고 부모에 대한 최소한의 예의라고 양보하면서 참고 기다려 주면 안 되겠니? 언젠가 반드시 그것을 이해할 날이 올 것이다.

옳고 그름에 대한 분별력을 상실한 내 자식들

　자기가 좋아하는 연예인을 밤낮 가리지 않고 열광하며 무리 지어 쫓아다니는 학생들의 모습은 이제 우리 사회에서 흔한 모습이다. 이구동성으로 너무 좋기 때문이란다. 때론 수업을 빼먹고, 때론 공연장의 좋은 자리를 차지하기 위하여 길바닥에 웅크리고 밤을 새운다. 부모가 만류해도 따르지 않는다. 수년 전 지방에 사는 한 여학생은 자신이 좋아하는 가수의 콘서트를 위해 수시로 서울로 오는 것을 보다 못 한 아버지가 야단을 쳤다고 자살했다. 이유는 자신이 좋아하는 것을 금하기 때문이었다. 싫은 것은 죽기를 각오하는 것이다. 이처럼 모든 판단의 기준이 자신이어서 자신이 좋으면 받아들이고 싫으면 거부한다.

누군가 시대가 그렇기 때문이라고 한다. 무엇이든 자신이 원하는 것만 해왔기 때문에 어쩔 수 없다는 것이다. 자신이 원하는 것만 하며 살 수 있다면 그보다 큰 복이 없다고 말하는 사람들도 있다. 그럴 수만 있다면 그렇게 살고, 부모가 형편이 되면 뒷바라지도 해줄 수 있는 것 아니냐고 반문한다.

하지만 언제까지? 부모에게 너무 예쁜 어떤 아이는 전혀 야단이라는 것을 맞지 않고 성장했다. 그러다 아이가 사춘기에 접어들면서 도에 지나치는 행동을 보이자 인내의 한계를 느낀 부모가 한 대 때렸다는 것이다. 그러자 아이가 자살하고 말았다. 도저히 수용할 수 없는 자존심에 상처를 입었다며…. 또 아들을 너무나 사랑한 부모가 있었다. 형편이 좋아 아들이 원하는 것이라면 하늘의 별이라도 따다 줄 만큼 무엇이든 들어주었다. 아들은 그렇게 자라 장성하여 결혼 적령기가 되었다. 어느 날 아들은 도저히 부모로서 받아들이기 어려운 여인을 데려와 결혼하겠다고 선언했다. 부모가 단호히 반대하자 자식은 그동안 원하는 것 다 해주었으면서 이제 와서 반대를 하느냐며 그 부모를 때리더라는 것이다.

결국 자식이 세상을 판단할 만큼 성장했다 해도 가르침 받지 않은 것은 결코 이해하지 못하는 법이다. 부모에게 좋은 것만 받아온 아이들은 부모가 늙고 힘이 없어지는 것도 이해하지 못한다. 그들은 자신들의 편리한 삶을 위해 부모가 그 모습 그대로 있기를 원하면서 좀 더 많은 것을 요구하기만 한다. 이렇듯 상대에 대한 배려는 애당초 키워지지 않고 오로지 남에게 대우받게 하겠다며 귀하게 키워진 자식들은 타인에게 해를 끼침은 물론 그 누구보다도 부모의 가슴을 먼저 칠 가능성이 높다. 자승자박이라는 표현이 적합하지 않은가 싶다.

어쩌다 우리는 경제 형편이 나아졌다는 이유로 인간의 도리를 무시하고 있다. 나는 그 도리란 내 중심의 사고에서 벗어나 객관적이고 공정한 판단 기준을 세우는 것이라고 생각한다. 그것은 결코 나로부터 나올 수 없는 것이다. 누군가 끊임없이 지적하고 가르치지 않으면 알 수 없는데 인권이라는 이름으로, 혹은 창의력 말살이라는 세태로, 혹은 남과 다른 특별함으로 잘못된 것을 지적하려 하지 않는다. 무조건적인 관용과 허용으로만 이어져 철없는 아이의 논리에 그대로 따르고 만다. 결국 그렇게 자기중심적인 삶만 제공받은 아이들은 가정에서는 물론 공중 생활에 대한 적응력이 떨어진다. 기본적인 법규와 원칙의 기준도 자신이 되어 버렸기 때문이다. 자신을 중심으로 모든 것이 변해야 한다는 사고가 뿌리 깊게 박혀 버린 것이다.

어느 여학교 앞에 육교가 있는데도 많은 여학생들이 바로 아래 대로를 그대로 가로지르고 있다. 왜 그러느냐고 물으니 무표정하게 내뱉는다. "귀찮아서요." 동네를 도는 슈퍼마켓 무료 셔틀버스에는 항상 학생들이 먼저 자리를 차지하고 앉아 만화책을 들여다보고 있다. 설사 노인들이 양손에 슈퍼에서 구매한 물건을 잔뜩 들고 있어도 전혀 개의치 않는다. 어느 날 신호등이 빨간 불인데도 이어폰을 귀에 꽂은 한 여학생이 땅만 보고 횡단보도를 건너고 있었다. 좌우로 달리는 차들이 놀라 경적을 울리는데 그 여학생은 유유히 맞은편 보도에 당도하는 것이었다. 이제 정말 그런 모습은 너무나 흔해서 놀랄 일도 아니다. 나는 처음에 그들이 알고도 모르는 척하는 줄 알았다. 하지만 "이거 정말 잘못 하는 거예요?" 하는 표정이 마치 전혀 배운 것 없는 옛날 할머니의 표정과 흡사하다는 점에서 진실로 잘못인지 모른다는 것에 더 놀랄 뿐이었다. 하긴 잘못이라고 지적 받지도 않았는데 알 수 없겠지.

내가 아직 기억하고 있는 이솝우화가 있다. 아들을 너무 사랑한 어머니가 있었다. 어머니는 아들이 너무 사랑스러워 잘못을 해도 야단치지 않고 무조건 잘했다고 칭찬만 해주었다. 그런 아들은 스스로 내키는 일은 무엇이든 하다가 급기야는 남의 물건도 훔쳤다. 그래도 어머니는 아들을 감싸 주었다. 아들은 점점 그렇게 자라 결국 큰 도둑이 되어 사형선고까지 받게 되었다. 슬픔에 찬 어머니는 아들이 형장으로 끌려가는 날 마지막 가는 사랑하는 아들을 보러 그곳으로 달려갔다. 아들은 형장에 들어가기 전에 그 어머니를 보자 침을 뱉으며 절규했다. "왜 내게 도둑질이 잘못이라는 것을 알려 주지 않았어요? 나는 그것이 잘못인지 모르고 오로지 어머니를 기쁘게 해주기 위해서 그랬다고요. 모두가 어머니 때문이에요!"

그것이 바로 인간의 한계이다. 아무리 지능이 높아도 배우지 않은 것은 결코 알지 못한다. 지식이 없으면 감성도 없다고 했다. 즉 뱀의 독을 모르면 뱀이 무서운 줄 모르게 되어 있다. 지식이 당연히 먼저이다. 그러므로 부모는 자식이 알아듣든 못 알아듣든 가르치는 것이 우선이다. 스스로 지식인인 체하며 때가 되면 알 거라고 여유 부리는 부모들도 종종 있지만 가르쳐야 할 때를 놓치면 그때란 영원히 오지 않는다.

물론 자식에게 가르친다고 자식들이 그 모든 것을 이해하고 깨닫는 것은 아니다. 배운 것을 이해하고 깨닫는 것은 시차가 있어서 부모 자식 간에 갈등하는 것이다. 어떤 것은 그 즉시 받아들일 수 있지만 어떤 것은 죽기 직전에 깨닫는 것도 있다. 그 즉시 깨닫지 못한다고 가르치는 것을 미루거나 소홀히 하면 영원히 알지 못하게 된다. 앞서 말했듯이 배움이 선행되지 않는 경험은 결코 자신의 것이 되지 않기 때문이다.

아마도 1950, 1960년대 그 가난하고 없던 시절, 전혀 자식들을 이해하려 들지 않고 무조건 하라고만 윽박지르던 무심한 부모 밑에서 싫고 좋은 내색 없이 꾹꾹 참기만 했던 아픈 기억이 뼈에 사무쳐, 절대 자식들만큼은 내가 충분히 먼저 이해해서 그 누구에게도 기죽지 않게 마음껏 해주리라 다짐했던 부모인 우리 탓이리라. 맛있는 것만 골라 먹이고, 좋은 것만 입히고, 원하는 것은 무조건 해주면 남보다 뛰어난 인물로 잘살 줄 알았는데…. 철들 때도 되었건만 달라지는 것 같지 않아 눈치를 살피며 하지 말라면 눈에 불을 켜며 대들고, 걸핏하면 집 나가고, 때리고, 죽이고, 스스로 죽기까지 한다.

이제 생각난다. 비록 가난 때문에 우리들이 원하는 것을 하나도 해주지 못한 우리의 부모들이지만 남겨진 게 있었다는 것을. 바로 인간의 도리였다. 그래서 죽기보다 싫어도 옳은 일이면 해야 했고, 아무리 좋아도 그른 일이면 포기하게 한 것이다. 그것은 삶의 방식과는 전혀 관계없는 인간의 기본 도리였다. 철없는 나이에 그 도리라는 것이 나를 불편하게 한다며, 때론 이 좋은 세상에 굳이 그런 불편을 감수해야 하느냐고 반항했었다. 하지만 그것은 그 어떤 것과도 대치할 수 없는 삶의 기본으로 독립된 자기 삶을 세우는 바탕이 되었다. 싫은 것은 피하고 좋은 것만 하면서 사는 삶이 편하고 행복할 줄 알지만, 그것은 지극히 의존적이고 종속적인 삶이 될 수밖에 없다. 그리하여 사회악은 물론 타인을 불편하게 하고 스스로도 불행할 수밖에 없다.

부모가 이루지 못한 꿈을 이루기 위해
태어난 내 자식들

우리에게는 꿈이 있었다. 우리의 부모처럼 그저 잘 먹고 잘사는 것이 아니라 아주 구체적인 꿈이었다. 누구는 음악가가 되고 싶었고, 누구는 변호사가 되고 싶었고, 누구는 사업가가 되고 싶다는 등…. 물론 전혀 황당한 것도 아니다. 자의든 타의든 그 꿈을 향해 부지런히 노력하고 애써 왔지만 정말로 꿈을 이룬 사람은 얼마나 될까? 1970년대부터 여자들도 폭발적으로 대학에 입학했지만 전체에 비하면 아주 극소수의 선택 받은 자들이었다. 그런데도 당시 대학을 졸업하고 지금껏 전공을 살려 살아온 여자들은 많지 않다. 그것이 사회의 탓이었든 자신의 탓이었든 간에 내 자식만큼은 절대로 그렇게 살게 하지 않겠다는 다짐 또한 컸다.

예능학교에 다니는 학생들의 부모 치고 예전에 예능을 하지 않은 사람이 없다고 했다. 학창 시절 공부에 소홀했던 부모는 자식의 공부에 집착한다. 자신이 이루지 못한 꿈이 평생의 한이 되어 자식에게만큼은 반드시 이루게 하고야 말겠다는 각오가 대단하다. 하지만 나는 부모가 이루지 못한 꿈은 자식도 이루기 어렵다고 생각한다.

왜 그때 열심히 하지 않았을까? 꿈을 이루지 못한 우리는 그렇게 그때를 아쉬워한다. 철이 없었어. 그때 누군가가 강력하게 나를 이끌어 주었더라면 나는 분명 꿈을 이룰 수 있었어. 그랬기 때문에 자식만큼은 결코 실패하지 않게 할 거야.

내게는 모두가 가난하기만 했던 1970년 초에 서교동에 있는 마당 넓은 이층집에 사는 부잣집 딸이었던 친구가 있었다. 그녀는 부잣집 딸답게 피아노를 배웠다. 단칸방에서 온 식구가 오글오글 살던 우리와는 다르게 거실이라는 공간에서 개인 지도를 받으며 피아노를 치는 그녀를 바라보고 있으면 가슴 저리도록 부러웠다. 그런데도 그녀는 그다지 즐거워 보이지 않았다. 엄마의 강요로 마지못해 어쩔 수 없이 하고, 시간만 나면 우리와 놀기를 즐겼다. 그래서인지 그 당시 그토록 특별난 교육을 받았던 그녀는 끝내 피아노로 성공하지 못했다.

이후로 30여 년이 지난 지금 그녀는 딸을 피아니스트로 만들겠다는 일념으로 살고 있다. 하지만 그 비용이 만만치 않아 항상 부부간에 마찰을 일으키더니 결국 이혼까지 하면서 딸의 뒷바라지를 하고 있다. 그럼에도 딸도 예전의 그녀처럼 열성적으로 하지 않는다. 친구도 가끔 힘겹다고 하면서도 이내 자신의 경험을 피력하며 자세를 가다듬었다. 비록 자신은 그 고비를 못 넘겼지만 이제 그 경험으로 딸에게만큼은 그런 실패를 겪지 않게 할 수 있다는 것이다.

하지만 친구는 실패자일 뿐이다. 자신이 겪은 실패만으로 성공을 이끌기는 어렵다. 단지 자신이 열심히 하지 않았다는 이유로 실패했다고 생각하며, 자식에게는 그 열심을 강요하면 된다고 생각한다. 하지만 그 열심의 기준이 무엇인지 알지 못한다. 성공한 사람은 그 설정 기준을 안다. 그래서 성공한 사람들은 오히려 비록 자신은 성공했지만, 그 고생만큼은 결코 자식에게 물려주고 싶지 않다고 하는 경우가 종종 있다. 그것은 이룬 자만이 그 정도를 알 수 있기 때문이다.

나는 그것을 비등점에 비유하고 싶다. 시간과 강도에 관계없이 100도가 되어야 물은 끓게 되어 있다. 비커에 담긴 물을 외관으로 바라보면 결코 물의 온도를 가늠할 수 없다. 오로지 끓어오르는 시각 효과로 100도라는 것을 알 수 있다. 실패한 자는 그저 0도에서 99.9도 사이를 왔다 갔다

하다가 끝을 본 것이다. 자신은 아무리 노력했다고 주장해도 그 남은 0.1초에 도달하는 꼭짓점은 결코 경험하지 못한 것이다. 그러면 처음과 같다고 보아야 한다. 그런데도 자신의 지도로 자식은 이루게 할 수 있다는 것은 실패한 자의 착각일 뿐이다.

고등학교 2학년 학기말 시험에서 딸은 평소에 자신 있던 과목들 점수가 형편없어서 걱정하고 있던 차에 뜻하지 않게 국사와 국어를 100점 맞았다. 나는 놀라 물었다.

"이게 무슨 일이냐? 네가 100이면 다른 애들은 200점이냐?"

"나도 놀라고 있는 중이에요."

언제나 국어와 국사는 아무리 해도 안 된다고 하던 과목이었다. 그래서 최고 목표치를 전체 평균치로 낮추어 공부를 해왔다. 그래서 내가 "운이 좋았네." 하자 딸이 말했다.

"아니에요. 나 이번에 그 두 과목만 했어요. 국사책 10번 본 거 알아요? 다른 애들이 비웃었지만 끝장을 볼 작정으로 달려들었어요. 그런데 한 10번쯤 보니까 국사 잘하는 정은이처럼 입에서 줄줄 나오잖아요. 그래서 나도 할 수 있다는 것을 알았지만, 반면에 정말 내가 해서는 안 되는 과목이라는 것도 알았어요. 그것 때문에 다른 것 다 망쳤잖아요. 아무래도 더 이상 욕심내면 안 되겠어요."

그 소리를 듣고 나는 말했다.

"이제 최선을 다했지만 안 되더라는 소리는 더 이상 하지 마라."

최선의 끝은 반드시 목표 달성이다. 최선을 다했지만 결국 실패했다는 말은 옳지 않다. 운이 나빴다기보다 결국 최선을 다하지 않은 것이다. 그것이 바로 비등점이라는 생각이 들었다. 최선의 차이를 감지하는 차이일 것이다. 즉 개개인이 끓어오른 시점이 다르다는 것이다. 결국 최선이라는 자신의 비등점을 감지하는 자만이 목포에 도달한다. 물론 남들이 한 시간 하는 것을 내가 열 시간 해서 이루는 것을 포기하라는 말은 아니다. 남들의 열 배의 노력으로라도 그것을 하면서 행복하다면 강행할 수 있다. 단지 그 어떤 결정도 실패한 자는 결코 알 수 없는 이룬 자만의 세계가 있다는 것이다.

사람은 성향에 따라 움직인다. 내가 이루지 못했다면 결국 자식도 이루지 못할 수 있다는 쪽에 무게를 두어야 한다. 자신이 이루지 못한 것은 그때 내가 철이 없어서 혹은 좀 더 열심히 하지 않아서가 아니라, 그것을 열심히 하지 않는 성향이기도 하고 자신에게 적합한 재능이 아닐 수도 있다. 그리하여 진정 자신의 생각과 관계없이 자식에게 필요한 길이 무엇인지 고민을 하며 제 길을 찾아 주어야 한다. 내가 못 했다는 것은 자신으로 끝내라.

새 중의 새는 독수리라고 했다. 독수리는 높은 절벽에 둥지를 튼다. 그곳에 새끼를 낳고 그 어린것들이 어느 정도 자라면 독수리는 새끼들을 둥지 밖으로 밀어낸다. 어린 새끼들은 한번도 써보지 못한 여린 날개를 힘겹게 퍼덕이지만 아래로 속절없이 떨어진다. 이때 어미 독수리는 적당한 거리에서 그 모습을 묵묵히 지켜만 보고 있다가, 어린 새끼들이 바닥에 떨어지기 직전에 급강하해서 들어올려 둥지에 갖다 놓는다. 가까스로 구출된 어린 새끼들이 안도의 숨도 돌리기 전에 어미는 다시 둥지 밖으로 밀어낸다. 이런 작업 속에서 결국 어미 새는 연약하기만 한 어린 새를 강인한 새 중의 새로 키워 내는 것이다. 나는 이처럼 죽기 직전까지 지켜보다가 마지막 보루에 배수진을 치는 것이 부모의 역할이라고 생각한다. 지금처럼 자식이 소중하다고 그들이 할 일을 빼앗다 보면 마침내 자생력을 잃고 평생 부모의 짐으로 남을 수밖에 없다.

자식들아, 부모는 자식의 결정을 대신 내리기 위해 존재하는 것이 아니다. 보호자로 있는 동안 자식들이 앞으로 살아갈 미래에 대한 결정을 스스로 내리도록 하는 것이다. 이때 부모가 보기에 설사 미숙하고 답답하더라도 인내심을 발휘하며 지켜보다가, 때론 자식이 한 결정이 최악으로 가는 것만 막아 복구할 수 없는 실패가 되지 않도록 하는 것이다. 그러니 너희는 바람막이가 되어 주는 부모가 있는 동안 끊임없이 변화를 시도하라. 그 변화에 따르는 두려움과 고통을 뛰어넘지 않고는 결코 세상 밖으로 뛰쳐나올 수 없다.

평등 의식에 골병든 내 자식들

평등을 영어로 equality라고 한다. 말 그대로 동등 혹은 같음을 의미한다. 그럼에도 우리의 대부분은 평등과 공평을 동일시하며 혼용하는 경향이 있다. 공평은 fairness이다. 이는 평등이 아니라 엄격한 의미에서 차별이다. 많은 사람들이 성경을 근거로 하나님으로부터 받은 인간의 가치는 평등하다고 한다. 그래서 신분에 얽혀 있던 옛 인류의 역사는 인간 평등을 향한 대장정이었다. 역사 속에서 수많은 사상과 이념의 근간이 바로 인간은 절대 차별 받지 않고 모두 다 평등하게 사는 사회를 이루는 것이다. 그 때문에 한때 공산주의가 급진전할 수 있었다. 이렇듯 인간의 무한한 열망과 노력으로 평등 사회라는 실현을 보는 것 같지만 성경 어디에도 평등이라는 단어는 없다.

한 주인이 먼 길을 떠나면서 3명의 하인들에게 능력대로 각각 금 다섯 냥, 두 냥, 그리고 한 냥씩을 나누어 주었다. 얼마 후 돌아오니 다섯 냥을 받은 자는 장사를 하여 다섯 냥을 남기고, 두 냥을 받은 자도 그같이 하여 이문을 남겼다. 이에 주인은 둘에게 작은 일에 충성하였으므로 큰일을 맡기겠다며 아주 기뻐했다. 그런데 한 냥을 받은 자는 "당신이 곧은 사람이라 심지 않은 데서 거두지 않는 것을 알기에 그냥 땅에다 묻어 두었다가 다시 가져왔다"고 하였다. 이에 주인은 분노하여 "악하고 게으른 종아, 내가 심지 않는 데서 거두지 않는다는 것을 알았다면 내 돈을 꾸어서 쓰고 싶어 하는 자에게 빌려주어 이자라도 받게 해주었어야 할 것이 아니냐?" 하며 그 한 냥마저 빼앗아 열 냥 가진 자에게 주었다. 무릇 있는 자는 받아서 풍족하게 되고 없는 자는 가진 것마저 빼앗긴다고 하였다.

여기서는 배분부터 달랐다. 처음부터 능력별로 나뉘며 모두가 동일하게 받을 수는 없다. 지식이든 돈이든 권력이든 충분한 자격이 되는 자에게서 그 가치를 더할 수 있다는 것이다. 그럼에도 우리는 평등을 내세워 그것을 용납하려 들지 않는다. 그리하여 자신을 제외한 타인을 인정하지 못하고 다른 사람과의 편차도 받아들이려 하지 않는다. 게다가 성경에서는 게으른 종을 악하다고까지 했다. 자신의 게으름을 주인의 곧은 성격 탓으로 돌리기 때문이다.

사회가 이렇다 보니 독립할 나이에 접어든 자식들도 자신의 무능을 사회나 부모 탓으로 돌리려는 경향이 있다. 살아 보니 부모인 내 탓이다. 내 부모 힘없어 능력껏 못 살았는데 자식까지 그런 아픔 주고 싶지 않았다. 그래서 작은 능력이라도 쥐어짜서 내 자식만큼은 보란 듯이 능력 발휘하며 살게 하려고 했는데, 어찌된 일인지 더 달라며 주변을 맴돈다.

자식들아, 평등의 본질은 무한 경쟁이다. 남이 가졌으니 나도 당연히 가져야 하는 유한 경쟁이 아니다. 평등 사회라 함은 특정한 신분이나 권력 등과 무관하게 모든 인간에게 동일한 기회를 주는 것이다. 그리고 그 속에서 개인의 편차를 정당하게 인정하게 하는 것이다. 그래서 의식 수준이 높은 선진 국가에서는 개인 편차를 조기에 인정한다. 그럼에도 우리는 경제 형편이 나아지면서 개인의 편차를 인정하려 들지 않는다. 특히 동일한 교육을 통해 인간은 일률적으로 같은 지식선 상에 서 있어야 한다고 주장한다. 하지만 진정한 교육은 인간이 모두 다르다는 것을 깨닫게 하는 것이다. 그리하여 자신의 위치를 파악하고 다른 사람과 다른 그 무엇인가를 찾아내어 발전시키는 것이다. 다른 사람이 가진 것을 탐내고 추구하는 유한 경쟁이 아니라, 남에게 없는 내 것을 찾는 무한 경쟁이 바로 교육의 본질이다. 그러므로 내게 없는 것을 추구하지 말고, 내게 있는 것을 찾아내라.

하면 된다는 생각에서 벗어나라. 배우는 자세에서 무조건 하면 된다는 자세만큼 어리석은 일은 없다. 무엇을 하기 전에 먼저 자신을 평가해라. 경제 여건이 좋아지면서 우리는 할 수 있는 것보다 하고 싶은 것을 먼저 설정한다. 그만큼 가진 자는 돈이나 권력으로 원하는 것은 무엇이든 성취할 수 있다고 생각하고, 없는 자는 수단과 방법을 가리지 않고 쟁취하겠다는 의식이 팽배해 있다. 너도 하는데 나도 당연히 자격이 있다는 평등의 명분으로 무조건 취하겠다는 목표 의식만 동일하다. 그리하여 부정한 과정도 정당화하며, 스스로의 노력이 부족하거나 능력이 떨어져도 사회나 주변의 환경만 탓한다. 결국 자신에 대한 평가는 하지 않고 무조건 하면 된다는 욕심으로 모든 것을 잃고 만다.

또한 지금 처한 환경은 절대 조건이다. 자신의 미래를 향해 나아갈 때 단순히 지닌 재주나 능력이 전부가 아니라 처해진 환경도 반드시 포함시켜라. 가진 것이 없는데 가진 자와 같은 방법으로 목표를 향해 갈 수 없다. 물론 능력과 노력이 없이 엄청난 투자비를 쏟아 붓는다고 원하는 것을 성취할 수도 없다. 이렇듯 가진 자가 자신의 부에 휩싸여 망가지는 것은 그렇다고 쳐도, 갖지 못한 자가 평등을 내세워 그것을 흉내 내는 것의 끝은 파멸이다. 나는 이렇게 살 사람이 아니라며, 자식들만은 결코 나처럼 살게 하지 않겠다면서 자식들에게 현실을 외면하게 한 부모는 자신은 물론 자식마저도 끝내 현실 부적응자로 떠돌게 할 것이다. 현재가 없는 미래는 없다. 자신이 서 있는 위치를 모르는 자가 어떻게 목표를 향해 나아갈 수 있을까?

지금 우리 사회는 이처럼 자신의 위치를 망각하고 떠도는 무리가 위험 수위에 도달한 듯싶다. 부도 가난도 학벌도 물려준다는 현실인데 억울하게 손 놓고 있을 수만은 없단다. 그래서 가장의 평균 봉급의 절반이 넘는 액수를 자식들의 교육비에 쏟아 붓는 것도 모자라, 좋은 환경의 학교를 따라 옮겨 다니고 과감하게 집을 팔아 유학도 보낸다. 어쨌든 자식들의 교육을 위한 것이라면 가족의 미래는 팽개쳐도 무방하다는 것이다. 자식들의 고액 과외비 조달을 위해 파출부로 나서는 모성은 1990년대 버전이다. 최근에는 단란주점이나 룸살롱을 다니며 몸을 판다는 소문도 심심찮게 들려오고 있다. 최근에 뇌물 수수로 나라를 시끄럽게 한 관리는 그 돈으로 딸의 유학비에 썼다고 했다.

물론 자신의 처지에 따라 목표 설정을 달리 하라는 것은 아니다. 목표는 같게 세우되 형편에 합당한 방법을 계획하라는 것이다. 당장 자신의 손에 쥐어진 것이 전부라고 생각하라. 대학에 갈 형편이 되지 않으면 그것을 받아들이는 것이 먼저이다. 이 사회는 정규 교육을 받지 않아도 평생 교육이 가능한 제도가 확립되어 있다. 개개인이 목표에 도달하기 위한 원칙뿐만 아니라 또 다른 많은 우회적인 제도가 있음에도 자신의 형편에 맞지 않는 길을 고집하면서 사회를 탓하는 어리석은 짓은 하지 말아야 한다.

학기 초만 되면 자기의 형편에 맞지 않는다며 대학 등록금이 오르는 것을 저지하겠다고 수업을 거부하며 총장실을 점거하는, 세계 어느 나라에도 없는 젊은 대학생들을 보면 나는 답답함을 느낀다. 대학생이라면 사회의 최고 지성인이다. 대학은 머무는 현장이 아니라 미래를 위해 자신들이 선택한 과정이다. 그 자체로도 이미 선택받은 삶인데, 마치 식구 딸린 가장처럼 처절하게 부르짖는 모습에 때론 배신감마저 느낀다. 분명 입학 전 학교 특성에 맞게 자의로 선택할 수 있다. 왜 굳이 자신에게 맞지 않는 곳을 자신이 좋아하기 때문에 가서 그 곳을 바꾸려 하는가 말이다.

마지막으로 나는 라인홀트의 기도문(the pray of Reinhold Niebuhr)을 들려주고 싶다. "God, grant me the serenity to accept the things I can't change, the courage to change the things I can and wisdom to know the differences."

이 기도문에서는 세 가지를 소원한다. 첫째는 serenity, 요즈음 유행하는 쿨함이다. 즉 쿨하게, 할 수 없는 것과 고칠 수 없는 것을 그대로 받아들이게 해달라는 것이다. 둘째는 courage, 용기이다. 즉 할 수 있는 것이라면, 고칠 수 있는 것이라면 고칠 수 있는 용기를 달라는 것이다. 그리고 마지막으로 이 두 가지, 즉 고칠 수 있는 것과 고칠 수 없는 것을 식별할 지혜를 달라는 것이다.

돈이면 안 되는 것이 없다는 세상이라지만 사실 바꿀 수 없는 것이 훨씬 많은 세상이다. 하지만 무조건 체념하라는 것이 아니다. 자신에게 부족한 부분을 극복할 수 있는 평등 사회에 살고 있다는 것도 시대의 행운이라면 행운이다. 무리하게 욕심내지 말고 지금의 나를 인정하면서 새로운 형태로 발전시키는 것이 진정한 승자의 모습일 것이다.

인정머리라고는
눈곱만큼도 없는 내 자식들

　지하철 역사 계단에는 걸인들이 조그마한 그릇을 앞에 놓고 앉아 있다. 그 계단을 오르내리는 사람들, 그 중에서도 그릇 속에 동전을 내놓는 젊은이들은 쉽게 볼 수 없다. 한창 감성이 무르익고 있는 청소년도 아주 인색하다. 명품 브랜드를 걸쳐 입고 손에는 먹을 것을 들고 저희들끼리 팔짱을 끼고 깔깔대며 지나간다. 그 중에 누군가 주춤대며 주머니에서 동전이라도 꺼내려 하면 한 쪽에서 툭 치며 말린다.
　"주기 시작하면 자꾸 나와. 알고 보면 불쌍할 것도 없는 사람이래. 다 먹고 살 만하대. 뒤에는 세력들이 있는 앵벌이도 있으니 오히려 사회악을 유발한다니까."
　자식들아, 매사에 지식만 앞세워 비판하는 것을 즐기지 마라. 지식이 많은 사람을 총명하다고 한다. 그래서 아는 것을 자랑하며 옳고 그름의 잣대를 들이대며 비판하지만, 지혜로운 자는 그른 것도 눈감아 주기도 한다는 것을 잊지 마라. 가난한 자를 논리로 판단하지 마라. 아무 이유 달지 말고 추운 날 거리에 앉아 있다는 것 자체로 가슴이 아파서 동전을 놓아 주는 자가 되어라. 곤경에 빠진 사람들을 불쌍히 여기는 것에는 이유가 없어야 한다. 슬퍼하는 자와 함께 울고 아파하는 자와 함께 아파하는 자세, 부모 밑에 있을 때 동참하고 배워라.

사랑의 방향을 3가지로 나눈다고 한다. 첫째는 내 위치에서 아래에서 위로의 방향, 즉 윗사람을 향한 존경의 마음. 둘째, 대등한 위치의 사랑, 즉 친구나 부부 사이 혹은 이웃 간의 사랑. 셋째, 위에서 밑으로 향한 사랑, 즉 강자가 약자를, 가진 자가 없는 자를, 의로운 자가 의롭지 못한 자를 향해 갖는 사랑을 긍휼이라고 한다. 또한 곤경에 빠진 사람의 고통에 동참하는 것이라고 한다. 첫째와 둘째는 굳이 가르치지 않아도 자연스럽게 생긴다. 하지만 지금의 청소년들에게서는 좀처럼 긍휼이라는 사랑을 찾을 수가 없다. 오히려 볼품없는 친구를 왕따 시키고, 가난한 친구를 무시하고, 무능한 부모를 질시하고, 힘없는 노인을 배려하지 않고 있다.

너무도 강퍅한 현실이다. 온갖 허구가 난무하는 가운데 많은 청소년들이 자신의 정체성을 상실한 채 표류하고 있다. 깊이 생각하는 것을 싫어하고 감각적인 것에만 몰입한다. 그래서 벌이도 없는 청소년들이 명품에 몰입한다. 또한 자신들의 흥을 돋우는 것이면 때와 장소에 관계없이 달려가, 사이키 조명을 받으며 현란하게 차려입은 가수들에게 미친 듯이 열광하고 스릴과 서스펜스만을 즐긴다. 감정은 최고조에 달해 스스로도 자신들의 행동을 주체하지 못한다. 마치 마약처럼 언제나 흥분된 상태에 중독되어 있는 것이다. 그래서 진정 슬픔이, 아픔이 무엇인지 알지조차 못한다.

그래서 가슴을 잔잔하게 적셔 주는 감동이라는 것 자체를 기피한다. 어쩌면 전혀 모른다고 해야 할 것 같다. 빌려 보는 비디오마다 해악적이고 감각적인 것 일색이다. 물론 영화도 그런 것들만 골라서 본다. 중학생이었던 딸도 그런 영화나 만화를 본 날 밤에는 영락없이 악몽에 시달렸다.

나는 결국 강압적으로 공포 영화나 만화를 보지 못하게 했다. 딸은 그런 것 아니면 재미없어 못 보겠다고 징징댔지만 허락하지 않고 협상을 했다. 딸이 보고 싶은 것을 볼 때마다 같은 비율로 내가 권하는 것을 보기로. 왜냐하면 감수성이 살아 있는 연령대이기 때문이다.

사실 나는 그 나이에 밤을 새워 『제인 에어』, 『죄와 벌』, 『전쟁과 평화』, 『개선문』 등의 고전을 어쩌면 그때 다 읽었다고 해도 과언이 아니다. 물론 깨알 같은 활자의 두툼한 내용들을 어찌 다 이해했을까마는 그때는 신기하게도 감동을 받았다. 이후로 그때처럼 많은 책을 읽은 적도 감동을 받은 적도 없다. 그 어떤 나이에도 없는 느낌, 그것이 아마도 감수성이라고 하는 것 같다. 그때 세상의 아름다움부터 먼저 배워야 하기 때문이다.

그렇다고 한창 민감한 사춘기인 딸에게 무턱대고 유행을 타는 것들 보지 말고 읽기 지루하다는 고전을 읽으라고 강요만 할 수는 없었다. 어쨌든 의무적으로 보라고 했던 영화를 마지못해 보는 것 같더니 종국에는 눈물을 찍어내며 그 영화에 빠져드는 것을 보았다. 이제 딸은 영화나 오페라 보는 수준이 상당히 높아졌고 음악에 대한 감성도 수준급이다.

자식들아, 기쁠 때 활짝 웃는 것보다 오히려 눈물을 펑펑 쏟을 때 훨씬 사람의 감정이 순화된다. 코믹 영화는 순간은 기쁘지만 오래 남지 않고, 가슴을 찡하게 울리며 눈물을 쏟게 하는 영화는 두고두고 가슴에 남는다. 함께 울어 주는 마음이야말로 인간을 가장 따뜻하게 한다는 것을 잊지 마라. 추운 겨울 길에 엎드려 있는 한 여인의 등 위에 업혀 추워서 떨고 있는 아이에게 그저 선뜻 네가 하고 있는 목도리를 둘러 주어 보라. '천국의 아이들'을 보고 가슴 뭉클함을 느끼며 잠자리에 들어 보라. 아마도 좋은 꿈이 너를 행복하게 할 거야. 결국 긍휼을 베푸는 것도 남을 위한 것이 아니라 너희 자신들을 위한 것이라는 것을 잊지 마라.

돈 쓰기만 하면서
돈 욕심에 빠져 있는 내 자식들

현대 사회의 가치 기준은 오로지 돈이다. 계층 간, 상하 고하를 막론하고 일제히 돈! 그래서 서점마다 돈을 잘 벌게 해준다는 책이 넘쳐나고, 돈을 잘 버는 사람들의 무용담이 현대판 신화로 떠돌아다닌다. 청소년들도 인생의 목표가 거의 100%가 돈이라고 말한다. 모든 과정의 끝도 결국 돈 때문이란다. 공부를 하는 것도, 직업을 갖는 것도, 결혼을 하는 것도, 자식을 낳는 것도, 심지어는 부모에게 효도하는 것도 결국은 돈 때문이라는 결론이다.

불과 수십 년 만에 기형적으로 모든 가치 기준이 이처럼 돈으로 바뀌었다. 국민 소득 수준은 그다지 달라지지 않았는데, 불과 1%도 안 되는 사람들에게 나머지 사람들이 자기 주머니의 돈을 몰아주면서 사람들은 열광한다. 타이거 우즈나 마이클 조던 등이 운동해서 벌어들이는 돈보다 광고 효과로 벌어들이는 수입은 결국 한 푼을 버느라고 힘들여 일하는 일반 대중들의 쌈짓돈이다. 물론 대중을 즐겁게 해준다는 효과를 인정하지 않는 것은 아니지만, 그것치고는 고달픈 서민들에게 뒤로 남는 심리적인 박탈감과 무력감이 너무 크다.

하지만 그것으로 끝나는 것이 아니다. 기득권자들이 자신들의 가치를 돈으로 덩달아 올리면서 상위 1%들의 주머니만 두둑해지고 있다. GE의 유무형의 자산 가치는 변한 게 없는데도 잭 웰치가 벌어들인 정도는 도를 넘고, 우리나라 굴지의 기업들도 질세라 CEO의 봉급을 천문학적인 수치로 올려 받고 있다. 10여 년 전의 봉급자들은 50%도 오르지 않았는데, 그들의 봉급은 그때에 비해 수백 배가 뛰다 보니 상대적인 박탈감은 더 클 수밖에….

단 1%가 돈의 가치를 그렇게 망쳐 버렸지만, 나머지 사람들은 흔적도 없는 그 돈의 가치를 따라 떠돈다. 그래서 내가 가진 것을 계산하기보다는 그들이 벌어들이는 것에 눈높이를 맞추며, 더 위험한 것은 누구나 그것이 가능하다는 생각을 하게 하는 것이다. 빌 게이츠가 그저 평범한 사람에서 일순간 세계적인 갑부가 되었다는 것이 모든 청소년들에게 꿈을 주었다기보다는 오히려 절망감을 주었다고 나는 생각한다. 이제 더 이상 열심히 개미처럼 버는 사람은 상상조차 할 수 없게 만든 것이다.

이런 사회적인 환경에 젖은 청소년들은 스스로 과대망상에 빠져 자신을 그와 같은 인물에 대입시켜, 자기 손 안에 쥐어진 것은 무시하고 오로지 어떻게 쓰겠다는 상상만 한다. 부모들도 아이의 역량을 평가하지 않고 얼마를 벌 것이라는 생각으로 키워 나가는 것 같다. 그래서 버는 것보다 쓰는 것부터 하게 한다. 부모는 있다는 이유로 원하는 것은 무엇이든 해주려 든다. 그래서 지금의 청소년 세대는 원하는 것이면 큰 어려움 없이 모든 것을 가질 수 있다. 당연히 돈을 좋아하면서 돈이 귀한 줄 모른다. 돈이 마치 쓰다 버린 휴지처럼 굴러다닌다.

흔한 것은 절대 귀할 수 없다. 돈을 벌고 싶으면 뿌리 깊게 돈이 귀한 줄 알아야 한다. 귀하다는 것은 내게 없거나 부족한 것으로부터 출발한다. 그런데 돈을 물 쓰듯 하면서 어떻게 돈의 소중함을 느끼겠는가? 돈을 보면서 어떻게 쓰겠다는 계획만 있고, 저것을 지켜서 더 부풀리겠다는 생각이 나지 않는다면 돈 벌기를 포기해라. 개념 없이 무조건 돈만 벌겠다고? 어떻게? 부자 아빠들이 돈을 들여 이론으로 무장시켜 주겠다고? 아서라. 그렇게 경제 개념에 입각한 논리로 버는 방법을 가르친다 한들 귀하다는 개념부터 인식시키지 않으면 결코 돈은 쌓이지 않는다.

 자식들아, 부모 덕분에 돈 그리운 줄 모르고 쓰는 것을 자랑하지 말며, 그런 친구들 부러워하지도 마라. 아마도 생애 가장 풍요한 시대가 그때뿐이라 생각하고 가엾게 여겨라. 부모에게 용돈을 타서 쓰는 소비재인 청소년들이 실제로 돈을 벌 수는 없다. 부모 그늘에서 절약과 절제를 배우는 것이 바로 돈 버는 방법을 배우는 것이다. 돈을 버는 이론을 배우는 것이 아니라 한 푼을 벌려면 얼마나 힘들고 어려운지 알아야 돈을 벌 수 있다.

 돈은 예측 가능한 것만이 진정한 네 돈이다. 오늘 10원을 저축해서 한 달 후 혹은 일 년 후에 불어나는 것이 계산되는 것을 말한다. 어느 날 갑자기 부동산이 폭등하고 스톡옵션이나 복권으로 큰돈을 버는 순간적인 행운은 결국 네 것이 되지 못한다. 쉽게 번 돈은 쉽게 나간다고 했다. 땀 흘려 벌지 않은 돈은 반드시 그 대가를 치른다는 생각을 해라. 왜냐하면 횡재는 행운인 동시에 불행을 예견하기 때문이다. 나는 행과 불행이 마치 동전의 양면처럼 붙어 있다고 생각한다. 그래서 우연한 행운으로 근본을 상실하면 결국 없느니만 못한 결과를 낳고 만다.

 어떤 상황에 처하든 아끼고 저축하는 것이 기본이라는 것을 절대 잊지 마라. 그 작은 종자돈만 진정한 너의 돈이다. 세월 속에 복리로 늘어나는 저축 결코 무시하지 마라. 아끼고 절약하면서 모이는 재산이 얼마나 무섭게 커질 수 있는지 살다 보면 알게 될 것이다.

자식, 꽃으로도 때리지 마라?

　모든 교육학자들은 이구동성으로 아이를 때려서는 안 된다고 한다. 설사 사랑의 매라 하더라도 절대 용납될 수 없다고 한다. 또한 사회는 마치 부모가 자식을 때리는 것이 배우지 못한 근간인 것처럼 몰아붙인다. 그래서 부모들은 아이들의 행동이 도를 넘는데도 때론 억지로 참고 참으며 인내한다. 때리는 것은 무식한 부모의 짓거리라고 하니까. 대화로 풀어 나가라고 하니까. 누군가에게 가족 간에 일어나는 갈등이 드러나는 것이 몹시도 부끄러운 양.

　자식을 때리지 말라는 것은 서양 문화의 근간이다. 하지만 그들이 부모가 자식을 때리는 것을 법으로 금했다는 것은 역으로 그만큼 잔인하게 때렸기 때문이다. 서양인들은 역사 이래 많은 인종들이 섞이다 보니 다중적인 성격이 잠재하고 있어 때론 상상을 초월할 수 없을 만큼 잔인해진다고 한다. 우리는 그저 순간의 분을 참지 못해 손바닥으로 후려치는 것이 고작이다. 하지만 그들은 반드시 혁대나 채찍 같은 도구를 사용한다. 이것은 이미 치밀하게 준비된 자세라는 것이다. 이런 상황에서 맞는 아이들은 평생 동안 치유할 수 없는 상처를 안고 살아가면서 또 다른 사회 문제를 유발하기도 한다. 그래서 국가가 부모 자식 간의 문제를 법으로 통제하는 것이다. 자식을 때리는 부모는 이유 여하를 막론하고 형사 처벌의 대상이다.

　하지만 나는 그들이 때리지 않는다고, 미워하지 않는다고 생각지 않는다. 미국에서도 공공장소에서 맞을 만큼 부산스러운 아이들이 많다. 하지만 그들의 부모들이 드러나게 때리지는 않지만 그들에게 보내는 행동

없는 증오의 눈초리는 간담을 서늘하게 한다. 얼마 전 미국에서 아무도 보지 않는 쇼핑몰 주차장에서 한 여인이 어린 딸을 차에 가두고 엄청나게 두들겨 패는 장면이 CCTV에 잡히면서 전 세계 매스컴을 타는 것을 보았다. 전 세계 사람들의 비난을 받을 만큼 부도덕한 엄마였다. 하지만 어쩌면 사람이 북적대는 몰에서 어린 딸아이가 엄마의 신경을 건드렸는지도 모른다. 그때 엄마가 한번 호되게 후려치면 그만일 것을 사람들의 눈을 의식한 탓에 참고 참았을 것이다. 아이는 맞지 않을 것을 알고 엄마의 심경을 더 건드렸는지도 모른다. 그러다 아무도 없는 곳에 도달하자 그때까지 쌓이고 쌓인 젊은 엄마의 증오가 한꺼번에 폭발했는지도 모른다. 여인은 한 번에 분이 풀리지 않는지 때리고 또 때리고, 돌아서서 또 때리고 거의 죽일 듯이…. 이미 부모 자식 간의 관계가 끝난 것 같았다.

나는 서양인들이 자식을 때리지 못하게 하는 것이 사회적인 문제라고 생각한다. 하지만 그들의 사회적인 문제를 우리가 교육적인 문제로 활용하는 것은 옳지 않다고 생각한다. 우리의 정서로 부모가 자식을 때리는 것은 그냥 때리는 것이다. 아이를 때림으로써 파생되는 문제를 시시콜콜 나열하는 것이 아니라 그냥 화가 나니까 손이 올라가는 것이다. 물론 아이가 잘못해서 때릴 수도 있고 부모가 지나쳐서 때릴 수도 있지만, 결국 내 새끼라는 애착 때문이라는 것은 누구도 부인하지 못할 것이다.

순간의 생각 때문에 앞뒤 겨를 없이 손이 올라가고, 그렇게 치고받고 하면서 서로가 분을 못 이겨 씩씩대지만, 이미 그 날 저녁상에 눈을 마주치지 않은 채 밥을 먹고 있는 자식을 바라보며 공연히 눈치를 보는 부모, 그러다가 잠자리에 들기도 전에 후회로 가슴이 저려올 것이다. 말로 할 것을 때리기는 왜 때렸나 몰라. 그래서 은근히 걱정되어 자고 있는 아이의 방에 살그머니 들어가 맞은 자리를 들여다볼 것이다. 망할 자식 도망이라도 가지 미련하게 맞고 있기는…. 그때까지 분이 삭지 않은 자식은 잠자리에서 뒤척이고 있다가 자는 척하며 부모가 하는 대로 가만히 있다. 순간 돌아눕는 아이의 분이 봄눈 녹듯 하고 이내 잠에 빠져든다. 아이는 분명 부모의 사랑을 느꼈을 것이다.

시종일관 부모가 교육을 염려하며 참고 애쓰면서 쓴웃음을 머금고 사랑한다고 앵무새처럼 말하는 요즈음의 사랑은 아무래도 어색하다. 두 번 다시 그러지 말아야지 후회하지만 얼마 지나지 않아 또 때리고, 아이는 왜 때리느냐며 바락바락 대들고, 다시 후회하고…. 아무래도 이것이 우리의 모습 같은데….

요즈음은 때리지 말라 하니 웬만하면 참고 참는다. 매가 없는 것이 이해와 사랑으로 행복이 넘쳐나는 민주 가정처럼, 아이를 한 번도 때려 본 적이 없다고 자랑하는 부모들이 이제는 상당수다. 어쩌다 애를 때렸다는 부모가 있으면 원시인 보듯 한다. 대화로 모든 문제를 풀어 나가는 부모나 가정이 가장 이상적이라 하니, 매 맞지 않은 아이들은 정말 자신들이 잘해서 안 맞았다고 생각하는 것 같다. 그러다 부모가 조금 머리 큰 것을 때리면 자존심이 상했다며 죽기를 각오하는 것이다. 실제로 평생 부모에게 처음 맞았다는 충격에서 헤어나지 못해 자살한 청소년을 보았다. 나는 오히려 부모에게 자존심으로 맞선다는 것이 충격적이다. 예전에 우리가 부모에게 맞았을 때는 자존심이 상하지는 않았었다. 나를 이해하지 못한다는 서운함이 더 컸던 것 같다.

자식들아, 부모 자식 간에는 합리적이고 이론적인 이성으로는 결코 이해되지 않는 복잡한 감정이 내재되어 있는 것 같다. 교육이라는 명분으로 부모가 자식을 때리지 말라고 함은 부모와 자식 간에 이성적인 선을 긋는 것과 마찬가지라고 생각한다. 하지만 감정의 교류 없이는 결코 부모와 자식은 서로를 이해할 수 없다. 요람에서 성인으로 자라는 20여 년을 키우면서 부모가 때리고 싶은 것을 참고 이성적인 사랑으로 승화하라고 하지만, 오히려 그것이 때론 돌이킬 수 없는 증오의 불씨가 될 수 있다. 어쨌건 애증의 감정이 섞여 때리고 나면 부모들의 마음에 후회와 갈등이 일게 마련이다. 그래서 부모가 자식을 때리고 나면 더 아프다는 것을 기억해라.

교육학자들은 이구동성으로 아이들을 칭찬해 주라고 한다. 잘못한 것을 지적하여 체벌을 가하는 것보다는 스스로 문제를 찾고 고치도록 칭찬하고 격려하라고만 한다. 하지만 이상하게 잘했다고 칭찬한 것은 결코 기억나질 않고 아프게 한 것만 평생 짐으로 남는 것 같다. 그래서 예전에 우리 부모들은 흔히들 많이 때린 자식에게 길고 오래도록 연민이 남는다고 했던 것 같다.

그래서 어려서 잘 때리지 않았던 자식은 나이가 들면 들수록 어렵다는 말을 했다. 평생 자식에게 매를 들지 않았다는 것을 자랑하지 마라. 그것은 이미 부모 자식이 아닐 수도 있다. 죽는 그 날까지 그저 동등한 인격체로 대립한다면 그것보다 슬픈 일은 없을 것이다. 화가 나면 미워하고 참을 수 없으면 때리고, 또 용서하고 자책하는 자연스러운 감정의 교류, 그 속에서 진정한 부모 자식의 모습이 나타날 것이다. 논리 정연하게 이론화된 서양인의 의식 구조를 우리의 정서에 대입하며 갈등하고 고민하지 마라. 저마다의 이론에 매이지 말고 그저 정서 가는 대로 살아라. 자식을 좀 때렸기로 갖은 이론을 들이대며 마치 국기를 흔드는 대역 죄인처럼 호들갑떨지 말고….

"아이를 훈계하지 아니하려 하지 마라, 채찍으로 그를 때려도 죽지 아니하리라." (잠언 23:13)

조상도 모른다는 내 자식들

내겐 대비되는 두 명의 남자 조카가 있다. 한 아이는 초등학생 때부터 항상 집안 행사에 참석했다. 강압적인 아버지의 손에 이끌려 경사스러운 결혼식이나 자질구레한 집안 제사, 심지어는 장례식장까지 꼬박꼬박 나타났다. 아이라고는 별로 없는 장례식이라 더 눈에 들어서 한쪽 구석에 조용히 앉아 있는 그 어린 조카가 궁상스러워 보였고, 철없는 아이를 그처럼 곤혹스럽게 하는 그의 아버지가 그때는 이해되지 않았다.

또 한 조카는 아주 귀하게 키워져 공부하는 곳 외에는 그 어디에도 나타나지 않았다. 그래서 그 아이가 대학을 들어갔다는 소식까지 그 아버지로부터 전해 들었을 뿐 친척들은 자라는 그 아이를 본 적이 없었다.

그렇게 두 조카가 장성했다. 어려서부터 집안 행사에 참여했던 조카는 이제 집안의 궂은일이나 기쁜 일이나 항상 주체가 되어 행동한다. 어려서부터 자신이 보아 왔고 해왔던 일이라 그런지 아주 자연스럽고 익숙하게 일처리를 하는 게 요즘 젊은이답지 않게 대견스럽게 느껴진다. 더구나 오래 전부터 낯익은 친척들도 그를 아주 친숙하게 대해 주고 관심을 표명한다.

하지만 전혀 그런 기회를 갖지 못한 조카는 막상 성인이 되어 참석을 해야 했다. 그의 아버지가 병이라도 나면 마지못해 대신 참석하는데 어설프기 짝이 없었다. 아무도 알지 못한 채 이방인처럼 한쪽 구석에 있는 것이 이제는 그 조카가 안쓰러웠다. 결국 그 조카도 참지 못하고 낯선 집안 행사에는 참석하지 않겠다고 하자, 그제야 그 아버지가 강압적으로 밀어붙인다. 하지만 둘 사이에 갈등의 골만 깊어지는 것 같았다.

어쨌거나 둘의 미래도 완전하게 달랐다. 어려서부터 부지런히 그런 일을 해왔던 조카는 누구 때문인지는 모르지만 그 해에 대학을 입학하고 지금 꽤나 훌륭한 자리에 있다. 그러면서 대학 청년 시절에 대소변을 받는 할머니 시중까지 들었다는 소문이 요즘 아이답지 않다는 영웅담처럼 가족들 사이에 끊임없는 찬사로 떠돌았다. 하지만 공부 때문에 아무것도 하지 못했던 조카는 그 해 원하는 대학에 실패하고 재수를 하더니 아직껏 자리를 제대로 잡지 못했다. 들리는 소문에는 자식이라면 끔찍이 떠받들던 아버지가 병이 났는데도 몰라라 한다며 친척들 간에 구설수로 올랐다.

친구들이 모이면 자식 생각하는 마음이 차고 넘친다. 더구나 입시를 앞둔 자식들에 대한 배려는 타의 추종을 불허한다. 아이들의 공부에 지장을 준다는 이유로 가능한 한 가족 행사에 참여시키지 않으면서 집안 어른들에게 갖은 핑계를 대는 것을 자랑한다. 나도 딸아이를 집안 행사에 잘 참석시키지 않았다. 여자 아이이기도 했고 어른들 행사에 철모르는 아이가 우두커니 앉아 있는 것도 그다지 생산적이지 못하다고 생각했기 때문이었다. 하지만 이내 생각을 바꾸었다. 공부보다 더 중요한 것이 인간사에 동참하는 것이다. 그것도 때를 놓치면 익히기 어렵겠다는 생각이 들었다.

더구나 딸은 혼자다. 부모인 우리가 먼저 죽으면 형제자매도 없이 혼자 남아야 한다는 냉정한 현실에 가슴이 썰렁해진다. 형제자매가 많은 우리와 전혀 다른 환경의 삶이 전개되는데, 우리 기준에 싫었던 것을 무차별적으로 피해가게 해서는 안 되겠다는 생각이 들었다. 집안의 경사보다는 조사에 적극적으로 참석시켜야겠다는 계획이다. 딸이 혼자 남아 자신이 담당해야 할 궂은일을 생각하면 죽어서도 내 마음이 편치 않을 것 같다.

이제 딸과 나는 가끔 할머니 산소에 간다. 딸을 유난히도 사랑했던 할머니에 대한 기억을 간직하게 하고 싶어서다. 어차피 우리 집안의 유일한 자손이기에 부모인 우리가 먼저 세상을 떠나면 결국 혼자 남아 감당해야 된다. 부모가 세상을 먼저 가는 것은 이치이지만, 혹여 세상을 살다가 감당하기 힘들고 어려운 일이 있을 때 자신을 사랑해 주었던 사람들에 대한 기억만으로도 살아가는 데 많은 힘을 줄 것이다. 어쩌면 어떠한 유산보다도 더 큰 힘이 발휘되지 않을까 생각하기도 한다.

인생에서 심는 자와 거두는 자는 다르다고 했다. 내 대에서 뿌린 것을 내가 거두지 못하며 다음 대에 거둔다고 했다. 부모가 심은 것을 자식이 거두는 것이다. 지금 내가 성공했다면 전부가 내 노력만은 아닐 거라는 말이다. 그들의 마음속에 간절한 소망이 담겨 오늘의 내가 존재한다는 사실이다.

이북에서 단신 월남하여 목회자로서 크게 성공하신 한 목사님의 말씀이 두고두고 기억에 남는다. 자신의 성공은 다름 아닌 어머니의 기도 때문이었다고 했다. 그 목사님은 최근에 남북교류가 활발하게 이어지는 시류를 타고 이북에 가서 90세에 세상을 떠난 어머니 소식을 들었다고 했다. 하루도 거르지 않고 남에서 살고 있는 아들을 위해 기도하다가 눈 오는 어느 날 거적을 쓰고 기도하던 중에 돌아가셨다며 눈시울을 붉혔다.

그 모습을 보며 우리 시대의 어머니들을 생각했다. 비록 풍요롭게 해주지는 못했지만 자식을 위한 그 정성이 우리 성장의 밑거름이 되지 않았을까. 부모가 남겨준 눈에 보이는 엄청난 물질의 유산이란 한 순간에 날아가는 깃털 같은 것일 수 있다. 비록 물질적인 것은 주지 못하지만 평생을 소원하고 바라는 그 정성이 결국 자식의 생을 지배할 것이다.

지금의 나는 가슴속에 평생 기억할 사람이 있고, 반대로 누군가에게 절실하게 기억될 사람이어야 한다는 것이다. 기억할 아무도 없고 그 누구에게도 기억되지 않는다면 그처럼 불행한 인간은 없다. 내 주변에 아무도 없이 남보다 더 먹고 더 잘 입었다는 것이 과연 의미가 있을까? 내가 죽고 싶을 만큼 힘들 때 날 사랑했던 사람 때문에 혹은 내가 사랑한 사람 때문에 감히 죽지 못한다. 또한 나를 사랑한 사람들을 기쁘게 하려고 열심히 살며, 내가 사랑하는 사람을 위해 더 열심히 사는 것이다. 누군가는 자신을 위해 산다고 하지만 인간은 철저하게 이타주의적인 본능에 종속되어 있다. 인간은 결코 자신만을 위해 그토록 죽을 힘 다해 열심히 살지는 못한다. 내가 아닌 누군가를 돌보며 사는 것이 인간을 가장 행복하게 한다. 그것은 현세만이 아니라 미래와 과거가 연결되어 있다.

그런데도 우리는 자꾸 세대 간의 단절을 조장하고 있다. 세상이 변했다는 것이 그 이유다. 이 시대에 조상이라니 무슨 호랑이 담배 먹던 시절의 이야기냐고 반박한다. 아들을 가진 친구는 걱정이 태산이다. 그 아들이 장손도 아닌데 어쩌다 문중의 유일한 아들이고 보니 자칫 장손이 되게 되었다는 것이다. 더구나 남편이 한창 공부하는 아이를 데리고 집안 행사에 꼬박꼬박 참석하는 것을 도대체 이해할 수 없다고 불평했다.

하지만 나는 오히려 축복받을 일이라고 했다. 세상의 머리가 되는 자는 결코 자신이 원해서 되는 것이 아니다. 집안을 대표하는 장손 자리는 결코 무시할 수 없는 자리다. 야곱은 장자의 자리를 빼앗기 위해 얼마나 힘난한 생을 살았는가. 그토록 조상의 기를 받는다는 것은 이미 선택된 자의 삶을 사는 것이다. 그까짓 장손, 몸이나 고달프지 덕 되는 것 없다고 할지 모르지만 인생 짧게 보지 마라.

"마땅히 행할 길을 아이에게 가르치라, 그리하면 늙어도 그것을 떠나지 아니하리라." (잠언 22:6)

더불어 사는 것을 모르는 내 자식들

얼마 전 '미녀들의 수다'라는 프로그램에서 각국의 미인들에게 한국에서 자신들의 나라와 비교하여 다른 것이 있느냐고 물었다. 그랬더니 유럽에서 온 한 미인이 텔레비전에서 방영되는 가족 드라마가 특이하다는 것이다. 세대가 다른 가족들이 모여 사는 것은 물론 고모에 삼촌까지 얽혀 사는 것이 너무도 신기하다는 것이었다. 사람이 그렇게도 살 수 있다는 것을 처음 알았다며, 마치 외계에서 일어나는 사건처럼 생소하다는 표정을 지었다.

나도 최근에 방영된 드라마 '솔 약국 집 아들들'이나 '엄마가 뿔났다'의 마니아였다. 기이한 소재라야만 시청자들을 사로잡는 현실과 다소 동떨어진 진부한 소재로 매일 일어나는 일상을 소소하게 그려내지만 사람들은 아주 좋아한다. 그래서 저녁 8시를 전후한 황금 시간대에는 어김없이 가족 드라마를 편성할 만큼 인기가 있다. 그런데도 나만큼이나 재미있다는 사람들이 많은데 한결같이 지극히 비현실적이라고 말한다. 어떤 세상인데, 그렇게는 못 산다는 것이다. 하지만 역사 이래로 우리의 삶은 그렇게 이어져 왔었다. 그런데도 1980년대의 고속 성장과 더불어 핵가족화가 빠르게 진행되면서 더 이상 가족이 모여 사는 것을 상상조차 할 수 없다고들 한다. 불과 20년 만에 그토록 오랜 전통이 순식간에 무너지고 고착화된 것이다.

정말 우리는 어떻게 살아야 하는 걸까? 21세기 현대인이 주장하는 개개인의 성취감만이 인간을 행복하게 할까? 자신의 이름을 드러내고 일에 매달리고 업적을 남기는 것만이 정말 인간답게 사는 걸까? 20세기 후반부터 급격하게 물질문명이 발달하면서 대다수의 선진 국가에서는 그렇게 살아왔다. 이제 우리나라도 얼추 선진 국가의 반열에 끼어들면서 모두들 자기 목소리를 내고 싶어 하고, 그들을 구속하는 모든 것을 끊고 날고 싶어 한다. 오로지 자신의 잠재적인 개발을 드러내어 자유롭게 사는 것이 목표이기에 결혼도 싫다. 아이도 싫다. 부모 형제도 귀찮아한다.

물론 그것이 젊은 세대들에게만 해당된다고 생각하지는 않는다. 물질만능 시대로 발달하면서 모든 세대가 다 자신만을 위한 삶을 살고 싶어 한다. 청장년은 물론이거니와 노년층도 형편만 되면 따로 살고 싶어 한다. 황혼 이혼이 급격히 늘고 있는 것도 추세의 일부이다. 노인이라고 자식을 위해 손자, 손녀들이나 보면서 살고 싶지 않으며, 평생 남편과 자식들 뒷바라지만 했던 자신의 삶에 회한을 느낀 할머니들도 더 이상 늙고 은퇴한 남편의 뒷바라지를 하고 싶지 않다고 한다. 흔히들 누구에게도 매이지 않는 자유로운 삶을 사는 것이 꿈이라고 한다.

정말 누구에게도 매이지 않고 자유롭게 사는 삶이 인간을 행복하게 하는 것일까? 이제 50대에 들어선 우리 중 일부는 더러 그렇게 살아왔다. 세대가 교체되는 변환기를 살면서 운 좋은 몇몇은 시어른도 모시지 않고 특별히 간섭받지 않으면서 남편과 자식들만 돌보며 살아왔다. 또 누구는 아예 결혼도 하지 않고 자신의 일에만 매달려 살아왔다. 돌이켜보면 아주 단순한 삶을 추구해 온 것이다. 편안하기는 했지만 그렇게 자신만을 위한 단순성이 중년 이후 사람들을 급격히 위축시킨다는 것을 알았다.

인간은 육체나 정신이나 끊임없이 활용하지 않으면 순식간에 퇴화되고 만다. 그래서 현대인들은 신체의 건강을 위해 많은 운동을 한다. 하지만 정신도 같은 맥락에서 이해되었으면 한다. 우리 신체와 마찬가지로, 전혀 자극 없는 나만을 위한 삶으로는 정신 상태를 발전시킬 수 없다는 것이다. 물론 그것은 스트레스와 달리 이해되어야 할 것이다. 나는 스트레스도 일종의 자기 집착에서 오는 것이라고 생각한다. 아주 단적으로 표현하자면, 나이가 먹어 갈수록 자기를 찾겠다는 생각보다는 자신을 잃어버려야 한다. 즉 다변적인 인간관계에 얽히다 보면 편하고자 하는 이기적인 인간의 내부 욕구가 드러날 겨를이 없어진다. 사랑하는 이도 미워하는 이도 없이, 자극 없이 편하게만 살려고 들면 결국 정신은 병들고 만다.

인간은 절대로 스스로 행복할 수 없다. 누군가에 의해서, 아니면 누구 때문에 행복하기도 하고 불행하기도 하다. 인생 80을 살면서 스스로에게 만족을 느끼며 사는 순간은 아주 짧다. 흔히들 그때는 너무 철이 없었다고 말들을 했던 시절이다. 결국 인간의 삶은 관계에서 시작되고 관계에서 끝이 난다. 이 관계가 인생의 승패를 결정하는 것이다. 좋은 부모를 만나고, 내게 유익한 스승을 만나고, 친구 또는 배우자 등을 만나는 것, 이 모두가 내가 아닌 남과의 관계이다.

이 관계 설정으로 삶의 방향이 정해지고, 이 관계 때문에 기쁘기도 슬프기도 하는 것이다. 그렇기 때문에 성공하고 싶기도 하고 열심히 일하고 싶기도 하다. 때론 골치 아픈 인간관계이지만, 아마도 인간에게 이런 관계가 없으면 정말 살고 싶어지지 않을 것이다. 1950, 60년대에 급성장해 온 선진국에서는 이런 관계를 자신들을 구속하는 것으로 규정하여 독신주의가 급속도로 발전했다. 하지만 노년에 접어든 그들은 지금 자살이나 우울증, 혹은 치매환자로 외롭게 살아가면서 심각한 사회 문제가 되고 있다.

홀로 편하게 살기보다는 끊임없이 다가오는 인간관계를 적극적으로 수용하면서, 그 속에서 일어나는 많은 갈등의 요소들을 푸는 것이 오히려 정신 건강을 살찌운다. 자신만을 위한 삶을 추구하면서 어떠한 외부적인 갈등도 없이 살 때, 갱년기에 접어들면 그 단순성이 정신을 극도로 위축시켜 오히려 치매가 더 빨리 오는 것을 주변에서 흔히 본다. 자신만을 생각할 뿐 달리 떠오르는 대상도 없이 서서히 무디어지는 정신의 공백 상태가 되는 것이다.

물론 부부 중심의 삶도 그다지 바람직하지는 않다. 둘 사이에 갈등이 일어날 경우 해결이 쉽지 않기 때문이다. 갈등을 일으키는 당사자 간에 직접 대화나 노력으로 관계 개선이 쉽지 않다는 것이다. 즉 제 3자의 개입으로 우회적으로 풀리기 때문이다. 그래서 복잡다단한 가족 구성원이 물론 갈등의 원천이기도 하지만, 때로는 그런 속에서 자연스럽게 풀리는 경우가 많다. 예를 들어 며느리와 시어머니 사이의 갈등도 손자, 손녀가 태어나거나 주변에 시누이, 동서들이 개입되면서 갈등이 완화되는 경우가 많다. 선머슴 같은 여인이 한 남자를 만나 양같이 순해지고, 아이를 낳아 다시 극성을 떠는 과정도 대상에 의해 변모해 가는 내 모습이며, 더 늙어 그때의 부모도 이해하고 또 아파하기도 한다. 그런 인간관계 속에서 지식도 지혜도 발전한다는 것을 잊지 마라.

어쩌면 노인들의 지혜란 옛말이 되어 가는 것이 아닌가 생각한다. 우리는 그 옛날의 우리 할머니보다 더 많이 배웠지만 결코 그들만큼 지혜롭지 못할지도 모른다. 이유는 현재처럼 이기적인 자기 안위를 추구하느라 사장된 인간관계에서 오는 퇴행 현상인 것 같다. 나는 종종 많은 식솔을 거느리며 적은 돈을 쪼개어 한 집안을 꾸리던 우리들의 할머니는 죽는 그 날까지 아주 지혜롭고 따뜻했던 것으로 기억한다.

자식들아, 젊어서부터 더불어 사는 기쁨을 찾아라. 그것으로 인한 불편함보다는 얻는 기쁨이 더 크기 때문이다. 자기 성취와 더불어 사는 것과는 별개이다. 우리나라 최초의 여성 대법관으로 화제가 된 김영일 대법관은 두 아이의 엄마이기도 하고, 한 남자의 부인이면서 시부모까지 모시고 살았다. 그것이 내게는 더 크게 느껴졌다.

그러나 외롭고 외롭게 자란 내 자식들

몇 년 전 후배가 다니던 직장을 그만두고 싶어 했다. 이유는 중학교에 진학하는 딸과 초등학교 4학년인 아들을 돌볼 사람이 없기 때문이란다. 대학을 졸업하고 한번도 쉬지 않고 해온 일을 그만두려니 너무도 혼란스러운 모양이었다. 당연히 주변에서는 모두 반대였다. 남편은 물론 친정부모에 시부모까지…. 한창 일할 나이에 일을 그만두면 어떻게 하느냐며. 아이들도 학교를 다니면 엄마가 굳이 집에 있을 필요가 없다며. 그러나 나는 적극 찬성했다. 상담공부를 하면서 가장 많이 아팠던 것은 아이가 자라는 동안 함께하지 못했던 것….

사실 인생을 내 주도적으로 살 때는 나만 보인다. 그래서 모든 결정이 내 중심으로 이루어질 수밖에 없다. 사람들은 슈퍼우먼이라는 말로 여자들이 일도 하고 엄마의 역할도 완벽하게 소화해 내라고 하지만 그것처럼 어리석은 말은 없다. 나는 일하는 사람은 결코 엄마가 될 수 없다고 생각한다. 사람들은 후배에게 아이들 때문에 집에 들어가 있어 봤자 할 것이 없다고 말한다. 아침 먹여 학교에 보내면 점심도 급식으로 해결하고 돌아오면 과외 가느라 바쁜데, 무엇 때문에 안정된 직장을 버리고 집에 있으면서 인생을 낭비하느냐고….

 그러나 내가 살아 보니까 일할 때는 머릿속에 일에 대한 생각밖에 없었다. 비록 퇴근하고 집에 돌아와도 온통 머릿속에는 미처 마치지 않은 일, 그리고 내일 출근하면서 해야 할 일들로 가득 찼다. 그래서 솔직히 아이가 다가오는 것도 귀찮았다. 감정도 온통 그 날의 일과 연관 지어져 기분이 나쁘면 준비물을 챙기지 않았다고 아이에게 무조건 소리부터 지른다. 엄마가 바쁜 것 알면서도 제 앞 가름도 못 한다고…. 그러다 직장에서 좋은 기분으로 퇴근하면 엉뚱하게 아이의 기분도 알려고 하지 않고 피자 한 판을 사준다. 그리고 아이에게 사랑한다며 하고 싶은 말을 하라고 종용을 한다. 그동안 불만이 무엇인지도 듣겠다고…. 그러면 아이는 말없이 피자만 먹고 자기 방으로 쏙 들어가고 만다.

 발달 심리학을 공부하면서 나도 내 인생 개척하며 사느라 참으로 힘들었다는 생각을 했다. 하지만 문득 떠오른 것은 내가 정말 힘들었던 때는 부모 떠나 안내자 없이 세상에 홀로 남겨졌을 때였다. 그러자 빈 집에 홀로 앉아 있었을 아이를 생각하며 가슴이 저려왔다. 우리 세대의 엄마는 당연히 집을 지키는 사람이었다. 형제는 기본이 5명이다. 물론 엄마가 우리의 교육에 간여할 수준은 아니었기에 고작해야 숙제하라는 정도의 잔소리였다. 그래도 학교에서 돌아오면 엄마를 찾아 이 방 저 방 뒤지고 다녔다. 먹이고 입히는 것 외에 특별한 역할을 하지는 않았지만, 그 존재감만으로도 집은 항상 돌아오고 싶은 곳이었다. 형제 많은 것도 불만이었다. 그러면서 형제간에 자신의 자리를 차지하겠다는 암투는 끊이지를 않았다. 이런 과정에 자연스럽게 사회성이 발달했다. 그래서 외롭기는커녕 자기 방 하나 갖는 것이 소원이었다. 나 혼자 컸다고? 되돌아보아라, 우리는 한번도 혼자인 적이 없었다.

그런데 지금의 아이들은 하나 혹은 둘이다. 성이 같으면 그나마 다행이지만 남매인 경우 혼자 있는 것이나 다름없다. 인생에 대한 인도자가 전혀 없이 아이는 혼자 버티고 있는 것이다. 목에 키를 두르고 학교를 갔다 와서 빈 집의 문을 따고 들어와 우두커니 앉아 있으면 엄마에게서 전화가 온다. 학원 시간 늦지 말고 가라고…. 저녁 시간이 되어 엄마를 기다리는데 전화가 온다. 엄마가 회식 때문에 늦으니 자장면 시켜 먹으라고…. 그리고 엄마들은 말한다. 저 하고 싶은 것 다 해주었는데 늘 불만이라고. 그래서 대화라도 좀 하려면 말을 안 해서 속이 터질 지경이라고.

내가 살아 보니까 아이들은 자기가 하고 싶은 때만 말을 했다. 방과 후 집에 들어서기 무섭게 엄마를 소리쳐 부르면서 가방을 내팽개치고 엄마가 해놓은 간식을 맛나게 먹으며 그 날에 있었던 일들을 줄줄 풀어 놓았다. 엄마는 학교에서 돌아오는 아이를 위해 떡볶이를 만들면서 오늘은 무엇을 배웠을까 궁금해 한다. 이처럼 가슴 가득 아이를 생각하는 엄마와 가슴속에는 온통 사회적인 일로 가득 차 있는 엄마가 같을 수는 없다. 이때 부모와 자식 간의 절대 교감이 이루어지는 것 같다. 아이들은 부모가 자신을 사랑하는지 귀찮아하는지 온몸으로 느끼는 존재다. 현대인의 잣대로 보면 여자들이 아이들을 위해 일방적으로 희생당하는 무의미한 시간을 보낸다고는 하지만, 발달 과정에서 부모의 지속적인 양육의 시간은 아이들의 남은 생을 지배할 만큼 절대적인 시간이다. 아이는 내가 원하는 시간이 아니라 그들이 원하는 시간을 엄마인 내가 기다려야 하는 것이다.

사회적인 활동을 하는 엄마들은 아이들도 자신의 사회적인 성취도에 맞추려는 경향이 있다. 나도 이만큼 하니 자식인 너도 당연히 그만큼 할 거라는 기대치가 있는 것이다. 하지만 인간만큼 학습의 지배를 받는 동물이 없다. 어떤 동물도 걷기까지 1년이 걸리지 않는다. 말은 태어나 수 시간 내에 일어서서 비틀대며 걷기 시작한다. 늑대 밑에서 자란 늑대 소년은 네 발로 걸었다. 결국 제때 두발로 걷는 것을 배우지 못하면 그렇게 되는 것이 인간이다. 인간은 끼고 가르치지 않으면 안 되는 구조다. 그런데도 인간은 세상이 좋아졌다는 이유로 그것을 무시하는 경향이 있다.

어쨌든 후배에게 일은 다시 할 수 있지만 부모와 자식 간에 필요한 시간은 이처럼 정해져 있다고 말을 했다. 그것이 설사 헛된 시간으로 끝날지언정 아이들과 무조건 함께 있어 보라고 했다. 결국 후배는 일을 그만두었다. 그때부터 후배의 고민은 다시 시작되었다. 함께하면서 아이들은 자신이 생각하는 것과 너무 다르다는 것이었다. 부모 자식이지만 서로에 대해 그만큼 아는 것이 없었다. 사실 나도 미국에서 초등학교 4학년이 되는 딸과 비로소 24시간을 함께 있게 되면서 좋은 엄마 노릇을 하겠다는 기대로 출발했다. 하지만 곁에 두고 바라보면서는 그동안 일에 매여 있느라 보지 못했던 딸의 모습을 보면서, 내 딸이 저 정도밖에 안 되나 싶은 실망감으로 딸을 야단부터 치게 되는 것이었다. 나의 기준으로 아이를 바라보는 것이다. 아마 후배도 그런 심정이었을 것이다. 후배는 한동안 그 상황에 적응하면서 때론 분노하고 때론 실망하면서 아이들과 씨름하더니, 결국엔 아이들이 자기가 없었던 시간에 너무 외롭고 힘들었을 것 같다며 아이들을 이해하기 시작했다.

그렇다고 아이들은 강남 엄마들처럼 집중 관리를 당하는 것도 좋아하지 않는다. 미국에서 돌아와 중학생이 된 딸을 나도 강남 엄마처럼 집중 관리를 했었다. 로마에 가서는 로마법을 따르라 하니, 미국에서의 자유로운 방치를 종결하고 한국식으로 학원을 순회시키고 모자라는 것은 과외까지 붙였다. 그러자 딸은 정해진 일을 하고 나면, 나의 지시가 없으면 자율적으로 하는 게 아무것도 없었다. 그리고 자신이 한 것에 대한 보상을 요구했다. 당연히 잠시의 틈새 시간은 자신이 하고 싶은 컴퓨터 게임을 하는 것이었다. 이렇듯 아이는 기계처럼 안정되게 움직이지만 자생력이 상실되고 마는 듯했다. 물론 이 경우도 대화는 안 된다. 이미 엄마 주도적으로 아이가 지배를 받다 보면 아이는 좀처럼 자신의 속마음을 털어놓지 않는다.

50줄을 넘기니 자꾸 종말론적인 사고가 나를 지배한다. 또 세상도 그만큼 흉흉하다. 급격한 기후 변화에 잦은 천재지변은 사람들에게 종말이 임박했다고 예시하는 것 같다. 당연히 종말론 대세이다. 사실 그런 것도 더 이상 두렵지 않은 나이다. 이만큼 살았으니 두려울 것이 무엇이랴. 혼자 죽는 것도 아니고 같이 죽는 것에 전혀 불만이 없다는 것도 친구들의 대체적인 의견이다. 하지만 어린 것들이 불쌍하단다.

이 나이 되고 달라진 것이 있다면 장례식에 자주 간다는 사실이다. 부모님들이 상을 당해 가기도 하지만, 어느새 친구들도 한두 명씩 죽었다는 연락을 받는다. 70~80대 고령의 부모들이 돌아가신 장례식에 가면 시끌벅적하다. 장례식장에 들어서면 아들 딸 며느리 사위의 이름을 알리는 화려한 화환이 늘어서 있고, 이어서 대여섯 명의 자손들이 검은 상복을 일제히 차려입고 문상객을 맞으니 언뜻 잔칫집 같은 분위기다. 하지만 친구의 장례식은 아주 달랐다. 겨우 50살을 넘기고 세상 떠난 친구, 딸 하나 달랑 앉아 있는 장례식에 가서 문상을 하고 오면 그날 밤 잠을 설친다. 친구가 일찍 죽어서가 아니다. 나도 딸 하나 달랑 있는데 나 죽고 나면 저 꼴을 하고 있겠지 하는 생각 때문이다. 내 자식은 태어나 외롭게 시작하더니 우리 죽어도 저렇게 외로울 모양이라고….

그러면서 뫼르소가 떠오른다. 뫼르소는 까뮈의 『이방인』에 나오는 주인공이다. 읽을 당시는 당최 이해할 수 없던 그 뫼르소가 어느새 내 자식이 되고 말았다. 그는 엄마의 죽음 앞에서 슬픔보다는 피곤함을 느끼는…, 그리고 뜨겁게 내리쬐는 태양 아래서 아무 생각 없이 살인을 하고, 그리고 혼자 죽어간다.

까뮈의 『이방인』 도입부이다.

"오늘 엄마가 죽었다. 아니 어쩌면 어제. 양로원으로부터 전보를 한 통 받았다. '모친 사망, 명일 장례식. 경백.' 그것만으로써는 아무런 뜻이 없다. 아마 어제였는지도 모르겠다. 양로원은 알제에서 80킬로미터 떨어진 마랑고에 있다. 2시에 버스를 타면, 오후 중에 도착할 수 있을 것이다. 그러면 밤샘을 할 수 있고, 내일 저녁에는 돌아올 수 있으리라. 나는 사장에게 이틀 동안의 휴가를 청했는데 그는 이유가 이유니만큼 거절할 수는 없었다. 그러나 좋아하지 않는 눈치였다. 나는 그에게 이런 말까지 했다. '그건 제 탓이 아닙니다.' 사장은 아무 대꾸도 하지 않았다. 그제야 나는 그런 소리는 하지 말았어야 하는 걸 그랬다고 생각했다. 따지고 보면 내가 변명을 할 필요는 없었던 것이다. 그가 나에게 조의를 표해 주는 쪽이 오히려 마땅할 일이었다. 하지만 아마도 모레, 내가 喪章을 달고 있는 것을 보면 조문을 할 것이다. 지금은 어쩐지 어머니가 죽지 않은 것이나 별 다름이 없는 듯한 상태다. 장례식을 치르고 나면 확정적인 사실이 되어 만사가 다 공인된 격식을 갖추게 될 것이다. 나는 2시에 버스를 탔다. 날씨가 몹시 더웠다. 나는 평소와 다름없이 셀레스트 네 식당에서 점심을 먹었다. 식당 사람들은 모두 나를 가엾게 여겨 매우 슬퍼해 주었고, 셀레스트는 나에게 말했다. '어머니란 단 한 분밖에 없는데.' 내가 나올 때는 모두들 문간까지 바래다주었다."

이 시대 아들의 엄마, 그 무거운 짐

아, 아들아

중학교 때부터 전교 수석을 놓쳐 본 적이 없는 아들을 둔 친구가 있었다. 아들은 당연히 모두가 선망하는 외고에 들어갔다. 하지만 고등학교 2학년 때 같은 반 여학생과 사귀게 되었다. 그동안 공부만 하느라 여자를 전혀 몰라서 은근히 걱정했는데, 알아보니 여학생도 반에서 성적이 상위권을 달린단다. 고등학생이 되어서 연애 한번 못 해본 숙맥이기보다는 놀 줄도 아는 멋진 남자아이가 되는 듯 친구는 자랑도 마다하지 않았다. 그런데 아들이 3학년이 되자 돌연 여자 친구가 공부를 열심히 하자며 결별을 선언했다. 그러자 아들은 공부를 완전히 손에 놓고 방황하더니 결국 그 해에 대학에 들어가지 못했다. 재수를 했지만 역시 신통치 못한 대학을 들어가고 말았다.

친구는 지금도 아들 생각만 하면 가슴이 미어진단다. 그때 아들을 유혹했던 여학생은 서울대학에 다니고 있는데, 때론 못난 아들보다 멀쩡한 아들의 인생 망친 그 여학생이 너무 밉단다. 그녀는 아들만 둘이다. 그러면서 도대체 요즈음 여자아이들을 이해할 수 없단다. 너도 그랬잖아, 나는 속으로 생각했다. 대학 시절 그녀도 동아리에서 만난 남자친구가 있었다. 4년을 붙어 다니다가 막상 결혼은 선을 보고 했다. 그 남자는 수년 동안 폐인처럼 살았다는 소문이 들렸었다.

한동안 골프 친다고 돌아다닌 적이 있었다. 40대였으니 10여 년 전 이야기다. 골프 연습장의 골프 코치가 20대 중반이었다. 사실 연습장에서 제대로 된 코치 만나기가 어려운데 그는 원칙을 아는 괜찮은 코치였다. 그래서 아줌마들 사이에서 인기가 좋았다. 인물까지 수려하니 아들 같은 코치에게 질펀한 농담도 스스럼없이 해대는 아줌마들에게 맞대응을 않고 피해가는 모습에서 가정교육도 제대로 받았다는 인상까지 주었다. 어쨌든 허리 굵은 아줌마들 뒤에 서서 골프 스윙을 가리키는 그의 표정은 늘 어두웠지만 보는 나도 안타까웠다. 아직은 배우고 도전할 나이에 어쩌자고….

좀처럼 말을 하지 않던 코치가 어느 날 자기 이야기를 털어놓았다. 그는 제주도에서 꽤나 잘사는 집안의 아들이었다. 골프를 즐기는 부친을 따라 어려서부터 골프를 치기 시작했는데 남보다 탁월한 실력으로 주위를 놀라게 했단다. 그래서 결국 골프 선수가 되는 길로 접어들게 되었다고 한다. 청소년기가 되면서 그의 실력은 일취월장하여 청소년 대회마다 상을 놓쳐 본 적이 없었다. 그래서 세계를 제패할 골프 기대주로 세간의 기대를 모으게 되었고, 아버지는 그의 뒷바라지를 하는 즐거움으로 사셨다. 하지만 19살에 여자를 알게 되었는데, 술도 마시고 담배도 피우면서 인생은 달라져 갔다고….

아버지의 강압도 어머니의 눈물도 주변의 조언도 다 이해하겠지만 몸이 말을 듣지 않더란다. 분명 그것이 길이 아니라는 것을 알고 연습의 강도를 높여도 정신 집중이 안 되었다. 특히 퍼팅의 난조가 지속되면서 시합마다 순위와 멀어졌다. 그러더니 골프 자체를 기피할 만큼 괴롭고 힘들어 결국 선수 생활을 포기하고 말았단다. 지금은 조그만 오피스텔에서 여자 친구와 동거하면서 코치 생활로 먹고 살고 있단다. 아들의 골프백을 메고 큰 대회에 나가는 것이 소원이었다는 아버지는 더 이상 골프도 치지 않고 그리도 좋아하던 골프대회 중계도 보지 않으신다고 한다.

현재 대한민국에 그런 골프 꿈나무가 30만이 넘는단다. 정말 그 많은 아이들 중에 몇 명이 살아남아 이름을 날리며 살지 알 수 없으나, 어쨌든 아들들은 예닐곱부터 20살 초반까지 넘기기가 너무 어렵다. 이때 가장 많은 유혹에 시달리면서 남은 인생을 망쳐 버리는 사고까지 치게 된다. 특히 아들들은 청소년기에 어떤 꿈을 이루려면 그만큼 혹독한 헝그리 정신으로 무장되지 않으면 이루기가 어렵다. 그래서 청년기에 여자들이 더 두각을 나타내는 것은 바로 이런 유혹에 둔감하기 때문이다.

세상은 정말 끝도 없이 악하게 전개된다는 생각이 든다. 강한 부모 밑에서 아들은 점점 어수룩해지는데, 주변의 유혹은 점점 더 강하게 아들에게 달라붙는다.

선배언니의 아들도 아주 공부를 잘했다. 고등학교 3학년 때까지 전교 수석을 놓쳐 본 적이 없는 수재였다. 넉넉지 않은 형편이지만 과외도 하지 않고 아들이 공부를 잘해 주니 세상살이 아무리 고단해도 힘들지 않다고 했다. 당연히 아들은 서울대학교 법대에 합격했다. 설렘으로 입학식을 기다리고 있는데 청천 벽력같은 소리를 들었다. 아들의 고등학교 3학년 때 담임선생이 아들의 아이를 임신했다는 것이다. 그녀는 아들보다 8살이 많은 독신으로 아들과 사랑에 빠져 저지른 것이 아니라, 우수한 정자를 받고 싶었다는 것이었다. 선배는 그 사실을 알고 몇 번이나 혼절하며 울부짖었다. 어떻게 이런 일이 있을 수 있느냐며.

하지만 담임은 의외로 당당했다. 좋은 조건의 남자와 결혼을 못 할 바라면, 우수한 아이를 낳아서 키우고 싶은 목적일 뿐 누구에게도 피해를 주려는 것이 아니라는 것이다. 결국 담임은 학교에서 파면을 당했다. 선배는 대학 초년생이 된 아들과 미혼모가 연결되는 것을 막기 위해 온갖 방법을 동원하며 감시했다. 하지만 이미 여자를 경험하고 또 아버지가 된 아들이 그녀의 집에 드나드는 것을 완전히 막을 수는 없었다. 결국 아들은 대학교 3학년이 되던 해에 두 번째 아이의 아버지가 되었다. 그동안 선배의 눈에는 눈물 마를 날이 없었다. 아들의 여자는 학원을 경영하고 두 아이를 낳고 씩씩하게 살고 있었다. 결국 아들이 27살이 되던 해에 그녀와 결혼하겠다며 선배에게 허락을 구하더라는 것이었다.

묘하게도 당시 그런 소재의 드라마가 방영되고 있었다. 철없는 고등학생과 10살 가까이 연상인 나이의 여선생이 사랑에 빠진 것이다. 선배는 세상이 미쳤다고 했다. 어떻게 저게 사랑이라는 이름으로 공중파 방송을 탈 수가 있느냐는 것이다. 정말 작가가 그녀와 같은 어미의 심정을 알기나 하는 것이냐며, 너도 자식 낳아서 그런 꼴을 반드시 당해 보라고 저주를 퍼부었다.

정말 나도 내가 선배의 입장이라면 충분히 그랬을 것 같은 생각이 들었다. 한 여인의 엉뚱한 욕심으로 선배의 아들은 19살에서 인생이 멈추고 만 것이다. 한창 젊음을 꽃 피우고 인생을 활짝 꽃 피울 나이에 졸지에 아버지가 된 채 인생이 묶여 버렸다. 아들은 4년 내내 엄마와 여인과 자식 사이에서 갈등하며 지냈다. 설렘과 호기심으로 친구들이 하는 미팅 한번 해보지 못한 채 늙어 버린 것이다. 상황이 그러니 공부인들 집중할 수 있었겠는가? 선배는 한동안 아들이 시위 주동자가 되어 수배를 받자 또 미쳐 갔다. 선배는 차라리 아들이 죽었으면 좋겠다고 했다. 왜 자기를 이토로 힘들게 하느냐며…. 한때는 그리도 자랑이더니 이제는 죽이고 싶을 만큼 미운 아들이 되었다. 어느 날 선배는 가족들만 모여 조용히 결혼식을 치렀다고 했다. 그 일이 있고 8년 만인, 아들은 27살, 며느리는 35살인 해였다.

능력 있는 엄마가 오히려 아들을 약하게 한다

20세기는 여성들의 지위 회복을 위한 대장정의 시대였다. 그래서 여성이 사회적인 활동을 하든 하지 않든 간에 가정 내에서 여성의 지위는 때론 남자를 능가할 만큼 향상되었다. 이 나라 여성도 사회적으로 진출하는 시기가 1980년을 전후로 급격하게 늘었다. 이처럼 여성의 사회 진출이 늘고서 30여 년의 세월이 흐르고 돌아보니 딸보다 아들이 취약해졌다. 엄마의 사회적인 활동이 딸에게는 긍정적인 영향을 미치는 게 확실했다. 딸들은 엄마가 집에 없어도 충분히 자신을 관리하며 자신의 미래를 향해 크게 흔들리지 않는 것 같다. 그러나 아들은 이전보다 훨씬 무기력하고 무능해졌다.

현재 국립병원 내과 의사로 일하는 선배가 있다. 그녀 나이 60세로 정년이 얼마 남지 않았다. 그녀에게는 아들이 둘 있다. 두 아들은 이미 장성하여 30대를 훌쩍 넘겼는데 직업도 없고 결혼 계획도 없이 일하는 엄마 밥을 얻어먹고 있다. 여자 의사가 희귀한 1970년대부터 사람들에게 존경받고 언제나 자신을 드러내며 살아온 그녀다. 한때 모든 여성들의 로망이었던 그녀의 눈에는 이제 눈물 마를 날이 없다. 곧이어 정년이 다가오는데 손에 모아둔 돈도 없고 매일 아침 눈을 뜨면 그대로 죽었으면 좋겠다는 생각을 할 만큼 몸도 아프다. 그런데 아들이라고 있는 것들이 어쩌자고 제 길을 못 가고 자신의 남은 생까지 갉아 먹으려 하는지….

왜 아들이 약해져 가는 걸까? 이리저리 둘러보아도 여자인 나로서 아들은 알 수 없는 존재다. 그러나 분명한 것은 아들과 엄마는 절대 상관관계에 있는 것 같았다. 좋은 아들에게는 좋은 엄마가, 나쁜 아들에게는 나쁜 엄마가…. 하지만 좋고 나쁜 기준은 무조건적으로 잘 해 준다는 의미가 아니다. 아들의 경우 종종 최적의 상태가 최악으로 이어지기 때문이다. 하지만 역으로 최악이 최선으로 이어지기도 한다. 대부분의 딸들은 계단식 상승을 하며 변수가 크게 영향을 미치지 않는다. 어려서 우등생인 딸은 커서도 우등생이 된다. 하지만 아들은 아동기와 청소년기 그리고 청년기마다 예측 불허의 결과로 연결되는 경향이 있다. 초등학교에서 일등을 놓쳐 본 일이 없는 아들이 고등학교도 제대로 가지 못할 만큼 짧은 시기에 성적이 곤두박질치거나, 청소년기에 하위권이었던 아들이 군대 갔다 와서 늦은 공부를 해도 결코 뒤지지 않고 오히려 더 뛰어난 경향을 보이기도 한다.

아들을 둔 엄마들은 아들이 제때에 성적 관리를 못 해서 마음 졸이면 아빠들은 그냥 내버려 두란다. 하고 싶은 마음이 들 때까지 기다리면 알아서 한다는 것이다. 스스로 의미를 찾을 때 비로소 성과를 낸다는 것이다. 하지만 능력 있는 엄마들은 아빠의 조언도 무시한다. 예전에는 자식의 교육 문제로 엄마가 참견하면 아버지가 시끄럽다고 소리를 꽥 지르고, 그러면 더 이상 나서지를 못했지만 지금은 어림없다. 누가 뭐라 해도 내 아이는 내가 지킨다며 엄마들은 의미를 찾아 이탈하는 아들의 방황을 결코 좌시하지 못한다. 엄마들은 더 튼튼하고 높은 벽을 쌓아서 아들이 결코 세상에 눈 돌리지 못하게 만든다. 그러다 그 틀을 뛰어넘지 못하면 평생 엄마의 치마꼬리를 놓지 않는 마마보이가 되거나 최악의 경우엔 안에 있는 사람들을 해하는 패륜까지 가기도 한다.

굳이 아들이라는 단어로 한정하는 이유는 아들은 딸과 성장 과정이 정말 다르기 때문이다. 딸들은 아주 특별나지 않으면 자신을 망치는 사고는 치지 않는다. 얄팍한 거짓말로 집안의 분란을 일으키는 정도다. 그러나 아들의 사고는 여자들의 상상을 뛰어넘는다. 그래서 눈에 보이는 것을 그대로 믿다가는 결국 상상도 못 할 대형 사고를 치는 경우를 종종 당한다. 아무리 사회적으로 인정받는 엄마라 해도 엄마가 없는 그 시간 동안 아들의 행동을 전혀 예측하지 못한다. 엄마는 죽었다 깨어나도 사춘기에 접어든 남자가 되어 본 적이 없기 때문이다. 그래도 엄마는 자기 방식으로 무조건 아들을 지배하려 한다.

아들은 성장기 동안 언제 터질지 모르는 화약고 같은 것이다. 이런 화약고가 터지지 않으려면 아들에게 다른 생각을 하지 못할 만큼의 시련이 있거나 곁을 지키면서 사고를 미연에 방지하는 것뿐이다. 그래서 맞벌이를 하는 집안의 아들이 대체적으로 약하다. 일하는 엄마가 아들을 약하게 하는 이유는 여러 가지가 있는데, 대부분 여자가 돈을 벌면서 남편을 무시하고 아들을 강압적으로 지배하려는 경향이 있다. 힘들게 일을 하는 엄마는 그 나이에 자신의 경우와 비추어 봐도 아들의 미숙한 행동이 도대체 이해되지 않는다.

또한 자식교육에 모든 것을 거는 강남 엄마의 아들도 약해 질 수밖에 없다. 아들은 정체성의 혼란을 겪으면서 자신의 가치관을 확립하게 하지 않으면 영원히 그 엄마에게 귀속되기 때문이다. 엄마의 입장에서 아들의 진로를 이끌어 가다 보면 결코 세상 밖으로 나가지 못할 만큼 무능해지는 것이 또 아들이다. 20세기에 들어와서 여자는 강해졌지만 그만큼 아들이 약해져서 다시 여자를 힘들게 하고 있다.

이 시대의 아들의 운명은 어떻게 되는 걸까? 정말 여자들은 남자가 약해지기를 원하는 것일까? 각종 시험에서 이미 여학생들이 수위를 달리고, 그동안 남학생의 전유물이었던 의학, 법학, 행정 등 각종 영역마다 여학생들의 합격률이 50%를 육박하고 있다. 이것이 그동안 억눌렸던 여자들의 한을 풀어 준다고 마냥 기뻐만 할 수 없다.

여자는 남자와 같다고 주장하지만, 내가 살아 보니 여자와 남자는 정말 다르다. 청소년기까지의 발달 과정을 보면 남아들이 여아보다 2~3년 늦다. 그래서 최근 미국은 남녀공학을 폐지해야 한다는 의견이 나오고 있다. 왜냐하면 발달 속도가 다른데 평가 기준이 다르므로 남아에게 절대 불리하다는 것이다. 남아에 대한 역차별 논란이 일고 있는 셈이다.

발달 과정도 여자와 남자는 아주 다르게 나타난다. 여자는 30세까지 급격하게 발달하다가 30세를 전후해서 급격히 발달 곡선이 꺾인다. 그 반면에 남자들은 꾸준히 발달하면서 30세부터 완만하게 발달이 이어진다. 그래서 아무리 우수한 여자들도 30세를 넘기면 더 이상 발전해 나가지 못하는 반면에 남자들은 그때부터 발전해 나간다. 그래서 20대에 대학입학에서 수석을 했던 여학생들을 10년 후에 추적 조사해 본 결과 대부분 아주 평범한 여자로 살고 있다고 했다. 이 사실은 어쩌면 국가 경쟁력과도 관련이 있다는 생각이다. 현재 20대에 남학생들의 자리를 차지하고 있는 여학생들이 30대 이후부터 본격적인 성장을 하는 남자들에게 그들의 잠재적인 성장의 기회를 주지 못하는 것은 나라의 미래마저 위협한다는 생각이다.

최근에 MIT 공대의 데이비드 페이지 교수가 이끄는 화이트헤드 연구소 과학자들은 남성으로 만드는 Y염색체는 인간의 다른 유전자보다 훨씬 빠른 속도로 진화하고 있다는 연구를 『네이처』지에 발표했다. 이 진화는 지난 600만 년 사이에 일어난 것으로 Y염색체는 끊임없이 재건축되는 집처럼 유전자 재구축 작업이 지속적으로 일어나고 있다고 밝혔다. 그러면 남성이 발전해야 세계의 발전이 이루어진다는 소리다. 그런데 우리의 아들들은 국방의 의무까지 지면서 20대 초반에 이미 선점한 여자들과 경쟁하란다. 제대하면 27, 8살이나 되고 그때야 비로소 사회적인 구실을 하는데…. 이러다 보니 아들들은 자신들의 능력을 발휘할 기회조차 얻지 못하는 것은 아닐지. 이스라엘은 남녀가 동등하게 국방의 의무를 진다는데, 여자가 군대 가는 것이 현실적으로 어려우면 그에 해당하는 기간 동안 사회봉사라도 시키든지….

그래서 한번 생각해 보았다. 도대체 이 문제를 어떻게 풀어야 하는가. 또 누군가 이의를 제기할 것이다. 그럼 여자는? 이제 21세기는 20세기처럼 편향된 자기 자리를 고집하는 시대는 아니라고 말하고 싶다. 더 이상 여자냐 남자냐, 하는 문제로 싸우는 것이 아니라 함께하면서 서로에게 이익이 되는 쪽으로 밀어 주어야 살아남는 시대가 된 것이다. 우리처럼 성장을 위해 모든 것을 포기하는 세대는 가고 자신이 즐기는 것을 하며 사는 시대로 접어들었다. 『타임』지가 선정한 21세기에 성공한 사람의 기준은 '내가 만족하는 나'라고 했다. 20세기에 그 기준은 '남이 부러워하는 나'였다.

국민소득이 높은 유럽과 같은 복지국가에서는 성장보다는 개인의 행복을 추구하는 사회로 전환된 지 오래다. 그래서 그들의 삶은 국민소득이 낮은 우리의 삶보다 훨씬 소박하다. 남녀평등을 부르짖으며 성장이라는 화두로 세계를 제패하고 있는 미국에서도 여자들이 남자처럼 일을 해

온 것에 극도로 피로감을 느끼고 있다. 그래서 많이 배운 여자들일수록 능력 있는 남자 만나 살림만 하면서 우아하게 사는 것을 목표로 삼는다. 하지만 그것은 마치 예전의 여자들이 남자처럼 일하고 싶어 하던 소원처럼 이루기가 어려워졌다. 이유는 여자가 마음껏 기댈 만한 남자가 없기 때문이다.

해마다 딸 잘된 것 광고하고 격려하는 것 이제 그만하자. 헤치고 가르는 것 그만하자. 보고 배운 것 없는 아이들에게 어른들은 비상식적인 드라마를 만들어 현실 부적응자로 만들지 말고, 내 자식에게 축복을 주려면 이래도 되는지 고민 한번쯤 해보자. 강한 것은 더 강하게, 약한 것은 재기도 못 할 만큼 밟아 버리고, 여자들은 염치도 체면도 없이 남자를 이용해서 얻은 힘으로 더 강한 남자에게 굴복당하는 신데렐라 꿈도 그만 꾸게 하자. 이제 아들들이 남성을 회복하고 가정의 중심에 서도록 해서 내 딸이 남편 그늘에서 안주하며 자식들에게 따뜻한 꿈을 키워 주며 살게 하자.

아들, 그 이중의 잣대

우리가 아들을 낳을 즈음인 1980년대까지만 해도 아들은 곧 기쁨이요 자랑이었다. 30년이 지난 지금 우리는 앉으나 서나 아들 걱정이다. 명예 있는 아들은 국가의 아들이고, 돈 있는 아들은 장모의 아들이며, 백수만 내 아들이란다. 내가 즐겨 가는 사우나에서 들은 소리다. 사우나에 단골로 오는 여인들의 연령대는 다양하다. 40대부터 70대까지 어울려 오랜 시간 땀을 **빼다** 보면 세대를 아우르는 소리는 다 튀어나온다. 40대인 젊은 여인(사우나에서는 젊은 축이다)이 아들이 의과대학에 입학했다고 자랑하며 한턱을 냈다. 그러자 60을 넘긴 여인이 조용히 말했다.

"아들 의사 되었다고 자네 좋을 줄 알아? 다 며느리 차지야."

한편에서는 아들이 대학을 못 갔다고 슬퍼하자 60대 여인이 또 말했다.

"지금은 그게 하늘이 무너지는 것처럼 큰일인 것 같지만 지나고 보면 또 별것도 아니야. 내가 살아 보니까 자식들이 배우자 데리고 올 때가 제일 겁나."

50대에 접어든 여인들은 아들들의 결혼을 앞두고 있다. 아들이 못났으니 며느리라도 사회적으로 안정된 직업을 가져야 한단다. 딸 가진 엄마들은 사위 못난 것 만나려면 차라리 혼자 살게 하라고 한다. 수년 전에 능력 있는 딸이 능력 있는 남자와 결혼한다고 자랑하더니, 지금은 그 딸이 아들 하나 데리고 이혼하고 친정살이를 하고 있다. 한때는 세상에 둘도 없는 자랑거리였던 딸이 이제는 이혼녀가 되어 친정에서 더부살이를 하고 있어 동네 주민 보기에 창피해서 못 살겠단다. 그러면서 그저 저희들끼리 잘만 살아 주면 된다고….

어쨌든 여인들은 자식 때문에 이처럼 울고 웃는다. 하지만 아들 가진 엄마들의 고민이 더 크다. 나도 딸만 있기에 아들 가진 엄마의 마음을 다 헤아릴 수는 없지만 그 애통함은 듣고만 있어도 충분히 느낄 수 있다. 더구나 세상은 점점 아들이 약해져 가니 아들 가진 어미의 마음이 보통 슬픈 것이 아니다. 번듯한 대학을 졸업하고도 취직을 못 해 방구석에 처박혀 있는 아들을 보면 심장이 타들어 가는 것 같단다. 늙은 애비는 식솔을 먹여 살리려고 새벽부터 나가서 일을 하는데, 더 배웠다는 자식이 놀고 있는 이놈의 세상, 사는 게 지옥이라고….

살아 보니 아들은 엄마의 영향을 더 많이 받는 것 같다. 엄마 또한 아들에 대한 집착이 더 강하다. 남자에게 저항하면서도 아들을 품으려는 여자의 이중성이다. 최근에 사우나에서 40대 여인이 상속 문제로 불만을 털어놓았다. 아버지가 꽤나 재력가인 그녀는 딸이라는 이유로 상속에 불이익을 받고 있다고 했다. 그녀는 오빠와 남동생, 그리고 언니와 여동생이 있단다. 5형제 모두 살기는 어렵지 않단다. 내가 보기에 그녀의 삶은 중산층을 넘는 수준이었다. 최근에 그 아버지가 폐암으로 입원을 하셨단다. 얼마 살 수 없다는 진단까지 내려졌단다. 이미 재산은 함께 사는 장남에게 거의 정리된 상태라 했다. 물론 딸들은 그것이 불만이기는 하지만 장남이 모시고 살았으니 승복할 수밖에 없는데, 문제는 아버지가 입원하면서 10억이라는 돈이 따로 드러난 것이었다. 아버지가 죽기 전까지 혼자 쓰다가 남으면 기부할 요량으로 자식들에게 일체 비밀로 했던 돈이었던 것이다.

하지만 장남이 그 돈까지 탐내고 있단다. 아버지도 장남에게 남기고 싶어 하는데, 딸들은 너무 섭섭하다는 것이다. 그까짓 돈 나누어 봐야 몇 푼 안 되지만, 같은 자식인데 해도 너무한다며 이 돈만큼은 권리를 행사할 거란다. 이미 3자매는 법정 투쟁이라도 하겠다는 의견의 일치를 보았다. 그곳에 있던 많은 여인들은 듣고만 있었다. 그러자 누군가 말했다. 아버지가 아들에게 주고 싶다시잖아. 그러자 여인은 발끈한다. 그래서 법이 있잖아요. 아무리 유언이 있어도 법적으로 똑같이 나누라면 할 수 없대요. 그러자 누군가 말했다. 말이 그렇지 재판하기 시작하면 언제 끝날지 모르고, 그러는 사이에 형제간의 감정싸움은 말할 수 없다던데. 그러자 여인이 또 발끈했다. 그래도 해야 해요. 자꾸 이런 식으로 여자들이 차별 받기 시작하면 세상이 얼마나 혼란스러워지는데요. 누군가 말했다. 나 같으면 아버지 하시고 싶은 대로 두겠네. 기부하신다고 했다며. 그랬다고 생각해. 아무리 법이라지만 인정이 먼저야.

나는 그 상황이 아주 흥미로웠다. 드러나는 매체마다 여인들의 권리주장이 일반화되어 있는 현실과 달리 누구도 그녀에게 동조하지 않는다는 사실이다. 여인도 자기편이 한 사람도 없다는 것에 몹시 당황하는 눈치였다. 이윽고 그녀가 큰 형님에게 물었다. 단순히 사우나를 하기 위해 모인 여인들이지만 일정하게 만나면서 나름대로 리더처럼 따르는 사람이 있다. 큰 형님은 모든 여인들로부터 그런 대접을 받았다. 그녀의 나이는 70살이고 교사 출신이면서 바른 소리의 대가이다. 간혹 지나쳐 상대에게 상처를 주기도 하지만 여인들은 그녀의 소리를 들으려고 했다. 큰형님은 아들과 딸 둘이 있는데 항상 딸과 사위 자랑을 했었다.

묵묵히 듣고 있던 큰형님이 이윽고 입을 열었다. 각자 하고 싶은 대로 해야지, 요즈음 세상에 누가 뭐란다고 해서 들을 것도 아니지 않아. 법도 그러라고 가리키는데…. 하지만 내가 죽어 적은 재산이라도 남으면 당연히 아들에게 줄 거야. 절대 딸에게 안 줘. 내가 왜? 순간 사우나실은 조용해졌다. 재산 다툼을 벌이던 여인이 민망한지 몸을 일으켜 밖으로 나가고 말았다. 그러자 안에 있던 여자들이 일제히 말했다. 형님 속이 다 시원해요. 잘하셨어요. 정말 잘하셨어요. 저도 딸 안 줘요. 평소에 딸에 대한 믿음과 기대만큼이나 아들에 대한 원망과 불신을 털어놓던 여인들이었다. 그런데 결국 아들에 대한 속마음이 그렇게 드러난 것이다.

엄마와 아들의 관계, 참으로 그 끝을 알 수 없는 관계이다. 친구가 수년 전에 아들의 유학을 결정했다. 무척이나 우수했던 아들이 사춘기를 겪으면서 성적이 곤두박질쳤기 때문이다. 그런데 유학 간 아들은 밥도 제대로 못 먹고 무절제한 생활로 이어진다는 소문이 들렸다. 이에 그녀는 남편을 두고 아들 곁으로 가야겠다는 결정을 내렸다. 전문 직업을 가진 남편은 아내 없이 하루도 살 수 없을 만큼 의존적인 사람이었다. 결국 혼자 되신 시어머니가 아들의 밥을 해주기 위해 친구 집으로 입성하셨다.

그리고 세월이 흘러 유학간 아들은 친구의 정성스러운 보살핌으로 대학까지 졸업했다. 그렇게 자신의 소임을 다하고 친구는 남편 곁으로 돌아오려는데, 시어머니가 자리를 내주지 않으려 한단다. 시아버지가 살아계실 때 살림하는 것이 귀찮다고 불만하실 때와는 딴판이었다. 아들의 밥을 짓고 뒷바라지를 하면서 생색내는 것을 즐기고 기가 왕성하니 누구도 87세 노인이라고 믿지 않는단다.

남편을 위한 밥상 차리는 것은 죽기보다 싫고, 아들을 위한 밥상은 기꺼이 차리는 여자들의 심리, 참으로 묘하고 묘하다.

아들 가진 엄마 오직 기도로

어쩌면 딸들이 또 반문할지 모른다. 왜 아들만? 이유는 아들은 그만큼 자라면서 자기가 빠질 구덩이를 파고 종국에는 빠지고 말기 때문이다. 그래서 아들 가진 엄마가 할 수 있는 것은 깨어 기도하는 수밖에 없다. 왜냐하면 아들은 완전히 성장하여 자기의 주체성을 확립하기 전까지는 외부 환경에 영향을 많이 받는다. 아주 오래 전에 본 영화가 생각난다. 햇빛 좋은 어느 날 고등학생 3명이 옥상에서 지상을 내려다보며 시시껄렁한 농담을 하면서 시간을 보내고 있었다. 그러다 그 중 한 명이 땅 밑에 게딱지처럼 붙어 있는 차들을 보며 손가락질을 한다. 나른함에 그냥 주차된 차를 지목하자 셋은 동시에 몸을 달려 내려가 그 차를 부수는데 살인까지 이어졌다. 달려 나온 차 주인과 격투 도중 우연하게 그 남자가 죽고⋯. 정말 어느 날 갑자기 아무 생각 없이 저지르면서 순식간에 학생에서 살인자의 운명으로 뒤바뀌고 말았다. 아들 하면 항상 그 장면이 슬프게 내 머리 위에서 떠오른다. 도대체 내 상식으로는 이해할 수 없는⋯.

『남자처럼 일하고 여자처럼 성공하라』라는 책을 쓴 게일 에반스도 정말 남자와 여자는 아주 어려서부터 다르다고 했다. 10명의 남자아이와 동수의 여자아이들을 모아 놓고 목표를 지정하여 달리라고 하면, 남자아이들은 일제히 달려 나가지만 여자아이들은 한 명도 나가지 않고 주변을 맴돌며, "배 아파요. 왜 그래야 해요?" 등등의 질문을 해댄다고 한다.

나는 1992년도 삼성의료원의 창립 멤버였다. 성공적인 지금의 현실에서 보면 아주 당연한 듯 보이지만, 당시로서는 의료계에서 획기적인 사건이었다. 일단 기존의 전통적인 대학병원의 아성에 도전하는 것이었다. 의과대학도 없이 기업처럼 시작하는 병원에 대한 시각은 대부분 부정적이었다. 더구나 대기업 주도의 병원 사업이 의사 중심인 기존 병원의 벽을 뚫지 못할 거라는 의견도 지배적이었다. 또한 당시 전통적인 병원은 모두 강북에 있었다. 강남 끝에 있는 병원이 위치상으로도 그다지 좋은 조건이 아니라고 생각했다. 당시 강남은 지금과 같은 상황이 아니었다. 여전히 강북 위주의 삶이었고, 강남이라고 해봐야 한강을 경계로 하고 있는 압구정동이 취급 받는 정도였다.

지나고 보면 20년도 안 된 그 시간 속에 세상은 천지개벽을 한 셈인데,

사람들은 시간 속에 둔감해져 있을 뿐이다. 세상을 되돌아보면 시작은 참으로 무모하기 짝이 없을 때가 많다. 그래도 기존의 질서에서 탈피해 보고 싶은 한 가닥 희망에 생을 거는 것은 당시로서는 용기였다지만, 지금 생각하면 무엇에 씌운 것이나 다름없는 짓이었다. 그러나 지금 누가 삼성의료원이 단기간에 이처럼 성장할 줄 상상이나 했을까?

어쨌든 개원을 앞두고 추진본부라는 이름으로 본격적인 병원 전문 인력이 조직되었다. 그동안 건설회사에서 건물의 골조를 완성하고 병원 내부 인테리어에 들어가기 시작하는 시점이었다. 밖에서 보면 붉은 철재골조가 위압적이고 흉물스럽기까지 한 그 공사판 한 귀퉁이에 세워진 가건물에서 듣고 보도 못했던 일들을 계획하고 실행해야 했다. 진료 예약제, 보호자 없는 병원, 촌지 없는 병원 등 철저한 환자중심의 의료서비스 구현에, 통원수술(Day Surgery), 처방전산화시스템(OCS), 의학영상저장전송시스템(PACS) 등 각종 선진 의료기술을 국내 처음 시도하는 최첨단 의료시설이었다. 이미 10여 년 전부터 기업차원에서 철저하게 준비된 프로젝트였다. 나도 스카우트라는 형태로 그 작업의 일원으로 참여하면서 오랜 역사 속에 잘 짜인 병원을 떠나 전혀 새로운 환경과 새로운 업무 그리고 모르는 사람들과 팀을 이루며 시작하였다.

시작이라는 거대한 파도에 몸을 싣고 나가가는 일은 생각처럼 쉬운 일은 아니었다. 더구나 기존의 안정을 생각하면 후회와 두려움이 한층 컸던 시작이었다. 그래서 특성이 다른 팀과 연계해서 일을 만들고 추진해 나가는 동안 우리는 역할이 다르다는 생각보다 고난을 받는 동지애라는 의식이 강하게 작용했다. 일에 몰두하느라 오후 10시 전에 퇴근을 해본 적이 없었다. 그리고 시간만 나면 회식을 하면서 그날의 긴장을 풀고 서로의 어려움을 털어 놓았던 시절이었다. 그래서 남자들과 어울려 1차도 가고 2차도 가고 3차도 가는 회식문화에 자연스럽게 젖어들었다.

누군가 갑자기 뜬금없이 주제가 바뀌었다고 할는지 모르나 그때는 여자인 나도 남자처럼 일하며 살았다. 마치 세상에서 내가 모든 것을 할 것처럼 열정적으로, 어느 자리에서나 나를 드러내는 일을 마다하지 않았고 회식에 가서도 끝장을 보았다. 취기가 오르면 때론 새벽까지 술을 마시다가 집에 들어가는 날도 있었다. 그런데 동료 중에 한 여인은 기본적으로 참석해야 할 1차 이외의 장소는 가지 않았다. 당시로서는 그런 그녀가 한심했었다. 꼭 여자 티를 내야 하나? 항상 그런 그녀가 답답하고 못마땅했는데, 어느 날 그녀가 말했다. 아들이 엄마가 술 먹고 들어오는 것을 너무 싫어한다는 것이었다. 자신을 이해하려는 딸과 달리 아들은 엄마의 행동에 대해 지나치게 반응을 해서 조심하지 않을 수 없다고….

그때 생각했다. 인간은 스스로 자존감을 지키는 인격이 아니라 사랑하는 사람 때문에 자신의 행동을 통제하는 것이라고. 내 본질이라는 것은 혼자 두면 결국 스스로 망가질 때까지 뛰쳐나오고 마는 것이다. 그저 그런 상황에 접하지 않고 살면 고마운 일이지만, 그런 상황에서도 나를 통제할 그 무엇이 있다면 그 또한 감사할 일이었다. 그래서 가정 내에서 엄마란 과연 어떤 역할을 해야 하나 하는 생각을 했었다. 어쨌든 그 시작은 여자의 창조다.

"하나님이 이르시되 사람이 혼자 사는 것이 좋지 아니하니 내가 그를 위해 돕는 배필을 지으리라 하시느니라." (창세기 2:18)

여자들은 이 '돕는다'는 용어 자체부터 성차별이라고 반발한다. 하지만 이 말은 원래 히브리어로 EZZER를 번역한 것인데, 이는 그저 단순히 보조 역할을 의미하는 것이 아니라 하나님에게만 적용하는 거룩한 용어이다. 아래서 돕는 것이 아니라 위에서 이끄는 축복과 같은 의미이다.

그 용어가 인간인 여자에게만 적용된다는 것을 처음에는 이해할 수 없었지만 이 나이 되고 보니 깨닫게 되었다. 여자에게는 남자에게 없는 절대적인 힘이 있다. 그것은 남자처럼 힘이나 전략으로 파괴하는 힘이 아니라, 모두를 살리는 순수의 결집이다. 여자는 약하지만 그 기도에는 엄청난 하나님의 힘이 실린다. 그래서 여자는 남자보다 하나님의 은총을 더 받는 것이다. 남자가 할 수 없는 것을 여자는 할 수 있다는 말이다.

인간의 공동체 역사에는 반드시 두 지배 계급이 있었다. 첫째가 종교 집단이고, 그 아래가 권력 집단이다. 하나님은 애굽에서 400년간 종살이 하던 히브리 족을 출애굽 시키면서 가장 먼저 제사장을 세웠다. 그리고 제사장에게 자기를 위해 먹고 사는 것을 하지 말라고 했다.

권력자는 국민을 먹여 살리기 위해 끊임없이 영토를 넓히면서 전쟁을 일으키며 살육을 일삼는다. 또한 자신의 권력 유지를 위해 서슴없이 무고한 피도 흘리게 한다.

하나님은 최초의 남자에게 임무를 부여했다.

"네 평생에 수고하여야 소산을 먹으리라. 땅이 네게 가시덤불과 엉겅퀴를 낼 것이라. 네가 먹을 것은 밭의 채소인즉 네가 흙으로 돌아갈 때까지 얼굴에 땀을 흘려야 먹으리니."

다윗은 자신의 권력을 이용해 온갖 악행을 저질러도 하나님이 보시기에 가장 아름다운 지도자였다. 그러나 다윗이 하나님의 성전을 짓기 원했지만 하나님은 피 묻힌 손으로 자신의 성전 짓기를 거부하셨다. 그래서 공동체가 발전하는 데 있어서 피 흘리는 손과 그 피를 사하게 하는 손은 다르다는 것이다. 또한 공동체를 위해 둘 다 반드시 필요한 존재임에는 틀림이 없다.

그래서 가정이라는 공동체에서 남자는 권력자이고, 여자는 제사장이다. 남자가 내 식솔을 먹여 살리려면 어쩔 수 없이 남의 자리도 빼앗고, 가진 권력을 휘두르며 더 갖겠다는 싸움을 할 수밖에 없다. 자식들 때문에 하던 일을 그만둔 후배가 몇 년이 지나서 어느 정도 안정을 찾은 것 같았다. 말할 수 없는 엄마의 노력과 눈물로 궤도를 이탈했던 아이들이 많이 돌아온 것이다. 그러자 후배는 무료하다며 일을 다시 하겠단다. 그래서 내가 말했다.

"남편이 안정적으로 일을 한다면, 더 갖겠다는 네 욕심으로 너보다 못한 사람 자리 빼앗지 말고 가정을 지키는 것은 어떨까? 그게 자식을 위해 버는 것보다 나은 선택이 될 수도 있어."

뒤러의 '기도하는 손'은 아름다움과 거리가 멀다. 오랫동안 일을 해서 뒤틀리고 망가진 손이다. 하지만 사람들은 그 손이 가장 아름다운 손이라고 말한다. 그 그림이 탄생한 일화가 있기 때문이다. 화가가 되는 것이 꿈이었던 뒤러는 그림 공부를 위해 고향을 떠나 같은 꿈을 가진 한 청년을 만나 함께 하숙생활을 했다. 두 사람은 서로 마음이 맞아 절친한 그림 동무가 되었다. 그러나 가난했던 그들은 돈벌이를 하면서 그림을 배워야 했기에 제대로 그림 공부를 할 수가 없었다. 그러자 뒤러의 친구는 한 사람이 먼저 미술학교에 진학하고 나머지 한 사람이 돈을 벌어 학비를 대준 다음, 졸업하면 다른 한 사람이 학교에 진학하기로 하자고 제의했다.

먼저 공부를 하게 된 뒤러는 친구의 헌신적인 도움으로 무사히 학교를 졸업할 수 있었고, 이제 뒤러는 그림을 그려 친구의 뒷바라지를 할 계획이었다. 그러나 졸업과 동시에 친구는 연락을 끊고 사라졌다. 뒤러는 친구를 찾아 헤맸지만 끝내 친구를 찾지 못했다. 어느 날 뒤러는 친구를 찾게 해달라는 기도를 하기 위해 들어선 교회에서 기도하고 있는 한 남자를 보게 되었다. 그는 뒤러에게 너무도 익숙한 목소리로 화가가 된 뒤러를 위해 기도하고 있었다. 그의 손은 고된 일로 뒤틀리고 근육마저 무뎌져 더 이상 그림을 그릴 수 없게 된 손이었다. 그런 모습을 보이면 뒤러가 자책할 것이 두려워 앞에 나타나지 못했던 것이다. 뒤러는 어두운 교회 안에서 친구의 손을 스케치했다. 그래서 뒤러의 '기도하는 손'이 탄생한 것이다.

  기도는 그만큼 순수의 결집이다. 남의 밥그릇을 빼앗고 내 권력을 휘두르며 타인에게 상처를 주는 손으로 하는 기도는 더 갖겠다는 욕심일 뿐이다. 나도 한때 일을 했던 적이 있다. 정말 그때는 내 기도가 우선이었다. 사회적인 활동을 하다 보면 아무래도 가정보다는 바로 눈앞에 전개되는 일에 대한 욕구가 더 절실했다. 지금은 사회 활동을 하지 않으니 남편과 딸에 대한 기도가 전부이다. 그래서 중보 기도란 그만큼 힘이 실리는 것이다. 나의 이익을 바라는 것이 아니라 내가 사랑하는 사람을 위해 나의 모든 것을 포기하고 소망을 담는 것이다. 예전에 우리의 어머니들은 가진 것도 배운 것도 없으니 새벽에 정한수를 떠놓고 비는 것밖에 없었다. 이렇듯 자식은 부모의 간절한 바람으로 되는 것이지 능력으로 되는 것이 아니다. 부모가 그토록 간절하게 바란다는 것은 그만큼 내게 행사할 힘이 없다는 것이다.

여자, 그대의 사명은

　오래 전에 텔레비전에서 방영된 '그것이 인생이다' 라는 다큐멘터리를 본 적 있다. 그 중에 한 아들의 어머니에 대한 프로그램이 계속해서 내 가슴에 따뜻하게 남아 있다. 그녀는 초등학교도 졸업하지 않은 여인이었다. 가난하고 배운 것도 없는 그녀가 시집이라고 갔지만 그 생활 또한 말할 수 없는 고난이었다. 무능한 남편은 술에 절어 살면서 그녀를 때리기까지 했다. 아들이라고 낳았지만 지적 장애를 가졌다. 그런 절망스러운 상황에서도 그녀는 아들을 품고 살았으나 남편의 학대는 점점 심해졌다. 결국 그녀는 아들을 데리고 도망을 나왔다. 그러나 모진 고생은 끝도 없이 이어졌다. 그녀는 결국 아들과 함께 죽기를 시도했는데 극적으로 살아났다. 이후로 그녀의 고생은 계속되었다. 하지만 여인은 운명에 굴하지 않고 열심히 살아 안정을 찾게 되었다.
　그녀가 50살을 넘기고 어느 정도 삶이 안정되었다. 그 사이에 장성한 아들은 결혼까지 했다. 지능이 정상수준 이하이지만 그에 맞는 단순 기능 업무를 하며 비슷한 수준의 아내와 소박하게 살고 있었다. 고생 끝에 그 아들을 키운 엄마는 그들과 멀지 않은 곳에서 옹기를 굽고 살았다. 주말이면 아들 내외가 엄마에게 와서 즐거운 한때를 보내곤 했다. 여름 날 밤이었다. 하늘에 별은 총총하고 모기를 쫓는 연기가 마당 한편에서 피어오르고 아들은 기타를 치고 있다. 엄마와 며느리는 조용히 음악을 듣고 있다. 여인은 따뜻한 눈빛으로 아들을 바라보며 말했다.
　"저 아이가 어차피 세상에 태어나야 할 운명이었다면 하늘이 나를 얼마나 믿었으면 나에게 맡겼겠어요?"

마지막 화면을 메운 그 말에 나는 깊은 감동을 받았다. 장애를 가진 생명을 세상에 보낼 때 천사들이 어느 집에 그 축복을 줄까 고민한다고 하지 않던가. 그녀는 기독교인도 아니고 인생철학을 알 만큼 많이 배우지도 않았지만 분명 하늘의 법칙에 순응했던 여인이다.

"예수가 길을 가실 때 날 때부터 맹인 된 사람을 보신지라. 제자들이 물어 이르되 이 사람이 맹인으로 난 것이 누구의 죄로 인함이니이까. 자기니이까 그의 부모니이까. 예수께서 대답하시되 이 사람이나 부모의 죄로 인한 것이 아니라 그에게서 하나님이 하시는 일을 나타내고자 하심이라." (요한복음 9:1-3)

세상은 능력 있고 재능 많은 사람들이 이루는 것보다, 부족하고 터무니없이 못한 상황에서 이루는 사람들에게 순수한 감동을 느끼고, 그것으로부터 진정한 용기를 얻는다. 살아갈수록 세상은 어떤 원칙이 있으며, 그것이 거대한 힘에 의해서 움직이고 있다는 것을 감지하게 된다. 하지만 종교는 인간이 이해하고 증명하는 한계를 넘어선 영역이다. 그래서 허구라고 주장하는 것은 참으로 어리석다고 할 수밖에 없다. 인간이 다 깨우쳤다면 그것은 종교가 아니고 철학이다. 나는 인간은 신이 인간에게 맡긴 영역과 신의 영역의 경계선에 서 있는 존재라고 생각한다. 스스로 자신감이 있을 때는 인간의 영역에 있다가, 깊은 고난 중에는 신의 영역에 근접해서 신의 뜻을 알기도 한다. 몸이 늙어 간다는 것 자체가 신의 영역에 다가가는 것이다. 그래서 우리가 세상을 살면서 종종 내게 닥친 이해할 수 없는 상황에서 신의 뜻을 물어야 한다. 내 뜻이 아닌….

오랫동안 중환자실에 근무하면서 많은 죽음을 보았다. 나는 죽어 가는 사람의 표정을 보면서 저 사람은 좋은 곳으로 가는구나, 혹은 어떤 사람은 아주 가기 싫은 모양이라는 생각을 하곤 했다. 그때는 그 이유를 잘 몰랐다. 왜 죽어 가는 사람마다 표정이 저토록 다를까? 하지만 이 나이 되고 보니 알 것 같다. 죽음의 문턱에서 있으면서 육과 영이 이탈되는 시점에 그들의 눈에는 가야 할 곳이 보이는 게 아닐까. 눈앞에 천국과 같은 곳이 펼쳐진 사람들은 행복한 표정을 지으며 육체에 속한 주변을 보지 않고, 눈에 지옥이 보이면 정말 가고 싶지 않은 모양이었다. 인간의 인격이 아무리 성숙해도 죽어 가면서 환한 미소를 지을 수는 없다고 한다. 프랑스의 대표적인 계몽사상가 볼테르가 죽기 전에 의사에게 한 말이다.

"당신이 내게 6개월만 생명을 연장시켜 준다면 나에게 가치 있는 모든 것의 절반을 드리겠소. 나는 두려운 지옥으로 가게 되오. 오! 그리스도여."

평생 기독교를 비판한 무신론자인 그의 눈에 지옥이 보였던 모양이다. 하나님은 인간에게 거창한 것을 이루라고 하지 않으셨다. 인간이 이룬 거대한 구조물은 결국 힘 가진 인간들이 힘없는 인간을 고통스럽게 부리면서 이루어 낸 산물이다. 인간이 아무리 멋들어진 것을 만든다 한들 그것이 하나님과 무슨 상관이 있겠는가? 세상이 아무리 크고 화려한들 내가 존재하지 않으면 내게 아무런 의미도 없다. 인간이 죽어 심판자 앞에 서면 딱 두 가지를 반복해서 묻는단다. 너는 사람들에게 얼마나 소망을 주었는가? 그리고 너는 사람들에게 얼마나 상처를 주었는가?

여자에게 자식을 품으라고 하는 것은 하나님의 명령일 것이다. 사막에서 위용을 품은 암사자가 풀 한 포기 살아남지 않는 건기에 새끼를 거두는 모습은 눈물겨웠다. 수곰이 자기 새끼를 해하려고 덤벼들 때, 온몸으로 새끼를 지키며 처절하게 울어대는 어미 곰의 모습은 아름답기까지 했다. 남의 살을 먹는 짐승도 이처럼 자식을 위해 생명을 건다. 여자에게 자식은 분명 십자가이다. 정말 그 십자가를 내가 어떻게 지었는가가 후일 평가될 것이다. 아들을 주셨다면 그건 하나님이 여자에게 최고의 선물을 한 셈이다. 왜냐하면 세계 역사를 바꾸는 인물 뒤에는 반드시 어머니가 있다. 그래서 히틀러 같은 아들도 되고 아인슈타인 같은 아들도 되고 아브라함 링컨 같은 아들도 된다.

하지만 세상 사람들은 눈에 보이는 것만 쫓을 수밖에 없다. 그 힘이 너무 거대해서 앞선 여인의 작은 소리는 귀담아 들으려 하지 않는다. 세상이 혼란해지는 것 중 하나가 쏠림 현상이다. 하나님이 이루고자 하는 조화의 삶을 비웃고 부조화에 열을 올리고, 그런 사람들의 영향력이 점점 커지며 사람들은 미쳐 간다.

초고속 인터넷이 발달하면서 우리들은 스스로 사고하고 판단하는 기능을 상실하고 매체에서 쏟아지는 사고에 그대로 흡수된 채 정체성을 상실하고 있다. 최근 텔레비전마다 엔터테인먼트가 프로그램의 주류를 이루고 있다. 연예인들이 떼로 몰려나와 자신들의 신변잡기를 마치 애국이나 한 것처럼 떠들어 대면서 대중에게 설파한다. 그래도 철모르는 젊은 이들이야 한때의 영웅심으로 말할 수 있다지만, 세상을 살았다는 중년에 접어든 사람들의 발언과 거침없는 행동도 위험 수준을 넘어섰다. 중년, 이제 자신만 생각하는 나이도 아닌데, 얼마나 두려운 나인인데. 자신만이 아니라 유명세로 세상을 미혹하는 것을 왜 두려워 않는지….

어쨌든 대중은 일률적인 아름다움에 식상했는가 보다. 그래서 제법 인생에 연륜이 붙은 연예인들의 사생활 보기가 즐거운 모양이다. 그래서일까? 제법 나이를 먹고 인생 중반을 넘어선 연예인들이 자신의 사생활을 돈 받고 파는 모습은 정말 이해가 되지 않는다. 사실 젊음이 아름다운 이유 중의 하나는 모든 것이 용서되는 나이이기 때문이다. 지나 보면 그때 왜 그토록 어리석었을까? 왜 그처럼 두려워했을까? 그렇게 후회의 연속이지만 결국 몰랐었기 때문에 용서가 된다.

그러나 중년부터는 다르다. 원했든 원하지 않았든 어미가 되었다면 자식이 삶의 우선순위가 되어야 한다. 여자들은 아이를 가지면서 태교를 중시하듯이 아이들이 자라는 동안도 같은 자세로 살 수밖에 없다. 아이가 생기면서 인생은 나 자체의 능력으로 평가되기보다는 자식으로 평가되기 때문이다. 아이들은 자라는 동안 너무도 연약해서 부모의 작은 행동에도 깨어지고 망가진다.

1980년대의 연예 잡지였던 『선데이 서울』도 항상 미모의 연예인들에 관한 스캔들로 요란했다. 당대 미모의 여배우가 신흥 재벌 2세와 결혼한다는 둥, 때론 가정 있는 재벌과 누가 열애에 빠졌다는 둥 하는 것으로 세간의 눈과 귀를 즐겁게 해주었다. 더러는 간통죄로 형을 살고 나오기도 했다. 더러는 인기도 마다 하고 그 남자들과 당당하게 결혼하여 세간의 기억에서 사라지는 듯하더니, 10여 년이 지난 어느 날부터 다시 이혼이라는 화두를 들고 나타나기도 한다. 이유를 들어 보니 별것도 아니다. 그저 연기에 전념한다는 것이다. 그리고 자식까지 둔 중년의 나이에 젊은이들처럼 화끈한 베드신도 마다 않는다. 마치 독립운동 하듯이. 그리고 남은 인생 80살이 되어도 60살 남자와 연애하고 싶다고? 도대체 저 여자는 무슨 생각을 하며 세상사는 걸까? 나이가 들면서 달라진 것이 있다면 종말론적 사고로 전환되는 것이다. 이제 살아갈 날보다는 죽을 날이 가까워지고 있다. 그래서 모든 언행을 누가 시키지 않아도 조심한다. 내 죄가 자식에게 가지 않게 하려고, 물론 생각을 하지 말라고 할 수는 없다 하지만 그 무슨 대단한 정견 발표라고 그토록 당당하게 세상 사람들에게 설파하는지….

그 면에서 나는 정윤희 씨를 좋아한다. 1970~1980년대 그녀의 인기는 가히 폭발적이었다. 그런 그녀가 간통죄로 입건되면서 세상은 온통 시끄러웠다. 지금은 간통죄가 인권 침해이기 때문에 폐지해야 하는 악법이라고 하지만 당시로서는 있을 수 없는 중죄로 다루어졌다. 기억하기로는 두 사람 다 형을 살았던 것 같다. 그때까지는 사랑이 아니라 한때의 불륜으로 보는 시각이 우세했다. 이후로 그녀는 결혼과 함께 압구정동에 둥지를 틀었다.

압구정동에서 그녀와 이웃으로 살고 있는 친구들은 그녀를 감시하는 일을 게을리 하지 않았다. 대부분 '오래 가겠어?' 하는 눈초리였다. 하지만 이웃에 비춰지는 그녀는 여느 평범한 학부형의 모습이란다. 전처의 아이를 위해 시어머니 팔짱을 끼고 학교 모임에 나타났다느니, 시어머니와 장을 보러 다닌다느니, 또 시간이 흘러 이제 그녀는 학부형들과 인사도 하고 수다도 떤다면서 참 괜찮은 여자라는 것이었다. 이후로 그녀와 동네 주민으로 살고 있는 친구들은 그 화려한 연예계 생활을 접고 한 남자의 아내로, 또 아이들의 엄마로 평범하게 살아가는 그녀를 존경한다는 것이다. 자신을 빛내며 할 수 있는 일이 있음에도 흔적도 표도 나지 않는 가정을 지키며 해맑게 웃는 그녀를 보면 감동적이라는 것이다. 이해관계가 얽히지 않고 이처럼 불특정 다수로부터 듣는 칭찬과 존경은 결코 쉽지 않은 축복이다. 사람들도 이처럼 오랜 동안 지켜보며 기억하는데 하물며 하나님이….

최근에 한 인터뷰 기사에서 그녀의 심경을 읽은 적이 있다. 결혼 후에도 끊임없이 드라마나 영화에 대한 제의가 최근까지 있었다고 한다. 본인도 상당히 흔들리고 때론 하고 싶은 욕구가 있었지만 이제는 더 이상 그런 생각을 접었다고. 그러면서 그녀는 삶은 언제나 현재에 국한되며, 주로 집안일을 중심으로 살다 보면 바깥세상 돌아가는 일에 무감각해진단다. 때로는 너무 조용하고 무덤덤하게 산다는 생각도 들지만, 그것이 안정된 생활이라고 믿고 이대로 변화 없이 살고 싶다고…. 바람이 있다면 사랑하는 시어머니가 오래도록 건강하게 살았으면 한다고….

나는 그녀가 화려하게 컴백한 그들보다 더 아름답다. 정말 그녀는 한때의 불륜을 사랑으로 승화시킨 것이다. 생(生)은 시작과 끝의 반복의 연속이라고 생각한다. 큰일이든 작은 일이든, 사소한 것이든 중요한 것이든 반드시 시작이 있으면 끝이 있다. 어떤 것은 습관에 의해 반복적으로 이어지기도 하고, 어떤 것은 고심하며 선택할 수도 있다. 물론 운명적으로 찾아오는 것도 있지만, 아무리 좋은 시작도 끝이 나쁘면 아무런 소용이 없다. 그래서 시작과 과정이 어떻게 되었든 끝이 좋으면 된다고들 한다. 결국 마무리를 잘하는 것이 인생의 승패를 결정할 것이다.

세상은 원칙 없이 미친 듯 돌아가는 것 같지만 분명한 원칙이 있다. 살아온 인생을 되돌아보아라. 대부분 시작은 운명처럼 다가온다. 통제할 수 없는 힘이 나를 소용돌이치는 곳으로 밀어 넣는다. 그래서 시작은 주도면밀하게 자의적으로 하기보다는 그저 멋모르고 뛰어드는 것이다. 아마도 인생의 필름을 뒤집어 보고 시작하라면 아무도 그것을 선택하지 않을 것이다. 그래서 인간의 역사는 진화하는 것이다. 그렇게 모르고 시작되기 때문이다.

하지만 마무리는 선택한 자의 영역에 있다. 마무리는 결국 내 책임이 되는 것이다. 그래서 마무리는 그 사람의 인성을 반영한다. 원하든 원치 않았든 발생한 것에 대한 마무리에서 인간은 더 한층 성숙한 판단을 할 수 있고 최악으로 치달을 수도 있다. 세상은 넓고도 좁다. 또는 돌고 도는 것이 인생이라 했다. 더 깊고 길게 본다면 죽어서까지 이어지는, 내가 저지른 것을 후대가 질 수밖에 없는 고리업이다. 내가 했던 일은 반드시 결과가 되어 돌아오고, 내가 만난 그 어떤 사람은 반드시 다시 만나게 될 것이다. 지금 눈앞에 있는 것만 탐하지 말고 멀리 내다보는 식견으로 고뇌하고 인내하면서 마무리를 지어야 한다.

또한 마무리는 시점이다. 운명 같은 시작과는 달리 마무리의 시점도 내가 선택해야 한다. 다시 말하면 끝은 저절로 소멸되는 시기가 아니라 자신이 추구했던 것을 스스로 내려놓는 시점을 의미한다. 정상에 오르기는 쉬워도 내려오기는 어렵다고 한다. 누군가 박수칠 때 떠나라고도 했다. 그것이 자신에게 귀하고 소중할 때는 더 어렵고 힘이 든다. 하지만 다른 것을 집으려면 내 손 안에 있는 것을 먼저 버려야 한다. 항상 자신의 재능에 집착하여 그것을 휘두르면서 희생된 누군가를 인지하지 못했다면 그들을 향한 양보도 필요하다. 양보는 결코 포기를 의미하지 않는다. 그것은 또 다른 새로운 시작이 되기도 한다.

불한당 같은 인간의 욕심이 세상을 흔든다. 욕심은 가진 자만이 낼 수 있는 것이지, 받은 재능이 없다면 욕심조차 낼 수 없다. 개인적으로 오드리 햅번을 좋아한다. 고상하고 우아한 기품으로 당대 최고의 여배우, 은막의 요정으로 불린 배우다. 1920년대 말 벨기에에서 태어난 그녀는 부모의 이혼과 세계대전으로 불우한 유년 시절을 보낸다. 배우의 꿈을 가진 그녀는 몇 번의 단역에 출연하지만 주목을 끌지 못하다가, 마침내 연극 '지지'로 윌리엄 와일러 감독의 주목을 받는다. 이후로 '로마의 휴일'에서 앤 공주 역할을 맡은 햅번은 아카데미 주연상을 받으며 세계적인 배우로 거듭난다. 그녀의 대표작으로는 '사브리나', '전쟁과 평화', '티파니에서 아침을', '마이 페어 레이디' 등이 있다. 그런 그녀가 노년에는 유니세프 친선대사로 활동하면서 여생을 기아에 허덕이는 세계 어린이 구호활동에 힘을 쏟아 많은 사람들에게 감명을 준다. 한때의 불꽃처럼 피어올랐던 영광을 자신이나 타인의 가슴에 묻고 남은 생 그림자가 되어 살아도 억울할 것 없는데….

　누구나 할 수 있는 일은 아니다. 하지만 영광을 누렸던 자에게는 분명 어렵지 않은 일이며 하면 그만큼 빛도 난다. 엄밀하게 말하면 영광은 하늘로부터 온 행운이었을 것이고 적당한 때에 버리는 것은 가진 자의 선택이다.

이 시대 딸 가진 엄마의 위세, 그 또한 헛되고 헛되다

우먼 시리즈

앉으면 딸 자랑이다. 늙어 여인에게 딸은 오복 중에 하나란다. 그러나 딸로 태어나 딸만 가진 나는 딸은 늙은 부모의 기쁨이 절대 아니라는 생각을 한다. 딸은 부모가 좋을 때만 곁에 있는 속성이 있다. 이유는 딸은 부모에 대한 애정만 있을 뿐 책임감이 덜하기 때문이다. 엄마의 입장에서 보더라도 딸은 언젠가는 시집간다는 생각을 한다. 우리는 막연하게 내가 배운 것이 없어서 제대로 된 남편을 만나지 못했다는 생각에서 벗어나지를 못한다. 인물이야 타고 나는 것이므로 말 그대로 팔자라 치부할 수 있지만, 배움이나 사회적인 능력은 노력으로 가능하다는 생각으로 딸을 능력 있게 키웠다. 어쨌든 이 같은 딸의 성공 뒤에는 대부분 훌륭한 사위를 보겠다는 의도가 기본적으로 감추어져 있다. 말 그대로 일석이조의 효과를 보려는 심사이다.

그러나 세상은 내가 계획한 대로 움직이지 않는다. 딸이 그만큼 잘났으면 앞서 말한 것처럼 아들의 자리는 없어지는 것이다. 그래서 어쩌면 딸이 사위를 먹여 살려야 할지도 모른다. 최근에 친구의 자랑이던 딸이 결혼한다고 했다. 친구의 딸은 명문대 의과대학을 졸업하고 현재 내과 수련의 과정을 밟고 있다. 같은 학교 동기와 결혼하면 좋겠다는 바람과 달리 예비 사위가 직업도 확실하게 정해지지 않았으니 딸이 벌어서 먹고 사는 문제를 해결해야 했다. 둘은 사랑하기 때문이라고 하지만 바라보는 친구의 마음은 갈기갈기 찢어지는 모양이었다. 병원의 인턴 생활도 고달픈데 아내와 엄마의 역할까지 떠맡아야 하는 철없는 딸의 앞날을 생각만 해도 질식할 것 같단다. 이제는 둘 중에 하나만 괜찮으면 되는 시대이구나 생각했다.

그러나 딸들이 아들보다 강해진 것 같지만 그 속을 들여다보면 남편 밥만 먹고 산 우리보다 약하다. 지식은 있으나 지혜가 없다. 현대인은 I.Q(지능 지수)보다 E.Q(감성 지수)가 높아야 한다고 한다. 나보다 상대를 이해하고 세상에 지배받지 않으려면 그만큼 세상을 알아야 하는데 모든 것이 자기중심이다. 그러면서도 혼자 사는 것은 더 못 한단다. 참으로 이상한 것은 우리가 스스로 경제적으로 독립했을 때는 결혼보다는 일에 대한 욕구가 강해서 남자를 만나 데이트하는 것도 때론 시간 낭비라고 생각했었다. 하지만 요즈음 딸들은 경제적으로 자립을 해도 항상 곁에 남자친구를 두려 한다. 결혼과 무관하게 누군가 곁에 없는 것을 못 참아 한다. 외롭게 자랐기 때문이다. 형제도 한둘이며 시대가 너무도 빠르게 교체되니 부모와의 교감도 없다. 그리고 지식을 쌓는 것 외에 할 줄 아는 게 아무것도 없다. 그래서 더욱 의존적이고 상처도 더 많이 받는다. 결국 약한 것은 강해지고, 강한 것은 약해지는 세상 원리는 변하지 않는다. 그런데 무슨 이유로 딸 가진 엄마가 딸 자랑을 하며 큰소리치는지….

딸의 나이 올해로 25살이다. 하지만 50줄에 접어들면서 딸 생각만 하면 때론 가슴이 미어지는 슬픔이 밀려온다. 이 힘들고 험난한 세상에 나

죽고 나면 어쩌지? 딸이 있어서 나는 행복했지만 형제자매도 없이 세상에 달랑 혼자 남으면 저 아이가 얼마나 외로울까? 지나고 보니 인생이라는 무대는 혼자 감당하기에는 너무도 크고 황량하다. 나는 오형제 중에 중간에 태어났다. 위 아래로 언니, 오빠, 동생이 있다. 지금은 각자 자기의 둥지를 틀고 흩어져 살면서 일 년에 한두 번 만나기도 어렵지만, 힘들고 어려운 일에 부닥치면 제일 먼저 연락하게 된다. 그렇다고 그들이 직접 문제를 해결해 주지는 않지만 있다는 존재감만으로도 든든하다. 그런데 혼자라니….

사람들은 자꾸 말한다. 세상은 바뀌었다고, 모든 것은 구시대적 발상이라고. 그래서 자식들에게 말한다. 결혼이라는 것에 매이지 말고 가진 능력 발휘하며 시대를 앞서는 사람이 되라고. 하지만 나는 인생이 오페라 같다고 생각한다. 무대는 시대에 따라 점점 화려해지고 배우들의 성량도 갈수록 좋아진다. 연출자와 배우에 따라 해마다 더 멋있게, 더 아름답게 앞 다투어 무대에 올리지만 원본은 결코 바뀌지 않는다. 그래서 딸에게 당부한다. 원본에 충실하라고. 원본만 있으면 인생의 무대는 내 상상력으로 얼마든지 꾸밀 수 있다고. 해마다 바뀌는 무대에 집중하지 말라. 그것은 내 것이 아니다. 너만의 무대를 가지려면 원본을 결코 잃어버려서는 안 된다고.

그리고 또 소원한다. 무엇을 하든 30살 전에 시집가라고. 딸은 무남독녀 외딸이다. 40살 중후반까지는 아이에게 거는 기대 때문에 나도 아이도 힘들었다. 다행히 딸이 속을 크게 썩이지 않고 자신이 원하는 길을 가고 있지만 이제 내 안에서 소리가 들려왔다. 세상이 바뀌는데 내가 살았던 방식으로 아이에게 가라고 하지 마라. 출세지향 주의에 올인하는 너의 로망을 자식에게 대물림하지 마라. 이제 미래는 무엇을 하느냐가 아니라 어떻게 사느냐가 중요한 시대이다. 사랑할 사람도 사랑 받을 사람도 없이 세상을 살아가라고 하기에는 삶은 너무도 두려운 현실이다. 그래서 헛된 명예와 출세에 매여 세월을 허비하지 말고 부모 살아 있을 때 온전히 사랑을 배우고 함께하는 것에 길들여지라고, 이제 결혼은 절대 선택이 아니라 개인주의가 만연한 이 시대에는 기필코 사수해야 할 의무라고….

나는 1980년대 후반에 미국에서 제작된 어느 프로그램을 본 적 있었다. 여성에 대한 기획물로 제목은 '우먼'이었던 것 같다. 아마도 미국에서도 당시 현재의 우리나라처럼 여성의 지위가 급상승하고 독신 여성이 늘어나는 추세여서, 그들의 삶을 추적한 것 같았다. 인터뷰에 응하는 20대 여성들은 남자들의 주목을 받으며 자유분방하게 사는 삶에 취해 마냥 행복해 했다. 그들에게 결혼에 대한 질문을 하자 한결같이 하고 싶은 일을 하면서 결혼에 매이기보다는 남자와 대등하게 자기 삶을 즐기겠다고 말했다.

한 30대 여인도 아주 활기찼다. 나름대로 전문 분야에서 재능을 한껏 발휘하며 자신의 일에 자부심을 느끼니 결혼은 그다지 절실하지 않다면서, 그러나 이제는 결혼도 생각할 수 있다는 여지를 남겼다.

40대에 접어든 여인들은 어느 정도 자신들이 추구하는 목표에 도달한 것 같았다. 실제로 상당한 직위에 있거나 전문가로서 이름을 날리기도 했다. 결국 직업으로나 경제적으로 완전한 독립을 한 셈이었다. 여자들이 그토록 갈망하던 꿈을 이룬 것처럼 보였다. 하지만 그런 여자들은 예전과 달리 결코 행복해 보이지를 않았다. 스스로도 행복하지 않다고 말을 하고 한 소아과 전문의는 시종일관 울었다. 그러면서 스스로도 왜 우는지 모르겠지만 이런 질문을 받으면 눈물부터 난다고 했다.

그때 그 모습은 지금까지 내 기억에 남아 있다. 사실 기억력도 좋은 편이 아닌 내가 왜 그토록 오래 그것을 기억하고 있는지는 모르지만, 인터뷰 내내 울던 그녀는 40살이라지만 마치 60살 노인처럼 느껴졌다. 이제 와서 생각하니 어쩌면 그녀는 미래가 보이지 않았기 때문이었는지도 모른다. 아이가 자라서 어른이 되고 이어서 늙어 가는 신체 변화에 맞추어 환경의 변화도 당연히 이루어져야 한다. 즉 누군가의 도움 없이 결코 살 수없는 나약한 인간으로 태어나 부모의 양육으로 성장해서 독립하지만, 그것은 개인 성장의 끝이 아니라 다시 새로운 시작이라는 숙제가 남아 있다.

아무에게도 귀속되지 않은 나에서 또 다른 인간을 창출하는 가족을 형성하는 환경 변화를 하면서 생은 새롭게 발전한다. 결국 행복은 나 개인의 목표 달성이라는 성취감보다는 이러한 삶의 형성 과정에서 오는 부산물이다. 그래서 자신의 행복을 위해 독립했던 여인들이 중반까지는 홀로 끌고 왔지만 후반에 와서 그 한계에 도달한 것이다. 여인을 귀찮게 하고 구속한다는 유형의 인간관계를 전면 부정하고 오로지 자신의 업적 쌓기에 매진해 온 것은 불행하게도 신기루에 불과하다. 결국 인간을 가장 행복하게 하는 것은 인간뿐이다. 그런데 문득 돌아보니 자신은 늙어가고 일은 힘에 부쳐 주변을 돌아보니 아무도 없다니, 무조건 슬플 밖에….

'우먼'은 계속되었다. 혼자서 너무 외롭기에 결국 남편 없이 아이를 양육하는 것을 선택한다. 당연히 부양 능력이 없는 미혼모가 아니라 자기 기반을 갖춘 30대 중반의 여인들이다. 아이를 키우면서 여인들은 상당히 만족한 듯 보였다. 일을 마치고 집에 돌아가 자기를 기다리는 누군가가 있다는 것과 돌보는 기쁨, 심지어 학부모가 되었다면서 흥분하는 여인도 있었다. 한 심리학자는 그런 삶의 형태를 옹호하며 부부싸움이 잦은 결손 가정의 아이들보다 그 아이들이 정서적으로 안정된다고 했다.

그러나 그것도 전혀 문제가 없는 것은 아니었다. 한때 사랑으로 생겨난 아이라면 문제될 것이 없지만 정자은행을 이용해서 인공수정으로 태어난 아이들이 사춘기에 접하면 정체성에 대한 갈등이 심각하다는 것을 보여 주었다.

이 나라도 이렇듯 결혼은 필수가 아닌 선택의 시대에 접어들었지만 그래서 행복한지는 알 수 없다.

이 시대 결혼의 의미

20세기에 들어와서 인간의 가장 큰 변화는 독신주의다. 인간 역사 이래로 독신의 가치를 추구한 적은 결코 없었다. 하지만 사회가 급격히 산업화되고 발전하면서 추구하는 자유와 평등은 결국 개인주의로 이어진다. 인간의 가장 기본 욕구는 누군가에게 구속되지 않고 사는 것이다. 인간을 구속하는 대표적인 것이 바로 결혼이다. 이전에는 인간은 태어나면 특별한 이유 없으면 당연히 결혼하는 것으로 되어 있었으나 지금은 더 이상 필수가 아니다.

특히 여성들의 사회 참여가 늘면서 여자에게 결혼은 더 힘든 선택이 되고 있다. 최근 들어 여자들만큼 독신남도 늘고 있다. 가정을 부양하는 것에 부담을 느끼면서 남자들도 결혼을 기피하는 것이다. 이처럼 결혼 자체가 희귀해진 시대에 접어들었다.

이제 우리나라도 독신남녀가 발에 채일 만큼 많다 해도 과언이 아니다. 먹고 사는 걱정이 덜어지니 혼자 사는 것에 익숙해지면서 함께하는 결혼은 점점 어려워지고, 설사 결혼을 해도 이혼율이 높아 독신 세대는 점점 높아 간다. 1960년대부터 유럽에 몰아닥친 히피 문화로 많은 결혼 연령기의 유러피언들이 결혼을 기피했다. 그리하여 가정도 이루지 않고 혼자 사는 것을 즐기던 그들이 노년기에 접어들면서 사회 문제를 일으키고 있다. 양육할 가정이 없는 것은 물론 조기 치매율도 높아 국가가 부담해야 하는 사회적 비용을 증가시키는 주범이 되어, 급기야 이탈리아 정부에서는 독신에게 더 많은 세금을 부과하기도 한단다.

어쨌든 선진국보다 모든 현상이 10~20년 늦게 나타나는 우리나라를 보면 지금이 절정에 다다른 것 같다. 어찌 보면 결혼 기피의 시작이 여자로부터 기인했지만, 결국 그것이 다시 여자들의 발등을 찍고 있는 것 같다. 결혼을 하고 싶어도 결혼할 수 없는 시대에 접어든 것이다. 통계적으로는 향후 몇 년 안에 여자 절대 부족 시대가 오면서 잉여 남자가 많아진다고 걱정하는데, 그것은 그냥 통계치일 뿐이다. 주변을 돌아보라. 독신남보다 독신녀가 훨씬 더 많다. 딸 시집보내 달라는 사람들을 보면 재력이나 학력에서 결코 떨어지지 않는 딸들뿐이다. 그런데 왜 그런 좋은 조건의 여자들이 시집을 가지 못하는 것일까?

이유는 중매 시장의 통계가 그것을 보여준다. 중매시장에는 A급 여자와 C급 남자들만 남아 있다는 것이다. A급 남자는 A급 여자를 기피한다. 그것은 세계적으로도 통용되는 것 같다. 하버드 대학 여학생들은 자신들이 하버드 대학 졸업자라는 것을 밝히지 않는다. 그것이 드러나는 순간 남자들이 도망가고, 그에 반해 남자가 하버드 대학을 나왔다고 하면 여자들이 벌떼처럼 달려든다고, 그래서 세상은 공평하지 않다고 울분을 토하는 기사를 읽은 적이 있다. 그것이 원본이다. 강한 남자는 자기보다 강한 여자를 원치 않는다. 그러니 강한 여자가 결혼이라도 하려면 자기보다 부족한 사람과 할 수밖에. 사실 여자가 남보다 뛰어나려는 이유 중에 하나는 좋은 조건의 남자를 만나기 위해서이기도 한데…. 차라리 그럴 바에는 혼자 살겠다면서도 남자 주위를 얼쩡거린다. 왠지 결혼도 못 한 여자가 되는 것도 자존심 상하기 때문이다. 이래저래 능력 있는 여자들의 딜레마다.

어떤 여자도 결혼하지 않겠다는 여자들은 없기 때문이다. 나이 들어 독신으로 남은 여자들도 결혼을 안 하겠다는 생각은 꿈에도 해본 적이 없다고 했다. 결혼이 여자에게 복인지 불행인지를 논하는 것이 아니고 결혼 그 자체에 대한 본능을 말하는 것이다. 결혼하지 않으면 알 수 없는 미완의 세계에 대한 욕구는 그 어떤 것으로도 대체될 수 없기 때문이다. 어쩌면 재능이 많아서 결혼을 못 한 여자들은 그에 대한 욕구가 더 클 것으로 생각된다.

'모가지가 길어서 슬픈 짐승'을 노래했던 노천명 시인, 당대를 풍미하면서 모든 여성들의 로망이었던 그녀가 죽어 갈 때 남긴 유언이다. "언니, 나 시집보내 줘."

청원권은 남자에게 있다

결혼에는 원칙이 또 있다. 남자가 청혼하지 않으면 결혼은 성사되기 어렵다. 어찌된 일인지 여자에게 아무리 우습게 보이는 남자도 여자가 먼저 청혼할 수 없는 것이다. 그래, 백 번 양보해서 감히 턱도 없는 인간이지만 청혼하면 그냥 받아들이자고 마음먹고 있는데 꿀 먹은 벙어리처럼 소식도 없다면 여자의 마음은 더 조급하다. 아무리 여자가 힘 있고 권력이 있어도 결혼의 선택권은 남자에게 있다는 대원칙은 도대체 어디에서 온 것일까? 분통을 터뜨려 봐야 무슨 소용인가. 자유연애의 상징과 같은 미국에서 방영되는 많은 애정영화를 보아도 모두 남자가 청혼해야 결혼이 성사된다. 일단 여자는 남자를 사랑하면 결혼을 꿈꾸면서 밀고 당기다가 청혼을 받은 여자들이 세상 다 얻은 것처럼 기뻐 울며 날뛰는 모습은 말 그대로 판박이다.

그래서 복지 혜택이 많은 유럽 여자들이 아이를 낳고 독신으로 사는 이유는 그들이 결혼을 하기 싫어서가 아니다. 한때 사랑했던 남자가 애를 낳았는데도 결혼해 주지 않기 때문이다. 남자들이야말로 억지로 고삐를 매고 끌고 들어오지 않으면 결코 우리 안에 들어오려 하지 않는 수컷의 본성이 있다. 결국 사회보장이 잘되고 보니 능력 있는 여자들이 그래, 더럽고 치사해서 너한테 결혼 해달라고 매달리느니, 애 데리고 혼자 살겠다고 선언하는 것이다.

결혼도 힘의 논리다. 한 쪽에서 그만큼 강력하거나 한 쪽이 절대 무기력할 때 성사되기 쉽다. 특히 여자의 경제력이 그만큼 결혼하기 어렵게 만든다. 그 이유는 여자들이 가장 좋아하는 것은 사랑이 아니라 바로 돈이기 때문이다. 자신을 지탱할 경제력만 있으면 여자들은 결혼하고 싶어 하지 않는 본성이 있다. 남자들은 성욕이 왕성할 때 결혼하고 싶어 한다. 남자들은 육체적 접촉만으로도 충분히 결혼 사유가 되지만, 여자들은 머릿속으로 결혼에 대해 계산하느라 늘 바쁘다.

20세기에 들어서 여자들은 남자와 같아지려는 욕구가 강해졌다. 그러면서 경제적인 힘의 우위에 서서 남자에게 저항하려는 속성이 강해진다. 하지만 남자들은 자신보다 강한 여자들에게는 강한 성충동이 일지 않고 자꾸 도망가고 싶단다. 그래서 여자들이 가장 결혼하고 싶을 때는 바로 경제력이 없을 때를 의미한다. 더구나 결혼의 굴레를 두려워하는 남자에게 청혼의 선택권이 있다는 것 자체로 결혼하고 싶은 여자들을 무력하게 한다. 사회가 발달하면 그런 현상은 점점 더 심해질 것이다. 미국에서는 여자 나이 서른다섯이 넘어 결혼할 수 있는 확률이 테러리스트의 손에 죽을 확률과 진배없단다.

그리고 여자들 간의 치열한 경쟁으로 괜찮은 여자들의 입지는 점점 좁아진다. 해마다 대학교 수석 합격자는 여자들이 늘고, 행시고 사시고 할 것 없이 여자들이 절반을 넘는다고 자랑하지만, 그만큼 괜찮은 남자들은 줄어들고 있는 것이다. 교회의 청년부 교사로 있는 친구 말에 의하면 괜찮은 청년 하나가 뜨면 100명도 넘는 잘나가는 여자들이 그의 주위를 떠나지 않는단다. 결국 남자 때문이 아니라 여자 때문에 여자들의 삶은 잠시도 쉴 틈이 없나 보다.

사랑하는 딸에게

진정한 공주의 길을 찾아라

우리가 태어난 1950~1960년대, 정말 가난했다. 그래서 극소수의 부유한 자에게 느끼는 체감 가난지수는 그 어느 때보다도 높았던 것 같다. 그래서 1960~1970년대 학창 시설을 겪으면서 대다수의 우리들은 몇 안 되는 잘사는 집안에서 귀하게 자라는 친구를 열망하며 자식만큼은 자신들처럼 온갖 구질구질한 일을 해야 하는 무수리로 키우지 않고, 손에 물 한 방울 묻히지 않는 완벽한 공주로 키우겠다고 다짐했었다.

우린 결국 해냈다. 이제 50줄에 접어든 우리는 입만 가지고 모든 것을 해내는 공주 딸을 양산하고 누구에게나 자신 있게 아무것도 할 줄 모른다고 말한다. 딸이 선보는 자리에서 친구는 장차 사위 될 사람에게 자랑스럽게 말했다고 한다.

"우리 애는 아무것도 할 줄 몰라요. 남 주기 아까울 만큼 곱게 키웠으니 그렇게만 알고 있어요. 물론 밥도 못 하고 힘든 일도 못 하니까 많이 도와주고 자주 외식도 시켜 주어야 해요. 요즈음 다들 그러고 살데요."

정말 아무것도 하지 못하는 것이 진정한 공주의 모습일까? 그것으로 영원히 행복하게 살 수 있을까? 최근에 며느리를 본 친구는 어쩌다 며느리에게 밥이라도 얻어먹으려면 며느리가 싱크대 앞에서 그릇을 들었다 놓았다 하며 어쩔 줄 몰라 하는 것이 보기에도 안쓰럽단다. 그러면서 자신보다 많이 배우고 남들이 부러워하는 최고 학부까지 나왔다는 며느리가 그까짓 것 가지고 그처럼 한심하게 구는지 이해할 수가 없다는 것이다.

하지만 세대가 다르다. 우리에게는 그까짓 밥 짓는 것이지만 우리의 딸들은 너무 어렵단다. 우리는 5살이 되면 3살짜리 동생을 업어야 했고, 초등학교만 다녀도 연탄불에 냄비 밥 정도는 지을 수 있었다. 엄마가 잠시 집을 비우면 그 역할을 대신했기에 살림하는 것이 몸에 배었다고나 할까? 그래서 우리는 살림하는 것을 따로 배우지 않아도 몇 번의 시행착오만 겪으면 쉽게 할 수 있었던 것이다. 여자로 태어나 딸에게 물려주고 싶지 않은, 하기 싫은 것 중의 하나일 뿐이다.

그래서 우리는 간혹 며느리들도 할 줄 아는데 마치 하지 않으려는 시위로 오해하는 경우도 있다. 하지만 그들에게 살림은 어렵고 힘들어서 도저히 못 하겠다는 것이 진실에 가깝다는 것을 요즈음에 알았다. 태어나 한 번도 해보지 않은 것을 시집갔다고 금방 해낼 수 있는 것이 아니다. 그래서 여자로 태어나 가정을 꾸리기 위해서는 기본적인 것들을 어려서부터 익혀 두어야 한다는 것이 나의 생각이다.

그런데도 우리는 딸들에게 자질구레한 집안일은 절대시키지 않으려 했다. 거기다 자기 관리조차 시키지 않아 자신의 속옷을 빨기는커녕 방도 치우지 않는다. 지방으로 발령 받은 남편 때문에 딸 셋을 서울에 두고 오가는 친구는 일주일마다 쌓이는 딸들의 팬티를 빨다가 하루해가 다 간다고 했다. 한 여성지에 고위 공직으로 있는 분이 상처하고 고등학생을 둔 딸에 대한 뒷바라지로 아침 일찍 일어나 도시락까지 손수 싸주었다고 자랑을 했다. 딸이 식탁에 양팔을 꼬고 앉아서 밥! 물! 하며 자신을 식모 부리듯 한다고 목청을 돋우던 친구도 한 마디로 결론을 내고 만다.

"에고, 시집가서 제 살림하면 잘하겠지. 언제고 해야 할 여자 팔자인데 미리부터 시킬 필요 없지."

나는 어느 날 한 노인의 한 맺힌 푸념을 들었다. 아들을 장가보냈는데 며느리가 아무것도 못 한다는 것이다. 직장 다니는 아들이 아침을 못 얻어먹고 출근하는 것은 고사하고 며느리가 늦잠이나 자지 말았으면 좋겠다고 했다. 10시가 다 되어 일어나 남편이 나가는 것도 모르고, 저녁은 아들이 들어와야 같이 해먹거나 아니면 사먹는다는 것이었다. 아무것도 할 줄 모르니 어쩔 수 없다는 것이었다. 그러더니 아이가 하나 태어나니 더 힘들어한단다. 자기가 낳은 아이 하나 키우는 것도 버거워하며 집안 꼴은 더욱 난장판이 되고 아들의 짐은 더 커졌다는 것이다. 아들이 퇴근하자마자 아이도 씻기고 밥도 해먹으니 언제까지 이어질지 걱정이라고 했다. 그러던 며느리가 최근에 이혼을 요구하더라는 것이다. 이유는 재미가 없다는 것이었다. 이처럼 매여 사니 재미가 없기도 하겠다는 생각이 들었다.

딸들아, 왜 여자만 살림을 배워야 하느냐는 질문은 그만했으면 한다. 사람 사는 세상에 살림이라는 것을 누군가는 해야 하고, 여자인 우리가 해야 할 확률이 높다. 알고 하는 것과 모르고 하는 것은 다르다. 알아서 나쁜 것이 아니라 모르면 살 수가 없는 지경까지 갈 수도 있다. 스스로 입고, 빨고, 정리하고, 해먹는 것을 배우지 않으면 평생 종속적인 삶을 살아갈 수밖에 없다. 그것을 정복하지 못한 사람은 결코 자유로운 삶을 살지 못하기 때문이다.

아이가 집단생활을 할 만큼 자라서 가정을 떠날 때 갖는 자신감은 그동안 집에서 배운 지식이 아니라 바로 생활에 대한 독립심이다. 엄마 품을 떠나 유치원에 가는 아이가 한글을 다 외웠다고 자랑하기보다는 스스로 자신을 얼마나 잘 관리할 줄 아는지가 더 중요하다. 생활에 독립적인 아이들은 집 떠난 환경에 빠르게 적응하면서 나머지 활동도 키워 나간다. 결국 이런 자신감이 다른 발달에도 영향을 미친다. 하지만 이건 비단 코흘리개 유치원 아이들에게만 해당되는 것이 아니라, 청소년에서 결혼시키는 단계까지 이어진다는 것이다. 공부의 강도와 관계없이 나이에 상응하는 생활 관리를 지속적으로 시켜야 한다는 것이다.

일단 스스로를 지킬 수 있는 사람은 어디에 있든, 무엇을 하든 두려울 것이 없다. 자신을 책임지지도 못하면서 더더욱 남을 책임질 수 없는 것이다. 평생 혼자서 살 수는 없지 않은가? 평생 부모의 그늘에 있을 수는 없지 않은가? 일상과 직결되는 이 사소한 일을 하는 것은 인격과 전혀 관계없다. 이것에 소홀한 사람은 그들이 주장하는 큰일에도 성공할 수 없을 것이다. 오히려 지식수준이 높은 사람일수록 열등한 부분에 대한 상실감이 더 클 수도 있다고 한다.

맞벌이를 한다 해도 삶의 기본인 일상을 무시하면 때론 치유할 수 없을 만큼의 심한 스트레스가 된다. 왜냐하면 삶의 기본인 집안일은 선택 사항이 아니라 하루도 거르지 않고 마주쳐야 하는 삶의 본질이다. 결국 집안일은 이처럼 주체자에 따라 부담스러울 수도 있고 하찮을 수도 있다. 그것이 내 것이라는 생각이 없으면 그 부담에서 영원히 벗어나지 못한다. 이 역시 어려서부터 정복해 놓지 않으면 안 된다. 열등한 자의 표본인 공주 의식을 접어 버리고 적극적으로 뛰어들어 배우고 경험해라. 누군가 할 줄 알면 결국 그렇게 살면서 팔자만 세어진다는 소리에 현혹되지 마라.

누가 무어라 해도 감성 지수를 높여라. 지성은 이론이지만 감성은 경험이다. 하고 못 하고의 차이는 단순한 경험이다. 하지만 한 것은 100%의 가능성이고 하지 못한 것은 영원한 무지로 남는다. 못 한다는 것은 결국 누군가의 지시를 따라야 하며 누군가의 도움을 받아야 한다는 것이다. 결국 남에게 부채가 되며 그 누군가에게 매여 살 수밖에 없다. 그러다 인내심을 가지고 있던 주인이 도저히 참지 못하고 놔버리면, 그때는 결국 거지로 전락하고 만다. 물론 처음부터 공주였을 리도 없다. 그저 자연스럽게 공주의 탈을 쓴 거지의 본색이 드러나고 만 것이다.

나는 현재 우리나라에서 통용되고 있는, 아무것도 할 줄 모르면서 자기 편한 대로 사는 여자를 공주라고 표현하는 것은 적합하지 않다고 생각한다. 실제로 공주로 태어난 신분들은 그렇게 맹하게 굴면서 의타적으로 살지 않고, 자신을 드러내지 않는 극도로 절제된 힘든 삶을 살았다고 생각한다. 유럽 대륙에 걸쳐 있는 수많은 왕국을 가보면 그곳을 거쳐 갔던 황족들의 초상화들이 순서대로 걸려 있다. 금테를 두른 사진틀 속에 화려하게 치장한 여인들은 한결같이 프린세스라는 주석을 달고 있는데, 대부분 40을 넘기지 못하고 죽었다. 그래서 내가 궁금해 했더니 거의 피부병으로 죽었다는 것이다. 기후도 좋지 않고 물도 흔하지 않은 유럽에서 왕족이라는 신분 때문에 어려서부터 숨도 쉴 수 없을 만큼 허리를 조이는 옷을 겹겹이 입고 있으면, 어김없이 20대를 넘기면서 피부병으로 밤마다 시달리다 결국 운명을 달리한다는 것이었다. 아마도 왕족이 정한 원칙대로 살다 보니 자신이 원하는 삶을 결코 살 수 없었던 스트레스도 명을 단축하는 데 한몫 했을 것 같다는 생각도 들었다.

딸아, 진정한 공주의 길은 상상도 할 수 없을 만큼 험난하고 어려운 길일 것 같다. 상대는 전혀 모른 채 자기 속에 있는 것을 그대로 표현하고, 하기 싫은 일 하지 않고, 하고 싶은 것만 하는 것이 아니다. 나는 개인적으로 세상의 위대했던 여자를 말하라면 단 한 사람, 엘리자베스 1세라고 말한다. 오늘날의 영국이 되게 한 그녀는 실로 진정한 공주의 모습과 여왕의 모습을 살다 간 유일한 여성이었다고 말하고 싶다. 20세가 되면 반드시 그녀의 전기를 읽어 보아라.

직업을 가정 위에 두지 마라

나는 최근에 오래 전 미국으로 이민 가서 살고 있는 지인의 딸에 대한 이야기를 들었다. 어려서부터 아주 영특해서 부모의 기대를 한 몸에 받으며 자라 하버드 법대를 우수한 성적으로 졸업했다. 이후로 그녀는 명성 있는 법률 사무소에서 수억대의 연봉을 받는, 말 그대로 커리어 우먼으로 열심히 살다가 돌연 일을 그만두었다. 30대 초반인 그녀가 둘째 아이의 출산과 동시에 아이를 키우기 위해서라는 것이었다. 물론 같은 업종인 남편의 전폭적인 지지를 받으면서 말이다. 하지만 양가 부모는 물론 주변의 친지와 친구들은 결코 이해할 수 없다는 반응이며, 친정엄마는 아이들은 자신이 맡아 키워 준다며 적극 반대를 표명했단다. 하지만 딸은 현재의 우선순위가 아이들 키우는 것이라며 말을 듣지 않는단다. 친정엄마는 한창 일할 나이에 아이 때문에 그토록 힘들여 한 공부를 한 순간에 무너뜨리는 딸이 밉기까지 하단다.

나는 그녀를 본 적은 없다. 하지만 자신이 필요한 것을 당당히 선택하는 용기에 박수를 보내고 싶었다.

이제 거의 모든 여성들이 일을 해야 하는 시대가 되었다. 싫든 좋든, 능력이 있든 없든 사회 구조가 선진화되면 여성 단체가 그토록 목청을 돋우지 않아도 모두가 벌어야 한다. 미국이나 유럽에서는 벌지 않는 여자는 상상조차 할 수 없다. 하지만 그토록 사회 참여를 갈망하며 일을 창출했던 여자들이 이제는 다소 지친 목소리를 내고 있다. 그토록 하고 싶었던 일들이 생각만큼 그들을 만족시켜 주지 못하고 있는 것 같다.

언제나 혼돈의 시대이다. 사람들은 그 혼돈을 걷어내는 것이 시대적 사명이라고 생각하고 끊임없이 변화를 시도하며 새로운 안정을 꿈꾼다. 하지만 역사가 흘러가는 동안 결코 찾을 수 없을 것이다. 의미 요법의 창시자인 빅터 프랭클 박사는 '인간은 불안과 권태 사이를 시계추처럼 왔다 갔다 한다'고 했다. 그래서 그토록 강렬하게 여성들이 사회적 참여를 투쟁적으로 쟁취한 지금 한 쪽에서는 서서히 일을 놓고 싶어 하는 세력이 꿈틀대고 있다.

그러면서 여자에게 일은 더 이상 선택이 아니라 필수인 시대로 접어들었지만, 어느새 일은 성취감보다는 생존을 위협하는 자리로 옮겨 앉았다. 당연히 일에 대한 집착은 점점 강한 반면에 일에 대한 회의도 인다. 일에 굶주린 우리처럼 맹목적으로 일에만 매달리면서 선택받은 자부심을 느끼는 것도 한계에 도달했기 때문이다. 이른바 일이 전부가 아닌 과도기에 서 있는 이 시대에 일에 대한 가치관을 재정립할 필요가 있다고 생각한다.

딸아, 여자에게 일이란 삶의 한 부분일 뿐인데 마치 생의 전부인 것처럼 일 자체에 매달리는 경향이 있다. 그래서 평생직을 선호하고, 한 번 잡은 일은 강제로 빼앗기기 전에는 절대로 스스로 놓으려 하지 않는다. 더구나 여자라는 피해 의식이 지나치게 작용하는 경우도 있다. 그러나 빠르게 변화하는 시대를 살면서 한 가지 일만 고집하며 한 자리에 머물러 있지 말라고 하고 싶다. 그렇지 않으면 평생 일의 노예가 되어 살 것이다.

일은 삶의 한 부분이지 결코 전부가 아니다. 우리는 일을 고정화시키고 나를 변화시키려 하기 때문에 일에 집착하게 되는 것이다. 일은 항상 그 자리에 있을 뿐 바라보는 내 시각이 변한다는 것을 잊지 마라. 그러므로 생의 전, 후반에 걸쳐 변화하는 인생관에 따라 일을 객관화하라는 것이다. 항상 인생이라는 큰 틀에서 일을 바라보고 결정해라. 일은 언젠가 상실하지만, 삶은 끊임없이 변화하며 나아가지 않으면 안 된다.

우리는 종종 일하지 않는 것을 마치 엄청난 퇴보를 예견하는 듯 두려워하고 있다. 하지만 때론 자기가 해왔던 일을 손에서 놓고 밖에서 들여다보기도 해라. 어느 시점에서는 그 일이 결코 자기 것이 아니라고 생각될 때가 있다. 그러면 과감하게 포기하기도 해라. 다른 것을 집으려면 네 손 안에 있는 것을 버려야 한다는 것을 잊지 마라. 그리고 가끔은 일을 멈추고 쉬는 것도 절대 필요하다. 왜냐하면 일에 매달리는 동안 정신은 극도로 고갈되기 때문이다. 쉰다 함은 퇴보도 정체도 아닌 정신을 살찌우는 계기가 될 것이다.

앞의 예에서, 누가 보아도 성공적인 자신의 일을 포기하고 홀연히 아이들을 위해 전업주부로 있는 동안 아마도 그녀는 새로운 또 다른 것을 깨닫게 될 것이다. 어쩌면 그것으로 남은 삶을 좀 더 살찌울 수도 있으며, 언젠가 돌아와 자신의 역할을 새롭게 창출할 것이다.

2차 대전 이후 호황만을 누려 왔던 미국이 1980년대부터 드리워진 불황을 타개하기 위해 엄청난 구조 조정을 단행했다. 일이 급속도로 팽창하던 경제 부흥을 따라 자신들의 능력을 마냥 과시해 온 베이비 붐 세대들도 당연히 혹독한 시련을 겪을 수밖에 없었다. 그들도 마냥 영원할 줄 알았던 직위와 명예가 한순간에 잘려 나가는 고통을 겪으면서 자신의 일에 대한 집착을 버리는 것 같았다. 또한 일에 대한 개념이 상당히 유연해졌다는 것을 느낄 수 있었다. 자의든 타의든 일을 하지 않았던 기간은 그들이 생각했던 것보다 나쁘지 않았던 모양이다. 이후로 1990년대에 들어서면서 소위 미국 사회에서 잘나간다는 커리어우먼들이 속속 가정으로의 복귀 선언을 하는 것이었다. 1998년 펩시콜라 부사장으로 재직하고 있던 브렌도 바니는 돌연 사임했다. 이유는 그동안 자신의 사회 활동을 뒷받침해 주었던 가족들에게 자신이 봉사할 차례라는 것이었다.

『남자처럼 일하고 여자처럼 성공하라』는 책을 쓴 게일 에반스도 한때는 자신의 일을 접고 아이들을 키우며 살림만 하는 시절이 있었다. 그때 그저 평범한 아줌마로 아이들의 옷을 싸게 사려고 쇼핑몰을 헤집고 돌아다녔지만 행복했다고 했다. 하지만 그녀는 다시 업무에 복귀하면서 새로운 전기를 맞았다. 또 클린턴 정부에서 국방부 장관까지 했던 올브라이트는 40대까지 가정주부로 남편에게만 충성했었는데, 어느 날 갑자기 그 남편에게 배신당하면서 새로운 인생이 시작되었다.

현재 미국에서 이름을 날리는 50대의 많은 여성 지도층은 한때 자신의 일을 접었다가 다시 시작한 부류들이 많다. 대부분 30대까지 자신들의 일을 미친 듯이 하다가, 30대 후반부터 아이들 양육이나 가정 문제로 일을 놓았다가 다시 복귀하면서 그전보다 큰 성과를 거두는 것을 본다. 그들이 직위나 돈에 연연하지 않고 가족을 돌보는 동안 한시적으로는 능력이 사장되는 것 같은 불안감도 없지 않았지만, 결국 그 기간 동안 잃은 것보다 배운 것이 더 많다고 한다. 그때 싹 틔운 가족에 대한 진한 애정이 결국 인생의 후반에 자신감을 주는 것 같다고 했다. 어쨌거나 더 큰일을 도모하려면 한때 자신이 몸담아 왔던 곳을 떠나 밖에서 들여다보는 것도 후일을 기약하는 계기가 될 것이다.

　마지막으로 네가 좀 더 큰일을 하고 싶다면 숲을 보아야 한다. 하지만 숲속에서는 결코 숲을 볼 수 없다. 큰 숲을 보려면 반드시 밖으로 나와야 한다. 네가 만일 작은 것에 만족하고 살려면 그저 숲 안에 머물러 있으면서 욕심내지 말고, 만일 욕심낼 만한 수준이면 숲에서 나오는 것을 두려워하지 마라.

딸아, 이제 성에 대해 알았으니 순결을 지켜라

　이제 더 이상 성(性)은 은밀한 것이 아니다. 하지만 우리가 학창 시절인 불과 30년 전만 해도 그 단어만 떠올려도 얼굴을 붉히며 피해 갔다. 물론 호기심은 있었지만 알 수 있는 길은 전혀 없었다. 기껏해야 오빠나 삼촌들이 은밀하게 돌려보던 『플레이보이』지나 어쩌다 훔쳐보는 정도였을 뿐이다. 정말 그때는 아무것도 몰랐다. 그렇게 무지한 채, 아무런 대안도 없이 강압적으로 혹은 우연히, 아주 엉뚱하게 순결을 잃는 경우가 많았다.
　그러나 이제 성은 완전히 개방되어 있다. 굳이 인터넷 음란 사이트를 몰래 들어가지 않아도 성에 대한 화제는 어디든 수북이 쌓여 있다. 심지어 아름다운 아이들의 성을 주장하면서 사춘기 아이들에게서 이는 성충동을 공개적으로 인정해 주라는 분위기다. 얼마 전에 초등학생 아들을 둔 사촌 동생의 말을 듣고 놀라지 않을 수 없었다. 초등학교 6학년 남자

아이들이 집단으로 모여서 자위행위를 하고 휴지를 돌려쓰면서 너무 당당하게 구는데, 야단을 쳐야 하는지 모르겠다고? 화가 났지만 그런 것도 이해 못 하는 무식한 엄마가 될까봐 참았다고….

이제 50에 접어든 우리, 대부분 한창 발랄하고 젊었던, 하지만 돌이켜보면 숙맥처럼 굴었던 20대를 떠올리며 한 마디씩 한다. "그 뭐 대단한 것이라고 기를 쓰고 지켰나 몰라. 이제라도 20대로 돌아가면 그 감정 그대로 표현하면서 멋지게 살아 보겠어. 나는 우리 딸에게 강요하고 싶지 않아. 이제 세상이 바뀌었어. 이런 세상에 순결을 고집하는 것은 촌스럽지. 그것도 한창 예민할 때 충분히 표현하며 사는 것도 나쁘지 않아."

또 남자는 지키지 않으면서 여자만 지키라는 것은 남녀평등에 위배된다고들 한다. 또 일부 정신분석학자들은 성욕은 자연적인 욕구이므로 여성의 육체적, 정신적 평형을 이루는 데 반드시 필요하다고 한다. 이제는 그 어느 곳에도, 어떤 문헌에도 여성이 순결을 지키라고 말하는 곳은 없다. 성교육도 피임에 대한 것부터 가르친다. 이미 순결을 지키지 않는 것을 전재로 하는 것이다.

정말 세상은 어느 것 하나 통일된 소리가 나오지 않으면서 사람들은 병들어 간다. 어차피 우리야 격동의 세월을 거치면서 단 한 가지, 가난을 탈피해야 한다는 역사적 사명으로 모든 것을 잊고 살았지만, 살아야 할 날이 많은 자식들에게 어느 것 하나 제대로 된 지침을 내려 주지 못한다. 이런 혼돈 속에서 딸을 키우며 참으로 많은 고민을 했었다. 특히 순결에 대한 정의를 어떻게 내려 주어야 할지 몰랐다.

스위스 정신 의학자 폴 트루니에에 의하면 육체적인 순결을 지키려는 사람들 가운데 육체적, 정신적 고통을 겪는 사람이 많은 것도 사실이라고 한다. 그러나 그는 그 고통이 순결을 지키는 것에서 오는 것이 아니라 이미 그들에게 세뇌된, 즉 순결을 지키는 것이 해롭거나 시대에 뒤떨어진다는 생각 때문이라고 한다. 즉 참된 순결과 부도덕의 중간에서 엉거주춤하는 데서 비롯되는 것이라고 한다. 인간은 스스로 성적 본능이 저지르는 저속한 방종을 허락하지 않지만, 우리 시대의 일반적인 사고방식에 이끌리고 있으므로 계속 자신을 유혹에 반쯤 노출시킨 채, 모순된 욕망 사이에서 내면적인 갈등에 빠지게 된다고 한다. 그는 또한 현대 여성에게 성의 신비를 너무 일찍 과장하여 가르쳐서 생기는 도덕적, 정신적 파괴가 더 크다고 한다. 성에 대한 지나친 지식은 과거에 그 지식이 부족했던 것만큼 위험하다고도 한다.

정말 그렇다. 성에 대한 과도한 지식, 나는 잘못된 지식이라고 표현하고 싶다. 성이 상품화 되면서 과장되게 표현되는 이 시대가 미처 준비되지 않은 청소년들을 혼돈 속에 빠뜨리고 있다. 폴 트루니에는 또 다음과 같이 말한다. "남자는 공격적인 사랑, 여자는 수동적인 사랑을 하고 싶어 하는 것이 자연적인 이치로서 누구도 바꿀 수 없다. 즉 여성의 마음속에는 갈망할수록 거절하려는 충동과 역으로 거절하는데도 불구하고 정복당하기를 기다리는 이율배반적인 면이 있다. 그래서 남성에게 부정적인 대답을 하지만, 일반적으로 이러한 여성의 거절은 남성의 욕망을 불러일으킨다."

나는 여성은 지극히 수동적인 사랑을 원한다는 것에 동의한다. 이 시대에 유행처럼 번지는 여성의 공격적인 사랑 방식은 그저 철모르는 자들의 허세일 뿐이다. 이는 성을 즐긴다는 인식으로 그 행위에만 모든 초점을 맞추고 있기 때문이다. 하지만 이렇듯 행위 위주의 성은 한계가 있어 점점 더 쾌락 쪽으로 치닫게 하고 결국은 섹스 중독에 빠져들게 한다. 정상적인 것에 만족하지 못한 채 정신과 육체가 병들고 마는 것이다. 흔히들 표현하는 섹스를 우리말로는 성행위라고 한다. 하지만 영어에서는 메이크 러브(make love)라고 한다. 표현 그대로 추상적인 개념으로 사랑을 만드는 것이다.

나는 여자이기에 남자의 성에 대해 분명하게 말할 수 없지만 남자의 성 또한 단순하지 않다는 것이다. 사실 남자의 성에는 기교가 중요하지 않다. 남자는 하고 싶은 때만 충족되면 될 뿐 기교는 여자가 만들어 내는 것이다. 그래서 여자가 성을 타락시키는 존재이기도 하다. 이제 여염집 여자도 포르노 배우 같은 성행위에 도전한다. 미장원이나 은행 등에 켜켜이 쌓여 있는 여성지를 보면 여성들이 과감하고 기괴한 자신들의 성생활을 영웅담처럼 당당하게 늘어놓는다. 마치 포르노 배우를 흉내 내는 것이 마치 능력 있는 여자처럼 남자에게 성적 매력을 이끈다고 생각하지만 그것처럼 어리석은 짓이 없다.

드러나는 행위만으로 남자는 성의 노예라고 하지만 심리 상태는 또 복잡하다. 오히려 여자들은 성에 대한 주제로 거리낌 없이 말하지만, 남자들은 쉽게 속내를 털어놓지 않는다. 남자들은 포르노를 즐기면서 여인의 순수를 갈망하는 이중 인격체다. 포르노를 보지만 자신은 그러고 싶지 않다는 것이 최근 설문조사에서도 밝혀진 바 있다. 남자 자신은 음욕의 구덩이에서 뒹굴면서 자기 아내만큼은 순애보를 지키기 원하는 이율배반적인 존재다. 누가 뭐라고 해도 성의 주체는 남자이기에 이 시대의 여자들이 그렇게 억지를 부리면서 혼란을 가중시키고 있다.

여자에게 섹스란 남자와 절대 다르게 필요에 따라 움직인다. 돈과 쾌락을 위해 몸을 팔기도 하지만 첫날밤만 치르고도 자신의 정조를 죽는 그날까지 지키며 갈 수 있는 존재이기도 하다. 사실 모든 남자들의 정욕은 절대 이성을 뛰어넘는다. 그것은 지능이나 환경이나 교육에 그다지 영향을 받지 않는 남성 본능이다. 세상의 역사는 그래서 진화하는 것이기도 하다. 이렇듯 발정기에 있는 짐승과 크게 다를 것이 없는 정욕에 휘둘리는 남자는 절제된 여인의 정조에 깊은 열등감을 가지고 있다. 그래서 그것에 대한 정복욕이 있는 만큼 존경심도 함께 있는 것 같다. 이것은 옳고 그름의 문제가 아니다. 인간은 본능에 충실할 때 행복할 수 있다.

딸아, 이제 나는 너에게 단호하게 말한다. 반드시 순결은 지켜야 한다고. 순결은 하나의 상징이지 여성의 권익과는 하등 관련이 없는 것이다. 또한 시대에 따라 변하는 이념이 아니라 스스로에 대한 자기 원칙일 뿐이다. 여성의 공격적인 행위가 오히려 남자들의 성의 도구로 전락하는 경우가 많다. 그것은 단 한 번이라는 소중한 자기의 가치이다. 반드시 결혼까지 끌고 가면서 지켜라.

미국도 청소년의 성교육 논쟁으로 항상 시끄럽다. 콘돔을 사용하고 안전한 성교육을 주장하자는 견해에 대해 헤리티지 재단의 로버트 렉터, 커크 존슨 연구원은 금욕 교육을 주장했다. 그들은 18세 이전에 성경험을 한 학생의 대학 진학률이 22.6%인 반면, 성경험을 하지 않은 학생들의 진학률은 42.5%로 두 배 가까이 높다고 밝혔다. 이 연구는 17개 미 연방기관이 미국의 중고교생 14000명을 대상으로 조사한 건강 관련 데이터를 재분석한 것이다. 그 중에서 가장 눈에 띄는 것 중 하나로 성경험이 없는 학생들이 그렇지 않은 학생에 비해 평생 훨씬 부자로 살게 된다는 전망도 내놨다. 고교 중퇴자, 고졸, 대졸 성인이 각각 평생 벌어들인 평균 수입이 85만, 115만, 203만 달러라는 미 이민국 조사 자료를 토대로, 순결을 지킨 학생이 그렇지 않은 학생에 비해 일생 동안 평균 16%(약 37만 달러) 더 많은 소득을 올리게 된다는 것이다. 보고서는 오늘날 10대 숫처녀, 숫총각이 괴짜나 부적응자로 취급되기 일쑤라며, 순결을 지닌 10대가 학업이나 금전적으로 더 성공적인 인생의 승자가 될 것이라는 점을 청소년들에게 가르쳐야 한다고 지적했다.

그에 더하여 2002년 하버드에 다니는 여학생 중 40%가 순결을 지키겠다고 대답했다는 것은 시사하는 의미가 크다.

2002년 통계자료에 따르면 우리나라 이혼율이 미국과 영국 다음으로 3위를 달린다고 한다. 누군가 결혼은 신이 인간에게 준 가장 큰 축복이며, 이혼을 하면 악마가 3대를 망쳐 버린다고 했다. 자신의 비극으로 끝나는 것이 아니라 선대는 물론 후대에까지 저주가 이어진다는 것이다. 그런 이혼이 이처럼 비정상적으로 급증하는 것도 바로 성에 대한 부적절한 지식이 한몫 하고 있다고 생각한다. 결혼은 사랑 이전에 믿음이다. 서로에 대한 깊은 신뢰만이 개성과 성장 과정이 다른 두 사람을 하나로 엮는다. 여기서 남자는 안 지키면서 여자에게 강요하는 것은 부당하다는, 역사 이래로 내려온 논리는 더 이상 펴지 마라. 여성들의 그 끈질긴 주장으로 절대적인 여성의 순결이 지금은 선택 사항이 되었다. 그래서 여자의 역할이 더 중요해졌다. 신체 구조적으로 여성의 순결보다 남성의 동정을 지키기가 너무나 어렵다. 여성의 성은 스스로 자발적이지 않고 자극에 따라 발전하며, 남성의 성은 자발적이며 자기중심적이다. 그래서 남성들이 순수를 갈망하면서도 자신들의 필요에 따라 편리하게 여성의 성을 도용하는 그 이중성에 희생되지 마라.

그래서 나는 그 말이 좋다. 예전에 우리의 엄마들은 아무런 이유도 설명하지 않고 우리들에게 무작정 윽박질렀다. "몸뚱어리 아무렇게나 굴리지 마라. 여자는 몸이 재산이야. 그것을 잃으면 평생 죽어지내야 해. 그러니 사내란 아버지 빼고는 믿을 놈 하나도 없다고 생각하고 행동거지 조심해. 그렇지 않으면 이 에미 혀 깨물고 죽는다."

아버지의 권위에 도전하지 마라

딸이 중학교 2학년 무렵이었다. 대부분의 여자아이들이 그렇듯이 한창 사춘기를 겪을 나이였다. 당시 그 또래에게 선풍적인 유행을 일으킨 것이 힙합 바지였다. 엉덩이에 절반쯤 걸치고 바지통은 넓어서 사람 하나가 통째로 들어가도 남음 직하니, 바지 자체도 주체할 수 없어 바닥에 질질 끌리는 것이 누가 봐도 인상을 찌푸리게 하는 단정치 못한 복장이었다. 그런데도 그 바지를 입지 못하면 왕따를 당하는지 또래들처럼 못 입어 안달을 떨었다. 결국 딸도 이 눈치 저 눈치 보다가 입으면 안 되느냐고 물었다. 사실 그것이 그들 사이에서는 대세라는데 어쩌겠는가. 하지만 나는 절대 아버지 앞에서 입지 말 것이며, 집안 어른들 앞에서도 입지 말라고 약속을 받고 허락했다.

그러면서 딸은 그게 나쁜 짓도 아닌데 꼭 그럴 필요가 있느냐고 반문했다. 당연하다. 나쁜 짓이 아닌데 그것으로 집안에 분란을 일으킬 필요가 없기 때문이었다. 자신들 간에 유행이면 그 안에서 하고, 반대하는 부모 앞에서는 피하는 것이 나쁜 걸까? 어쩔 수 없는 것은 할 수 없다지만 피할 수 있는 것은 피해 주는 것이 부모에 대한 최소한의 도리이다. 그런데도 굳이 공개적으로 인정받겠다는 욕심은 거두어라. 시간이 지나면 그것도 아주 별것이 아니라는 것을 알게 될 날이 있다.

친구에게 딸이 둘 있다. 성형외과 의사였던 남편은 두 딸을 너무나 사랑해서 원하는 것은 무엇이든 해주었다고 한다. 정말 두 딸들은 인형처럼 화려하게 키워졌다. 마치 작은 모델처럼 세상의 좋은 명품은 다 걸치고 커온 딸들이 사춘기에 접어들면서 남편의 눈에 나기 시작했단다. 발단은 중학교 다니는 딸이 귀를 뚫고 귀고리를 하면서 시작되었다. 나름대로 신세대라고 주장하던 남편은 주렁주렁 매단 귀고리를 착용한 딸을 보고 말했단다. "학생년이 공부나 할 일이지 그 꼴이 뭐야!" 그랬더니 딸은 이번에 위로 둘을 더 뚫고 나타나더라는 것이다. 생전 아이들에게 심하게 하지 않던 남편은 이후로 사사건건 참견을 하며 딸에게 욕설은 물론 때리기까지 했다고 한다.

친구는 남편을 이해할 수 없다고 했다. 요즈음 세상에 그까짓 눈에 나는 귀고리를 했기로서니 자기 새끼를 마치 부모 죽인 원수처럼 대하다니. 결국 딸은 남편과 점점 맞서면서 나중에는 코에, 그것도 성에 차지 않는지 혀에도 피어싱을 하더라는 것이다. 이제 남편은 딸이 보기 싫다며 아예 집에 들어오지 않는단다. 친구도 둘의 갈등으로 병이 나고 말았다.

사실 별 일도 아니다. 한창 유행에 따라 살고 싶은 나이다. 우리도 그랬다. 학창 시절에 미니스커트가 유행이었다. 아버지는 눈을 부라리며, 그러고 나다니면 다리몽둥이를 부러뜨릴 거라고 했다. 그리고 엄마에게도 같은 압박을 가한다. 계집애 교육 잘 시키라고, 아니면 둘 다 가만두지 않을 거라고. 물론 오늘날과 마찬가지로 아버지 말을 들을 딸도 아니었다. 대부분 집에서 나올 때 치마를 들고 나와 집 앞 구멍가게 아줌마에게 부탁을 하고 갈아입거나 학교 화장실에서 갈아입고 돌아다녔다. 지금 생각해 보면 그게 무슨 대단한 일이라고 그랬는지 웃음이 절로 나온다.

어쨌든 딸이 사춘기에 접어들면서 별로 말이 없던 남편도 사사건건 딸의 행동에 불만을 표시했다. 다행히 직접 말을 않고 나에게만 하니 둘이 부딪히는 일은 피해 갈 수 있었다. 자식들이 사춘기에 접어들면서 친구들도 한결같이 남편 때문에 죽겠다고 하소연한. 세상 물정도 모르면서 애들한테 잔소리를 하는데 요즈음 애들이 들어 먹느냐는 것이다.

그러면서 아들은 속에 무슨 생각을 하는지 물어봐도 대답을 하지 않아 가슴이 터질 것 같고, 딸들은 자기주장이 너무 강해서 온 집안을 쑥대밭으로 만든단다. 엄마들은 아들보고 말 좀 하라고 닦달하면 아버지는 놔두라고 소리치고, 아버지가 딸들의 행동에 사사건건 잔소리를 하면 엄마는 그냥 두라고 딸 편을 든다.

딸들아, 아버지는 처자식 먹여 살리느라 고달픈 나이다. 어쩌다 집에 있으면서 얼굴 마주칠 시간도 별로 없다. 나쁜 짓도 아니라면 그저 고리타분하게 반대하는 아버지 눈을 피해 가며 자신이 하고 싶은 것 살짝살짝 하는 현명함은 없는 걸까? 그렇게 모든 것을 당당하게 인정받겠다고 하면서 자신에게 생명을 준 아버지를 그토록 몰아세워서 얻는 게 무엇이냐?

부모 그늘 밑에 있을 때 웬만하면 부모에게 양보해라. 세상에 누가 너에게 한 끼의 밥인들 공짜로 줄 것이며, 누가 너 아플 때 가슴 아파하겠으며, 누가 너의 진정한 행복을 원하겠니? 아버지는 네가 설득해서 바뀌는 주체가 아니다. 아무리 시대가 바뀌어도 아버지는 그저 아버지다. 그래서 나는 두 가지 이유에서 아버지를 이해하라고 하고 싶다.

첫째, 아버지는 남자다. 그는 죽었다 깨어나도 사춘기 여학생의 마음을 이해하지 못한다. 그것은 엄마가 사춘기에 접어든 아들을 이해 못 하는 것과 같은 이치이다. 유아기에 아버지는 딸을 예뻐하고, 엄마는 아들을 더 예뻐하는 경우가 많다. 그것도 반대 성에 대한 호기심일 거라는 생각이다. 나 역시 꼬마 남자아이들이 더 예쁘다. 이유는 하는 짓마다 전혀 내가 생각지 못하는 엉뚱한 짓을 해서 예쁘다. 하지만 여자아이들은 옛날에 내가 했던 짓을 하기 때문에, 자기들 딴에는 예쁜 짓 한다고는 하나 잔머리라는 것을 알기에 얄밉다. 그러나 아이들이 서서히 자라 사춘기에 접어들면서 부모들은 바뀐다. 엄마는 딸을 이해하고, 아버지는 아들을 이해한다. 그들이 갖고 있는 문제가 곧 자신들의 문제였기에 구체적인 해결책도 제시하고 한때의 바람처럼 지나갈 거라는 여유도 있다. 그래서 엄마는 딸 편을 들고 아버지는 아들 편을 들게 된다.

결국 모든 것을 귀엽게만 봐주던 아버지는 딸이 성인에 가깝게 자라면서 이성으로 보는 것이다. 자신이 어떤 삶을 살았든 딸만큼은 자신이 원하는 이상형으로 자라 주기를 바라는 것이다. 대부분 이 땅의 아버지는 아직도 시대가 변해 자유분방한 것은 남의 딸 이야기지 자기 딸은 그래서는 안 된다는 보수적인 편견에 사로잡혀 있단다. 설사 그렇다 한들 그것이 너희들의 인생을 망칠 만큼 괴롭고 힘든 구속이냐?

둘째, 가정 내의 아버지의 권위를 인정해라. 권위란 상대적인 것으로서 누군가에 의해 받아들여지지 않으면 성립할 수 없다. 즉 지시를 내리면 그것을 수용하는 존재가 반드시 있어야 한다는 것이다. 그래서 권위란 저절로 생기는 것이 아니라 만들어지는 것이라고 생각한다.

우리 세대의 엄마들은 아버지에게 절대 복종하며 살았다. 독선적인 것은 물론 무능한 아버지의 권위도 지켜 주었다. 그렇게 맹목적으로 아버지를 떠받들며 살았던 어머니를 보며 우린 절대로 그렇게 살지 않겠다고 했다. 그 결과 가정 내의 모든 구성원은 평등해진 것 같다. 민주 가정답게 스스럼없이 자기의 권리를 주장하는 행복한 가정을 이룬 것이다. 하지만 그렇게 자란 지금 너희들은 머리를 어디에 두어야 할지 모르고 방황하고 있다. 부성을 상실한 것이다.

나는 지금 곰곰이 생각해 본다. 그 옛날 우리 어머니들이 무능하고 무기력해서 아버지에게 매여 살았을까? 그렇지 않다는 것을 요즈음 깨달았다. 어머니는 융통성 없는 아버지를 넓은 쟁반처럼 넉넉하게 받치면서 권위적인 존재로 만들었던 것이다. 그러다가 방황하는 우리에게 아버지의 상징적인 절대 권위를 무기처럼 들이대어 그때를 넘기게 해서 우리를 이 자리까지 오게 한 것 같다. 때론 나도 스스로를 어쩌지 못할 때 강압적인 절대 힘 앞에 못 이기는 체하며 굴복했다. 결국 아버지라는 존재는 엄마에 의해서 만들어진 허구일 뿐이다. 엄마가 아버지를 따라야 자식도 아버지를 따른다. 엄마가 만들어 주지 않은 아버지의 권위는 절대 존재하지 않는다.

　가정엔 반드시 중심축이 있어야 한다. 나는 그것이 엄마에 의해 만들어진 아버지라고 말하고 싶다. 누군가 자격을 논할지도 모른다. 하지만 나는 지금 이 시대 이 땅의 아버지는 자격이 있다. 그 어떤 시대의 아버지보다도 자식을 사랑하고 배려하며 이해하려 애쓴다는 것을 부인하지 마라. 인터넷 좀 더 잘하고 자판 좀 더 빠르게 두드린다고 세상 먼저 산 부모보다 결코 우월하지 않다. 그러니 주제넘게 주장만 일삼지 말고 아버지에게 짐을 지우고 그저 편안하게 가라. 그게 부모 자식 간에 도리다. 자식의 짐을 대신 지고 싶어 하는 부성은 바로 자식들이 만들어 주어야 한다. 그러면 언젠가 너도 부모 되고, 그때 그 아버지를 이해할 수 있을 것이다.

　신학대학을 나와 전도사로 있는 친구가 있다. 어린 나이부터 부모님이 싸우는 것을 지긋지긋하게 보고 자랐단다. 아버지는 술만 먹으면 집안 식구를 불안에 떨게 하며 술주정을 했다. 기물을 집어던지는 것은 다반사고 엄마를 때리기까지 했단다. 엄마는 눈탱이 밤탱이가 되어 '저 웬수, 그래 내가 참지', 그러면서 그녀를 포함해 동생들을 바라보며 '너희들 때문에 참고 산다' 며 눈물을 뚝뚝 흘렸단다. 그럴 때마다 엄마가 너무 불쌍하고 아버지는 점점 미워지면서 절대 시집은 가지 않을 거라고 마음먹었단다.

　그런 그녀가 고등학교를 졸업할 때까지도 아버지의 주정은 크게 개선

되지 않았다. 조금의 변화라면 자식들이 머리가 크니까 특히 큰딸인 그녀의 눈치를 보는 것 같았단다. 당연히 그녀도 아버지에게 대들 만큼 힘도 생겼지만 엄마는 여전히 아버지 앞에서 고양이 앞의 쥐처럼 굴더란다. 어느 날 방에서 공부를 하고 있는데 아버지의 주정 소리가 들려오더란다. 그 날은 도저히 참을 수가 없어 안방 문을 걷어차고 들어가 아버지를 향해 그만하라고 소리소리 지르는데, 갑자기 구석에 쪼그리고 앉아 있던 엄마가 그녀를 향해 맹수처럼 달려들더란다. "네가 뭔데 아버지에게 큰 소리를 지르느냐"며 오히려 자신을 때리더란다. 정말 그때처럼 엄마에게 배신감을 심하게 느낀 적이 없었단다. 다시는 두 사람 관계에 끼어들지 않겠다고 다짐했단다.

최근에 그 아버지가 돌아가셨다고 해서 문상을 갔다. 80살까지 사시고 큰 어려움이 없이 돌아가셨다. 친구는 독신이라 부모님과 함께 살고 있으니 마치 장남 같은 역할을 하고 있었다. 빈소에는 80살이 다 된 그녀의 어머니도 앉아서 슬피 울고 계셨다. 문상을 마치고 빈소를 나서는 나를 친구가 따라 나오며 입을 삐죽거린다.

"우리 엄마 좀 봐라. 웬수, 웬수, 평생 웬수라면서 막상 돌아가시니까 계속 나 혼자 어떻게 살라느냐며 울고 계셔. 세상에 딸은 50살이 넘도록 시집도 못 가고 혼자 사는데 내 앞에서 꼭 그러고 우셔야겠니? 하여간 배신 여러 번 때린다니까."

일하는 여성,
더 이상 여성의 꿈이 아니다

 20세기는 급격한 물질문명의 발달과 함께 개인의 행복 추구를 위한 삶의 장이었다. 그래서 세기 이래로 인간을 구속하고 억압해 온 모든 제도나 사상, 성의 불평등, 심지어는 가족 관계까지도 분해하며 철저하게 자신만의 행복을 추구해 왔다. 그러다 보니 나를 제외한 모든 것은 경쟁 상대이거나 혹은 적대 관계이다. 그래서 공격적이거나 진취적인 자만이 승자처럼 부각되었다. 더 이상 겸손은 미덕이 아니고 양보란 있을 수 없으며, 어디에 있든 자기의 권리를 주장하며 자신을 드러내야 살아남는다고 생각한다.
 그 중에서도 여성의 지위 향상은 그 어떤 것보다 빨라 불과 반세기 만에 거의 모든 것을 다 이룰 수 있었다. 이제 더 이상 여성이라고 못 하는 것은 있을 수 없다. 여성 해방을 부르짖은 선구자들의 강렬한 부르짖음에 이어 2차 대전 이후로 여성들은 가슴에 품어 왔던 막강한 야심을 숨 가쁘게 실행에 옮겨 왔다. 미국을 위시한 선진 국가들은 2차 대전 후로 급격한 산업사회의 발전과 더불어 엄청난 속도로 창출된 일자리가 그 시대 여성들의 사회 진출을 가속화하는 데 적극 기여했을 것이다. 그래서 한 나라를 이끄는 지도자에서부터 세계적인 대기업의 CEO, 심지어 남성 중심의 국방부 장관까지.
 이처럼 선진국 여성들이 이미 남성과 대등한 위치에 있다는 것은 의심할 여지가 없다. 이제 우리도 그들보다 20여 년 가량 늦은 변화의 1980~1990년대를 거쳐서 21세기에 들어선 지금은 이 사회 속에서의 여성 지위 향상은 눈부실 만큼 빠르게 발전해 왔다. 물론 대다수 페미니스트들은 아직도 멀었다고 할지 모른다.

어쨌든 공히 남녀평등의 시대가 도래한 것이다. 그러나 역사 이래로 남성 중심의 사회 속에서 핍박만 받아 왔다는 피해 의식에 사로잡혀 있던 여성들은 이제 절대 권력에 도전하고 있다. 그래서 남성 중심 사회에서 부여받았던 여성의 것이라는 것을 전면 부정하면서 남성화되기를 원한다. 이제 사회는 음양의 조화를 강조하기보다는 모두 자기의 이름을 걸고 수단과 방법을 가리지 않고 양지에 전면 배치되기를 원한다. 누구 때문에 자기 이름이 가려지는 일은 결코 용서할 수 없다는 것이다.

하지만 21세기는 분명 편향된 자기 자리를 고집하는 시대가 아니다. 이제 여자와 남자라는 세력 다툼을 하기보다는 선택과 타협을 통한 조정으로 자신의 자리와 역할을 결정해야 한다고 생각한다. 미래학자들에 의하면 2030년이 되면 인구의 30%만 일할 수밖에 없다고 한다. 누구든 원하면 일할 수 있는 사회가 아니라 일을 할 필요가 없는 사람은 과감하게 자리를 내주어야 한다는 현실이다. 그러나 그런 선택은 바로 기득권자가 해야 한다고 생각한다. 왜냐하면 평등의 사회이기 때문이다. 이는 무지한 다수를 이끄는 극소수의 엘리트 계층의 선구자가 있던 20세기는 가고, 모두가 배우고 어느 자리에든 아무나 할 수 있도록 사회가 시스템화되었기 때문이다. 그러므로 내가 더 많이 배웠으므로 더 잘할 수 있다는 생각에서 벗어나야 한다. 즉 나라는 독립적인 개체보다는 나를 둘러싼 환경에서부터 선택은 시작된다.

딸아, 어쩌면 네가 꿈꾸는 능력 있는 부부가 각자의 커리어를 쌓으며 살아가던 시대는 서서히 막을 내리고 있다. 한 자리를 놓고 부부가 혹은 부모 자식 간에 싸워야 하는 냉혹한 시대에 접어들고 있는 이때 너는 과연 어떤 선택을 하겠느냐?

　베이비 붐 시대에 태어나 시류에 편승하면서 능력 위주의 자리다툼과 자신의 커리어를 위해 한 치의 양보도 없이 부와 명성을 쌓으며 한 세대를 살아온 미국 여성들. 그들은 최근 들어 자신들의 목을 조이는 사회적 직위를 털어 버리고, 자신들이 그토록 끔찍하게 증오했던, 이름도 흔적도 없이 가족을 위해 몸종처럼 살았던 그들의 어머니의 삶을 그리워한다는 이야기가 들려온다. 실제로 2001년도 『코스모폴리탄』 잡지에서 고학력의 여성 3000명을 대상으로 벌인 앙케트에서도 68%의 여성이 일에서 벗어나 한 가족에 매이고 싶다고 말했던 것과 무관하지 않다. 최근 들어 미국은 고학력의 여성일수록 집에 들어앉아 잘나가는 남편의 이름을 드러내며 어떻게 하면 우아하고 행복하게 놀 것인가를 궁리한단다. 마치 그것이 상류사회의 특권인 것처럼.

　그러나 나는 이것을 다른 각도로 해석하고 싶다. 만일 네가 복이 있어 좋은 부모 만나 많이 배우고 능력 있는 남편 만났으면, 타고난 네 능력 다소 아깝더라도 네가 가진 사회적 지위를 더 절실하고 필요한 사람을 위해 과감하게 양보해라. 이것이 과연 적합한 비유가 될지는 모르겠지만 나는 두 여인의 모습을 예로 들고 싶다.

　한 여인은 모든 여성들이 부러워하는 방송계에 있으면서 미모와 재능을 한껏 과시하는 것도 모자라, 모두가 부러워하는 재력 있는 남편을 만나 또다시 많은 여인들로부터 부러움을 샀던 것을 기억한다. 누가 봐도 성공적인 삶을 살고 있는 복 많은 여인이다. 그런데도 그 여인은 자신의 능력을 보여주겠다고 하던 일을 확장해 나가는 것이 내게는 그다지 아름다워 보이지 않았다. 또 한 여인은 미인대회에서 수상할 만큼 아름다우면서 의과대학을 졸업한 여인이다. 이 여인이 세간의 주목을 받은 것은 잘

생기고 유명한 영화배우와 결혼했기 때문이다. 아주 가끔 그녀는 평범한 모습으로 아이를 키우는 아줌마 모습으로 여성들이 많이 보는 아침 프로에 나타났다. 비록 남편이 그녀의 전공을 살리기를 원했지만, 자신의 행복은 가정 중심의 결혼 생활이라며 활짝 웃는 모습이 언제 보아도 아름다웠다. 아마도 빌 게이츠 부인이 남편의 명성을 빌어 자신도 더 큰돈을 벌겠다고 나섰다면 자신은 물론 남편까지도 추해질 수 있을 것이다.

그만큼 세상이 변했다. 네가 아니더라도 그 일을 할 사람은 너무 많다. 하지만 분명 그 사람이어야 하는 자리는 있다. 나는 그것이 1% 내외일 거라는 생각이다. 너는 어디에 속한 자냐? 만일 네가 그 1%에 속한다면, 너 자신으로 인해 더 많은 사람이 혜택을 누릴 수 있다면 과감하게 그 길로 가라. 그러나 네가 만일 그 1%에 들지 못한다면 양보해라. 더 절실한 사람에게 그 자리를 양보하고, 너는 한 개인의 삶을 중시하며 가정을 지켜라. 모든 여자들이 자신의 이름을 걸고 살아야만 진정 성공한 것이 아니며, 남자와 동일한 선상에 서 있다고 여자로서의 자존심을 지키는 것은 아닐 것이다.

이제 흑백 논리로, 좌우의 힘겨루기로 자신의 이름을 고집하지 말고 능동적으로 대처해라. 하나의 꽃을 피우기 위해 줄기만 있었다고 생각지 마라. 물론 꽃이 될 것이냐 거름이 되는 땅으로 남을 것이냐는 이제 너의 선택이다. 꽃은 한 순간에 화려하게 피고 순간에 사라지지만, 기름진 땅은 오랜 세월에 걸쳐 많은 꽃을 피워 낸다는 것도 잊지 마라.

딸아, 결혼은 막장 드라마가 아니다

최근에 막장 드라마가 열풍을 일으키고 있다. 한결같이 비정상적이고 인간의 상식을 벗어난 추악한 모습을 당당하게 표현하는 것을 보고 자식 키우는 부모의 입장에서 참으로 걱정스럽다. 아마 그런 글을 써내려가는 작가들은 결혼도 하지 않았고 아이도 낳아 보지 않은 여인들의 상상력일 것이다. 아이 낳아 키운다면 차마 그런 글을 써내려갈 수가 없다. 물론 그런 것을 보는 시청자에게도, 그것을 연기하는 연기자에게도 책임을 묻고 싶다. 세상을 알고 지각이 있다면 그런 그들을 꾸짖고 거부해야 마땅하지만, 욕하면서 보는 시청자도, 마치 그것이 무슨 명작이라도 되는 양 돈 몇 푼에 팔려나가 춤추는 연기자들도 보기에 딱할 뿐이다.

앞서도 말을 했지만 능력 있고 가진 것이 많은 자가 모범을 보이면 그 자체로 가장 아름다운 드라마가 되는 것이다. 그 면에서 나는 강주은 씨의 모습이 참으로 아름답다. 의과대학을 졸업하고 미녀대회 출신인 그녀가 다른 연예인들보다 특출 나게 광대 기가 강한 최민수 씨와 결혼을 했으니 세간의 관심은 클 수밖에 없었다. 결혼 초기에 그들은 아주 행복한 모습을 보이면서 아침 방송에 출연하여 평범하지 않은 결혼 과정도 들려주었다. 그때 한 아나운서가 그녀에게 의학 공부를 계속해야 하는 것 아니냐고 물었다. 최민수 씨도 아내의 공부를 적극 지지했다. 그의 성품으로 보아서 아내의 전문직을 살려 주는 것에 전혀 주저하지 않을 사람인 것은 분명했다. 하지만 그녀는 공부에 큰 미련이 없다고 했다.

결혼 후에도 최민수 씨의 기행은 한 가정을 이끄는 가장의 모습이라고 보기 어려운 것이 너무 많았다. 그래서 간혹 그들의 소문이 흘러 나왔다.

구타설도 있고 때로는 별거설도 있었다. 그때마다 그녀는 크게 저항하지 않았다. 최근에는 감당하기 어려운 사건에 휘말리며 산 속에 은둔하는 최민수 씨를 바라보며 그의 아내는 어떤 생각으로 살아갈까 궁금했었다. 그런데 최근에 한 여성지에 나온 그녀의 인터뷰 기사를 읽었다.

그녀는 남편에 대해 묻는 말에 이렇게 대답했다. "제 남편은…, 그는 200년 전에 태어났어야 하는 사람이에요. 왜냐하면 타고 난 워리어(Warrior, 전사)예요. 굉장히 강하고 남자다운, 의리에 젖어 있는 완벽한 워리어죠. 저는 글래디에이터를 데리고 산다고 생각해요. 반면 저는 지극히 이 시대 사람이죠. 하지만 남편은 나도 몰랐던 나를 꽉 채워주고 감싸주는 진정한 남자고, 저는 그 진정한 남자를 붙잡을 수 있는 힘이 있는 여자라는 생각이 들어요. 우리는 서로 세계가 다른데도 뭔가 코드가 확실히 맞아요."

그녀는 결혼에 대해 이렇게 말했다.

"결혼 후 1년간 엄청 싸웠어요. 40년 싸울 양을 다 해치운 거 같아요. 그때는 매일 헤어지는 생각을 했어요. 떠나야겠다, 떠나야겠다…. 결혼할 당시에 매스컴의 압박도 컸고, 결혼은 저 혼자만의 일이 아니라 가정도 있고, 부모님도 있고…. 이게 깨지면 한 사람이라도 '그럴 줄 알았어'라고 할 텐데, 저는 죽어도 그 얘기는 못 듣겠는 거죠. 어떻게 선택한 인생인데, 남들이 그렇게 쉽게 정의할 수 있다는 걸 용납할 수 없었어요. 무엇보다 헤어지지 못한 결정적인 이유는 저를 무척 사랑해 주는 남편의 그 목마름, 그 순수한 마음이었어요. 그것이 누군가 우리를 흔들어도 흔들리지 않는 기둥이 되었죠. 과거에는 너무 힘든 일이 많았지만, 근래에 우리는 정말 완벽한 사이라는 것에 대해 감사하고 있어요."

세상 구설수에 오르내리는 남편에 대해 또 말했다.

"'미녀와 야수(Beauty and the Beast)'가 우리를 잘 표현하는 거 같아요. 제가 미녀라는 게 아니고요(웃음). 이런 장면이 나와요. 미녀가 숟가락을 들고 수프를 떠먹으려다가 야수를 보니까 숟가락이 있는 걸 모르고 그릇째로 들이키려는 거예요. 그 순간 미녀도 숟가락을 내려놓고 야수를 따라서 그릇째 마셔요. 그 장면이 정말 완벽하게 우리 부부의 관계를 보여 주는 것 같았어요. 저는 남편의 눈 안으로 들어갔거든요. 내 과거를 모두 버리고 남편의 입장이 돼서 그 상황에 들어가면, 정신적으로 그 사람이 돼요. 그럼 누가 누구를 가르치는 게 아니라, 같이 배우는 입장이 되는 거예요.

또한 결혼하면 초기에 상대를 바꾸려 하죠. 하지만 바꿀 수 없어요. 남편이 귀고리에 팔찌까지 주렁주렁 달고 다니잖아요? 저는 좀 보수적인 편이거든요. 하지만 그는 예술인이라 그런 거니까 존중해요. 남편도 저를 바꾸려고 하지 않아요. 서로를 존중해야 해요. 우린 남매 같은 사이가 됐어요. 또 남편은 제가 존경하는 사람이고. 부부 사이에 건강한 '공간'이 있어야 해요. 그러려면 믿음이 뒷받침되어야죠."

질문자가 그녀에게 물었다. 혹시 이른 나이에 결혼하고 전공을 살리지 못한 것을 후회하지 않느냐고. 그녀는 대답했다. "한편으로는 후회되죠. 아주 어려서부터 갖고 있던 꿈이었으니까. 하지만 남편은 말해요. 치과의사가 되었으면 만날 입만 들여다보며 얼마나 지겨웠을 것이냐고. 자기 때문에 얼마나 재미있는 인생을 살고 있느냐고, 감사해야 한다고. 맞아요. 아마 남편을 만나지 못했으면 그냥 캐나다에서 평범한 삶을 살았겠죠. 남편이 있어서 굉장히 좋은 기회들이 제게 올 수 있었고, 제 자신을 발전시킬 수 있었어요.

또한 결혼도 전혀 예측 못 했을 때 갑자기 했어요. 지금 생각하니 차라리 앞에 뭐가 있을지 기대할 줄 몰랐기 때문에 좋았던 거 같아요. 비어 있으면 뭐가 뭔지 모르게 돌아가니까. 그래서 해냈어요. 계산이 없었기 때문에."

강주은 씨는 10여 년 동안 남편과 씨름하면서 가정을 지키더니 최근에 일을 시작했단다. 그녀는 이제 10여 년의 주부 경력을 가지고 일하는 여성으로 거듭나고 있다. 결혼으로 자기 것을 다 잃는 듯 보였으나, 결국 모두를 아우르며 자기 것을 찾아가는 모습이다. 그 모습을 보고 여자는 남자에 의해 완성되고 여자 또한 남자에 의해 완성되는 반쪽짜리 인생이지만, 아무래도 아내 잘 만난 남편이 더 큰 축복을 받았다고 생각했다. 들려오는 소문에는 그 어머니 강효실 씨가 아들의 기이함을 일찍부터 눈치채고 세상의 부와 명예를 취하기보다는 오로지 배우자를 위한 기도를 했다고 한다. 결국 남자는 어머니에서 아내와의 삶으로 이어지는 그 과정에서 완전해져 가는 것 같다. 이래서 여자의 짐은 다시 무거워질 수밖에 없다. 여자는 마치 아내에서 어머니로 이어지는 외줄 위에서 세상에서 부는 온갖 풍상에 흔들리며 아슬아슬하게 줄타기를 하는 곡예사와 같다는 생각을 한다.

살아 보니 인생 정말 모험이다. 호스피스 운동의 선구자이며 20세기를 대표하는 정신 의학자인 엘리자베스 퀴블러는 『인생수업』에서 '우리는 배움을 얻기 위해 이 세상에 왔다. 배움을 얻는다는 것은 자신의 인생을 사는 것을 의미한다. 갑자기 더 행복해지거나 강해지는 것이 아니라, 세상을 더 이해하고 자기 자신과 더 평화로워지는 것을 의미한다. 아무도 당신이 배워야 할 것이 무엇인지 알려줄 수 있는 사람은 없다. 그것을 발견하는 것은 당신의 여행이다'라고 말하고 있다.

정말 하나님은 인간에게 이 아름다운 지구에서 마음껏 즐기라고 여행을 보냈다. 우리는 여행이란 제한된 시간 속에서 최대한 많이 보고 즐기려 한다. 더러는 길을 잃고 사막에 들어서기도 하고 예상치 못하게 아주 아름다운 곳에 들어서기도 한다. 또한 남이 갔던 식상한 곳보다는 나만이 아는 곳을 갔던 것을 더 자랑한다. 놀이공원에서 밋밋한 가구를 타기보다는 상상을 초월한 짜릿함을 즐기려고 롤러코스트를 타지 않는가? 막상 롤러코스트에 올라타서 출발하기 직전에 앞을 보면 두려움과 공포가 밀려오지만 어쩌겠는가, 몸에 힘을 빼고 즐길 밖에….

딸아, 그렇게 즐긴 여행 사진첩에 사진을 곱게 남기면 누군가 볼 것을 생각하고 살아라.

조화로운 삶을 향하여

결코 바꿀 수 없는 직업에 도전한 친구 딸의 이야기

친구는 딸이 하나 있는 이혼녀다. 친구 딸은 아주 영특했다. 그녀는 이미 초등학교 때부터 영재 소리를 들을 만큼 각종 대회의 상을 휩쓸었다. 친구는 그런 딸을 뒷바라지하는 동안 아무리 힘들어도 세상을 얻은 것처럼 기뻐했다. 그녀는 정말 공부하는 기계처럼 눈만 뜨면 책상에 앉아 공부를 한다는 것이었다. 초등학교까지는 어느 정도 부모 말을 듣던 자식들이 중학교에 입학하고 학년이 올라갈수록 자기주장이 강해지고 하라는 공부는 않고 딴 길로 새는 것에 무력감을 느끼는 대다수 친구들 사이에 그녀는 정말 부러움의 대상이었다.

친구 딸은 명성에 걸맞게 민족사관 학교에 입학했다. 대학도 서울대학교 치의예과에 우수한 성적으로 입학했다. 친구는 충분히 의과대학을 갈 수 있지만 아무래도 여자니까 몸이 덜 힘든 치대를 택했다고 했다. 아무튼 딸이 성장하는 동안 자식의 공부로 한계를 느껴 본 적이 없는 엄친 딸이다. 그것이야말로 모든 부모가 바라는 것이 아니겠는가.

그녀의 딸은 대학에 가서도 장학금을 놓치지 않았다. 그러던 그녀가 본과 3학년에 올라가면서 친구에게도 고민이 생겼다. 이유인즉 딸이 치과대학이 적성에 맞지 않는다는 것이다. 본격적인 실습이 시작되면서 딸은 거의 공황 상태에 빠졌다. 특히 정교한 손놀림이 요구되는 치과 시술은 정말 그녀가 할 수 있는 일이 아니었단다. 딸은 공부 외에는 해본 것이 없었다. 입고 먹는 것에서부터 모든 것을 엄마가 해주었기에 딸은 사과조차 못 깎는단다. 물론 그것이 타고난 천성인지 후천성인지는 알 수 없으나 손재주가 없는 모양이었다. 그러니 작은 입안을 들여다보며 정교한 시술을 한다는 것이 쉬울 리 없었다.

친구는 딸이 대학을 가면서 친구모임에 자주 나왔다. 20여 년의 세월 동안 오로지 딸에만 매여 있던 삶에서 벗어나 자신의 인생을 찾으려 했다. 어느 날 친구들과 모여 점심을 먹고 있는데 친구가 딸로부터 전화를 받았다. 그런데 친구가 딸에게 벌컥 화를 내는 것이었다. 이유인즉 딸이 생리 중인데 하얀바지를 입고 나갔다가 낭패를 당하고 있다는 것이다. 피가 바지에 묻어 꼼짝 못 하고 앉아 있으니 바지를 가져오란다는 것이다. 친구들은 또 한 마디씩 한다. 갖다 주어라, 그냥 두어라 그래야 버릇을 고친다는 등.

평소 같으면 그녀는 분명 바지를 들고 지구 끝이라도 마다 않고 갔을 텐데, 그 날은 가지 않았다. 그러면서 아주 속이 상한다는 듯이 속내를 털어놓았다.

"뭔가 잘못됐어. 오로지 공부만 시켰더니 계집애가 약은 데는 눈곱만큼도 없어. 세상살이가 공부만 잘한다고 되는 것도 아닌데 저러고 어떻게 살아. 생각을 해봐. 저게 어디 최고 대학을 다닌다는 아이의 짓거리냐고. 애당초 생리 때 하얀 바지를 입고 나간다는 발상도 웃기지만, 나를 보고 가지고 오라는 것은 더 뻔뻔한 것 아니야? 내가 자기 하녀야? 내 인생은 없어? 그래 오랜 만에 제 엄마가 친구들과 나와서 놀고 있는데 그런 말이 나와? 어떻게 하든 제가 해결해야지 안 그래?"

정말이지 딸에 대한 불만은 티끌만큼도 없던 친구였다. 모든 것이 기쁨이고 자랑이었는데 친구도 정말 늙은 모양이었다.

"저런 계집애를 어떤 놈이 데리고 살지 정말 걱정이야."

친구 말에 누군가 받아쳤다.

"시집 안 보낸다며. 너도 결혼에 실패했으니 딸만큼은 남편에게 매이지 않고 원하는 것 하면서 자기 인생 살게 한다며?"

"미쳤니? 나도 더 이상은 싫다. 보낼 거야. 어떻게 하든 좋다는 남자만 있으면 두 말 않고 보낼 거야. 아휴, 보내고도 저러면 어쩌지."

친구는 눈물까지 글썽였다. 그런 딸이 어느 날 학교를 그만두고 유학을 가겠다고 했단다. 아무래도 본인은 연구 체질이란다. 내성적인 성격이라 사람을 상대하는 것도 체질적으로 맞지 않고 학문에 몰두할 수 있는 기초의학에 더 관심이 있으니 전공을 바꾸게 해달란다. 워낙 좋은 두뇌였던지라 딸은 장학금으로 가겠다며 친구에게 가기를 소원했다. 친구는 거의 미쳐갈 만큼 분노를 터뜨렸다. "이 계집애가 다된 밥에 코 빠뜨리네. 세상에 못 하는 일이 어디 있어. 하다 보면 다 할 수 있잖아. 그러자고 배우는 것이고. 남들은 못 해서 난리인데. 졸업하고 수련 과정 밟고 그때 대학원 진학하면서도 길을 찾을 수 있잖아. 어떻게 들어간 대학인데 이제 와서 유학까지 가면서 전공을 바꾼다니 말이 돼? 안 돼. 절대 안 돼."

절망적으로 소리치는 친구를 바라보며 많은 생각을 했다. 인생은 결국 예측하고 계획하는 대로 가지 않는구나. 하지만 그것이 오히려 딸의 장래를 위해 다시 생각할 수 있는 기회가 아닐까 싶었다. 그녀의 딸은 일반적으로 공부를 잘하는 것이 아니라 정말 학문적인 머리를 타고난 것 같았다. 치과의사는 학문이기보다는 기능에 가까운데….

내 딸이 친구 딸에게 수학 과외를 받은 적이 있었다. 칭찬에 인색한 내 딸도 그녀의 명석함에 혀를 내두르며 말했었다. "엄마, 그 언니 천재야, 정말 천재 같아. 정말 문제 풀이 접근법이 달라. 그리고 언니는 공부만 하고 살라면 제일 좋겠대."

그래서 내가 조심스럽게 딸 편을 들었다.

"장학금으로 간다잖아. 너한테 경제적인 짐도 안 지우고 또 혼자 나가 살면 독립적으로 변할지 누가 알아?"

그러자 친구는 단호하게 거절했다.

"너는 네 딸이 아니라 그렇게 말할 수 있는 거야. 못 해 정말 못 해. 더 이상은 안 돼. 나도 지쳤어. 졸업하고 치과 의사 하면서 사는 것도 남보다 훨씬 잘사는 거야. 뻔히 보이는 길 두고 왜 앞도 보이지 않는 길을 가는데?"

친구야, 자식 세대는 우리와 다르다는 것을 인정해라. 우리는 무엇이든 필요에 의해서 이룬 세대이지만 자식들은 자신이 즐기는 것을 해야 살 수 있는 세대이다. 마르틴 부버(독일의 미래학자)는 인간으로서 해야 할 가장 위대한 일은 상대방의 가치를 인정하고 가장 그답게 살기를 격려하고 도와주어야 한다고 했다. 우리 세대는 일률적으로 가야 할 길이 정해져 있지만 앞으로는 예측할 수 없을 만큼 다양한 직업이 펼쳐지는 세상이 전개될 것이다. 단순히 내 경험으로 자식의 앞길을 한정하지 마라. 더구나 우리는 한 가지 직업을 가지고 평생을 먹고 살았지만 자식들은 적어도 3번은 바꾸어야 한다고 했다. 그만큼 싫증도 일찍 내는 시대적인 흐름을 인정해라.

친구야, 내가 살아 보니까 인생의 승패는 방향이었다고 말하고 싶다. 인생에 실패한 사람들은 한결같이 말한다. 열심히 살지 않았다고, 그리고 운이 없었다고. 그러나 오랜 세월 동안 이미 길이 사라져 버린 내 지도를 아이의 손에 들려 준 것 아닐까? 해마다 의과대학과 법과대학으로 인재가 몰리지만, 이제는 더 이상 그것이 살 길은 아닌 것 같은데…. 솔잎만 먹고 살던 송충이가 어느 날 왜 솔잎만 먹고 살아야 하나 하는 생각이 드는 순간 송충이의 고난이 시작된다고 했다. 그 의문은 평생 마음에 살아 있으면서 괴롭게 한다. 왜 그때 방향을 바꾸지 못했을까? 그래서 네 딸은 어쩌면 과거에 묶이는 사람으로 살지도 모른다.

그러나 결국 친구는 그 딸을 주저앉혀 졸업을 시켰다. 이유는 한 가지, 버리기에 너무 좋은 것을 처음부터 쥐고 있었기 때문이었을 것이다. 지금의 부모들은 처음부터 자식들에게 보장된 것을 들려주려고 고액 과외를 시키고 조기유학을 보내지만, 살아 보니 그것도 덫이 될 때가 많았다. 행과 불행이 동전의 양면처럼 맞물려 가는 것이 인생살이다. 처음부터 좋은 것이 끝까지 좋은 것으로 남을지도 알 수 없다.

그래서 세상은 공평하다. 큰 재능이 없으면 모든 것을 적당하게 할 수 있다. 특별히 잘하는 것도 없지만 특별히 못 하는 것이 없어서 서로를 해칠 만큼 상충되지 않고 조화를 이루며, 오히려 그것이 전체를 발전시키기도 한다. 오히려 지나치게 편중된 재능이 그만큼 발전하지 못하면 없느니만 못한 생을 살게 하기도 한다.

언제든 버리고 싶어서 좋았던 내 직업

나도 한때는 간호사가 된 것을 많이 후회했었다. 사실 자신 있게 내세울 직업이 아니었기 때문이다. 언제나 그랬듯이 대학 전공을 택할 때 특별하게 뜻이 있다기보다는 그저 성적에 맞추어 가는 경우가 대부분이었다. 그리고 막상 졸업을 하고 보니 괜찮은 집에 시집가기가 어려울 정도로 천대 받는 직업이라는 것을 알았다. 그래서 집안이 좋은 친구들은 아예 전공을 숨기고 싶어 할 만큼 기피하면서 직업을 택하지 않았다. 이후로 30여 년이 지나서 직업에 대한 인식도 많이 바뀌었지만, 당시 유교사상에서 벗어나지 못한 우리나라의 시대상이었다.

이렇듯 나도 나 자신의 전공에 자부심도 갖지 못하고 마지못해 직업을 택했다. 당시 나는 내가 벌지 않으면 안 되는 상황이었기 때문에 병원에 취직을 하고 중환자실에서 근무를 시작했다. 내 나이 25살에 뛰어든 삶의 현장은 상상했던 것보다 더 처참했다. 그때 나는 인간이 죽어 가는 마지막 모습은 다 경험했었던 것 같았다. 86년 그 봄에 정치적인 시류에 휘말려 죽어 가는 이한열의 마지막 모습을 보았고, 1980년대 대한항공의 불시착으로 화재가 발생하면서 살아남은 부기장이 120% 화상을 입고 실려 온 모습을 보고 경악했었다. 100% 화상은 머리끝에서 발끝까지 다 탄 것을 의미한다. 그런데 그것을 넘어 내부 장기까지 탈 정도로 입은 화상이니 말 그대로 사람의 형상은 없어진 것이다. 그래도 심장이 멈추지 않는 한 끝까지 치료를 멈출 수 없는 상황은 말로 표현하기 어렵다.

때론 죽어 가는 사람이 살아서 나가는 기쁨도 있었지만, 중환자실에서 일하는 동안 그런 자부심보다는 직업에 대한 회의가 더 많았다. 창의적이고 아름다움을 추구하는 직업이 많은데 왜 하필 이런 직업을 택했을까? 정말 자식이 태어나 이 직업을 갖겠다면 절대 반대할 거라고 생각했었다. 하지만 15년 동안 들고 있던 그 직업을 내려놓고 어느 새 15년이 흘렀다. 이제 기억에 아스라한 추억이 어리는 직업이다. 이제 나는 정말 그 직업이 사랑하고 자랑스러워했다는 것을 알게 되었다. 나는 그 직업을 세 가지 이유에서 사랑한다.

첫째, 찬란한 젊은 날 세상에서 가장 어두운 끝을 보고 경험했다는 것이다. 인간은 모두 죽는다는 대전제 하에 그 젊음은 시작되었다. 하지만 그것은 곧 끝이 아니고 새로운 시작이라는 것을 알게 했다. 인간의 한계를 알게 되었고 욕심낸다고 다 가질 수 없다는 것을 알게 되었다.

둘째, 간호사라는 직업은 최고는 아니었지만 중간 지대 영역이라는 것에 감사했다. 병원은 모든 계층의 환자가 입원하는 곳이다. 그래서 재물이나 명예 혹은 권력과 무관하게 벗고 들어오는 곳이다. 이처럼 자기가 입고 있던 사회적인 옷도 벗지만 실제적으로 입은 옷도 벗고 들어오는 곳이다. 자신의 생사여탈권을 넘기고 입원하는 순간 그들은 아주 힘없고 의존적인 환자일 뿐이었다. 대통령이나 재벌 총수나 노숙자나 다 같은 운명에 놓이는 현장이다.

또한 병원에 속해 있는 의료인의 형태도 아주 다양하다. 먼저 사회적으로 최고라고 인정받는 의사에서부터 온갖 허드렛일을 도맡아 하는 단순 업무자까지 하나의 연결고리로 이어져 있다. 아주 간단한 예를 들면 병원 지하에는 어김없이 중앙 공급실이라는 곳이 있는데, 병원에 공급되는 물품을 재생하는 곳이다. 그곳에는 하루 종일 앉아서 거즈만 접는 사람들이 있지만, 그 물품이 제대로 공급되지 않으면 아무리 유명한 의사도 수술을 할 수가 없다. 병원 곳곳을 균 없이 치워야 하는 청소하는 사람들도 있다. 그때 수술실에서는 고도의 두뇌들이 머리를 맞대고 심장수술을 하고, 다른 방에서는 뇌수술을 하고, 또 한 쪽에서는 아기가 탄생하고, 방송에서는 심장마비 환자가 발생했다며 담당 의사를 찾고…. 응급실에 당도한 환자의 심장이 멈추자 담당의사는 심폐 소생술을 해보지만 끝내 숨을 거두고 보호자는 울부짖고, 간호사는 주변을 정리하면서 보호자를 진정시키고, 이내 영안실에서 이동 카트를 가지고 나타난다. 환자를 살려보겠다고 온 힘을 쏟은 응급실 당직의는 왜 못 살리느냐고 달려드는 보호자를 뒤로 하고 직원 식당에 가서 밥을 먹는다. 그것이 그 날 그가 먹은 유일한 음식이다.

병원이라는 곳은 일반인은 결코 상상조차 할 수 없는 일이 동시에 벌어지는 곳이다. 간호사라는 직업은 이 군상들 사이에서 때론 위에 가서 붙었다가 때로는 아래에 가서 붙으면서 연결고리를 이어간다. 이처럼 어느 것 하나 없이는 절대로 돌아가지 않는 곳이 병원이다. 의사도 천차만별이다. 세계적으로 인정받는 원로 의사가 있는가 하면, 바로 의과대학을 나와 혈기 왕성한 수련의가 있다. 그들의 인성도 제각각이다. 또한 병원은 모든 것이 환자의 생명과 연결되기에 늘 책임 소재가 따른다. 그래서 잘못된 책임 소재에 따른 법적 공방까지 하기도 하면서 자신의 밑바닥까지 다 드러내야 하는 상황이 종종 발생하는 살얼음판 같은 곳이다.

신규 간호사일 때는 젊은 수련의와 사사건건 부딪히며 기 싸움을 했는데, 관리자가 되고 보니 그런 신규 간호사가 자랑스럽기보다는 미워진다. 그러나 밤 근무를 하고 나가는 간호사 어깨를 도닥이며 잘했다고 칭찬해 주고, 밤새 시달려 눈이 충혈되어 나타나 아침 회진 준비를 하는 레지던트에게 커피 한 잔 타 내며 이해를 구한다. 이처럼 눈에 보이는 성과도 없이 그저 사람에 치이는 이 직업 괴롭고도 괴롭다 했는데, 지나고 보니 그처럼 멋진 일이 없었던 것 같다.

셋째, 기회만 되면 언제든지 버리고 싶었던 직업이었다는 것이다. 그래서 필요할 때 부담 없이 그만두었다는 것이다. 물론 그 직업을 아직껏 붙들고 있으면서 그 직업으로 최고의 자리까지 올라간 친구들을 보면 아쉬움이 남기는 하지만, 거기서 그만둔 것을 아주 감사한다. 아마 모두에게 존경받고 스스로 자부심을 느낀 직업이었다면 지금까지 모든 것을 희생하면서까지 그 직업을 붙들고 있었을 것이다.

나도 한때는 딸의 미래에 대해 고민을 많이 했다. 모두가 열망하는 의과대학이나 법과대학이 정녕 길인가? 딸에게 원하는 것을 하라고 말은 했지만, 막상 대학 진학을 앞두고 전공에 대한 고민을 하지 않을 수 없었다. 더구나 수학을 전공하겠다고 나서는 딸의 미래에 대해 자꾸 고개가 가로 저어지는 것은 어쩔 수가 없었다. 도대체 그것 해서 밥이나 먹고 살 수 있을까? 그때 비로소 모든 부모들이 그토록 자식에게 전문직을 갖게 하고 싶은 이유를 알았다. 한 치 앞도 내다볼 수 없는 불확실한 현실에서 전문직이란 그래도 미래가 보장된 직업이다. 일단 그런 대학에 들어가기만 하면 특별한 악재가 없는 한 고민할 필요 없이 자기의 길을 안정되게 가기에 부모로서 열망하지 않을 수 없다. 그러니 대한민국 인재들은 무조건 의학 계열이나 법과대학으로 몰려드는 것이다.

대학 입시를 앞둔 아들을 가진 친구는 꼭 의사를 시키고 말 거란다. 하지만 내 기억에는 자신의 직업에 대한 만족도가 높았던 의사보다 방황하며 갈등하던 의사가 많았다. 그 중에 한 사람, 흉부외과 전공의 닥터 김이 기억 속에 남아 있다.

자신의 직업을 끝내 포기하지 못했던
닥터 김의 이야기

　1980년대 이 나라의 부흥 발전과 더불어 병원도 선진화에 박차를 가했다. 특히 세브란스 병원이 그 선도적인 역할을 하면서 심장 수술을 시작했다. 그 이전에는 결코 꿈도 꾸지 못하던 것이다. 특히 선천적 심장 질환을 갖고 태어난 아이들을 수술하는 것은 정말 고도의 정교함과 기술을 요한다. 심장 수술은 기타 장기 수술과 전혀 다르다. 만일 위를 수술하면 위 자체만 영향을 미쳐 생명에 직접 영향을 미치지 않지만, 심장수술은 체내 혈액공급이 중단되는 상황에서 수술을 하기에 생명을 끊고 하는 것과 같다. 물론 수술과 동시에 순환기를 따로 가동하지만, 그것을 중단하고 연결하는 작업이 바로 생명과 연결되기에 그만큼 위험하다. 하지만 이처럼 고난도의 수술로 생명을 재창조한다는 점에서 다른 수술과 차별화된다.
　심장 질환을 가지고 태어난 아이들은 세상에 태어나면서부터 고통이 시작된다. 심장 기형으로 그 기능을 제대로 하지 못하는 1차적 증상이 바로 호흡 곤란이다. 혈액이 제대로 공급되지 않아 말초 부위가 새파란 것은 기본이고 동맥과 정맥이 바뀌어 온몸이 새파란 아이들도 있다. 호흡이 짧으니 먹는 것도 잘 먹지 못해 체중도 늘지 않고, 몸이 힘드니 활달하게 움직이지도 못한다. 이런 설명을 굳이 하는 이유는 이런 아이들이 1980년대 이전에는 골목에 꽤나 많이 나와 앉아 있었기 때문이다. 작고 마른 아이는 새파란 입술을 들썩이며 가쁜 숨을 몰아쉬며 햇볕이 내리쪼이는 골목 귀퉁이에 쪼그리고 앉아 힘차고 즐겁게 노는 아이들을 마냥 바라만 보고 있다. 그러다 그 아이가 어느 날 사라져 보이지 않아도 누구 하나 기억하는 사람이 없다. 어쩌다 아주 운이 좋으면 재단의 후원으로 미국에 가서 수술을 받고 온다. 요즈음 흔하게 보는 후진국가의 심장 질환자를 우리나라 병원에서 무료로 시술해 주는 것처럼…. 그런 수술을 우리나라에서 시작했으니…. 어쨌든 대한민국의 1980년대는 이처럼 많은 일이 벌어진 역동의 시절이었다.

흉부외과 조범구 박사는 그 시작의 중심에 섰던 분이다. 그는 아마도 선천성 심장 질환자 수술을 하기 위해 태어난 사람처럼 단기간에 수많은 심장 기형아들을 수술했다. 이미 태어나 고통 받고 있는 전국의 아이들을 찾아 수술하고 또 태어나는 아이들도 수술해 나갔다. 다행히 시절이 좋아 심장수술을 후원하는 재단도 출현하고 다른 병원에서도 급속하게 수술을 하면서, 불과 30년도 채 안 되어 남의 나라 아이들의 목숨을 구하는 위치로 바뀌었다.

최근에 흉부외과를 배경으로 하는 텔레비전 드라마가 인기리에 방영되어, 흉부외과 과정이 다른 어떤 전문의 과정보다 힘들다는 것이 일반인에게도 알려지고 있다. 하지만 드라마에서보다 실제가 더 어렵고 힘들며, 내가 일했던 그 당시는 차마 사람이 할 일이 아니라는 생각이 들 만큼 살인적인 과정이었다. 심장수술은 수술도 어렵지만 수술 후 관리가 더 힘들고 어렵다. 모든 장기의 수술은 수술 후 상처가 아무는 동안 쉬게 한다. 간단한 예로 장을 수술하면 음식물 섭취를 금하고 수액 공급을 통해 영양분을 공급하면서 수술 부위가 아물기를 기다린다.

하지만 심장 수술은 수술과 함께 비워진 심장에 혈액을 다시 채워 온몸으로 혈액을 공급시켜야 한다. 즉 움직이지 않게 하는 것이 아니라, 움직이게 하면서 꿰맨 부위를 유지하는 것이다. 그래서 수술 후 24시간이 가장 위험하고 힘든 시간이다. 흉부외과 수련의들은 수술실에서 심장 수술을 마치고 환자를 중환자실로 옮기는 과정도 보조인력 없이 그들이 직접 한다. 누구도 대신할 수 없는 일이기에 마치 작은 움직임에도 폭발할 것 같은 폭탄을 옮기는 것 같다. 이때부터 24시간을 꼬박 기다리며 꿰매진 심장이 제 역할을 하는 과정을 지켜봐야 한다. 주로 초기에 이 과정에서 실패한 사례가 많았다. 지금이야 첨단 장비를 동원하여 전개되는 헤모다이나믹 데이터(hemodynamic data)를 정확하게 측정하고 빠르고 정확하게 교정하면서 제 기능을 찾게 하지만, 1980년대만 해도 그런 시설까지 기대하기는 어려웠다.

그래서 레지던트들이 밤새워 수술한 심장이 제 기능으로 돌아오는 것을 지켜보아야 한다. 적응하지 못하는 징후는 상처에서 피가 새면서 혈액이 제대로 돌지 못하고, 혈압이 떨어지고 이어서 소변이 줄고…. 물론 그럴 때마다 필요한 처방을 하며 지켜본다. 그러다 정 안 되면 수술 방으로 끌고 들어가 다시 심장을 열고 상처를 봉합하고…. 때론 옮길 시간조차 주지 않고 심장이 멈추려 하면 그 자리에서 심장을 다시 열고…. 몸무게 5kg 되는 아기의 심장을 꺼내면 자두만 하다. 그 안에 4개나 되는 기형도 있다. 그것을 열고 교정하는 것은 신비 그 자체이다. 가끔 하나님의 실수를 인간이 교정하는구나 하는 생각도 했다.

그렇게 환자에게서 잠시도 눈을 떼지 못하고 있다 보면 어느 새 중환자실의 작은 창문으로 빛이 들기 시작한다. 그때쯤이면 어느 정도 수술의 성공 여부가 갈라진다. 그래서 더러는 중환자실 안에 있는 당직실로 들어가 잠시 눈을 붙이기도 하고, 더러는 침대 끝에 엎드려 있는다. 어김없이 아침 회진은 8시부터 시작된다. 그리고 9시면 다시 수술 방에 들어가 수술 준비를 하고….

참으로 오랜 만에 꺼내본 기억의 저편이다. 나야 흉부외과 의사는 아니지만 1980년대 그토록 많은 일을 해낸 그들과 함께 일을 했다는 것이 이제 와 생각하니 큰 축복이었다. 내 생애 그토록 열심히 살았던 적이 없었다. 중환자실 간호사는 그들과 가장 밀접하게 연결되어 같이 호흡을 맞추는 작업자다. 그토록 엄청난 스트레스로 생명을 다루는 그들을 보조하는 역할을 하면서, 간혹 그들이 무시한다고 싸우고, 때론 그들이 서툴다고 툴툴대기도 하고, 때론 누나처럼 때론 동반자처럼 이해하면서 일했던 1980년대였다. 지금 생각하니 그토록 열정적으로 일했다는 것이 신기할 정도다. 아마도 우리는 무엇이든지 해내던 베이비부머 세대였기 때문에 가능했을 것이다.

이번에 친구의 딸이 치과의사가 적성에 맞지 않아 고민하는 모습을 보며 흉부외과 전공의 닥터 김을 떠올렸다. 레지던트 4년차가 되었을 때도 그는 자기 전공을 그다지 사랑하는 것 같지 않았다. 그는 그처럼 혹독하게 돌아가는 수련의 생활을 견디기는 하나 결코 즐기지를 못했다. 특히 외과의는 타고난 기질이 있어야 그런 고된 훈련도 이겨 나간다. 며칠 밤을 새워도 버티는 강인한 체력과 목표를 향한 용병술도 있어야 하고, 박봉에서 자신을 지킬 수 있는 경제력도 있어야 하고…. 하지만 그 중에 으뜸은 손끝 감각이다. 물론 피나는 연습으로 성취될 수 있다지만, 내가 봐온 경험으로 이미 타고난 감각이 있는 사람과 아닌 사람들은 자세가 확연히 다르다. 그런 감각을 타고난 사람들은 그 자체를 즐기기 때문에 아무리 고된 훈련도 이겨나갔다. 그래서 그는 그 훈련에 항상 낙오되는 힘겨운 모습을 보여 주었다.

하지만 그는 아주 그림을 잘 그렸다. 어쩌다 환자를 지켜보다 여유가 생기면 연습지에 스케치를 하고는 했었다. 그림을 그리고 싶었는데 아버지가 반대하는 바람에 의사가 되었다는 것이다. 그는 간호사들 사이에 아주 매력적인 사람이었다. 문제가 발생하면 거의 본인이 책임지는 과묵함이 있었다. 사실 병원에서 의사와 간호사 간에는 항상 책임 소재가 따르는 영역이 바로 지시하고 행동하는 영역으로 나뉘기 때문이다. 다시 말하면 의사가 어떤 약을 주라고 처방을 내리면 간호사는 그 약을 주어야 할 책임이 있다. 지시자와 그를 실행하는 자가 다른 것으로부터 오는 문제가 발생한다. 사람이 실수를 하자면 잘못된 오더(order)를 쓸 수 있고, 오더를 정확하게 기재해도 잘못되게 실시하기도 한다. 더구나 중환자실은 미처 기록할 틈이 없어 말로만 하는 경우가 많았다. 흔히 버발 오더(verbal order)라고 한다. 이것은 주고받은 자만이 알기에 추후에 문제가 되면 책임 소재를 밝히기가 너무 어렵다. 경험이 짧은 수련의들은 대부분 그 책임을 간호사에게 돌리는 경향이 있었다. 사안이 커지면 책임지는 윗선까지 가면서 일이 복잡해진다.

병원 일이란 그렇다. 어떤 일이든 잘못되면 물질의 손상으로 결과가 나타나지만, 병원 업무는 생명에 관련되기에 업무 스트레스가 가중되는 곳이다. 큰 문제가 없을 때는 아주 절친한 동료처럼 사이좋게 있다가 막상 일이 터지면 서로에게 책임을 전가하면서 순식간에 분위기가 험악해진다. 대부분의 수련의들이 자신의 실책을 적극 부인하는 반면에 닥터 김은 자신이 책임을 지는 쪽에 많이 서 있었다. 문제가 되면 함께 일한 간호사를 보호하는 편이라 간호사들 사이에 인기도 있었다. 그러다 보니 윗선에서는 그를 자칫 무능하게 볼 수도 있었지만 그는 감내해 나갔다.

지금 생각해 보니 만일 그가 내 아들이었으면 그의 행동이 정의롭다고 마냥 칭찬만 할 수 없었을 것 같다. 어쨌든 간호사들 사이에 그는 상당히 인기가 있었다. 그는 그런 상황을 뛰어넘는 철학적인 청년이었는지도 모른다. 어느 날 TOF(4개의 기형을 가진 심장질환) 수술을 하고 나온 환아가 있었다. 당시로는 난이도가 꽤나 높은 수술이었다. 그리고 상태가 워낙 안 좋아 적절하게 체중을 늘릴 시간조차 없이 응급수술을 하느라 예후도 그리 낙관할 수 없었다. 그런 날이면 수술을 한 조 박사도 집에 가지 않고 병원에서 밤을 새며 환자 파악에 나선다. 상황이 그러면 레지던트들은 말할 것도 없다. 어차피 새울 밤이지만 수시로 나와 있는 조 박사의 눈매도 그들의 괴로움을 더한다. 밤을 새야 하는 그들에게는 새벽 3시에서 4시가 가장 고통스러운 순간이다. 이때면 침상 앞에서 졸지 않을 천하장사는 없다.

아니나 다를까. 닥터 김이 졸고 있었다. 긴장이 더하니 그 피로가 더할 것이었다. 때를 맞춰 조 박사가 환자 상태를 보기 위해 나타났다. 사실 그도 웬만하면 침대에서 졸고 있는 수련의들을 깨우지 않고 조용히 보고 간다. 그런데 그 날은 공교롭게도 그가 나타난 순간에 환자 상태에 변화가 나타나고 있었다. 의학 용어로 말을 하자면 혈압은 낮은데 볼륨(수액의 양)이 지나치게 들어가 체내에 쌓이는 현상이 나타났다. 심장수술 직후에는 적어도 10개가 넘는 병들이 매달려 있다. 혈압 상승제가 있으면 하강제가 있는데, 그것도 종류별로 다르다. 피도 전체 혈이 있고 성분 혈로, 또 볼륨만 늘리는 단순생리 식염수가 있는 등, 지금이야 그 모두를 헤모박이라는 기계에 연결하여 초단위의 용량까지 계산하여 주입하지만, 당시로서는 일일이 손으로 조절을 했다. 어쨌든 그가 잠시 졸고 있는 동안 무언가 좀 더 많이 들어간 것이었다. 갑자기 조 박사는 소리를 질렀다. 망치 가져와! 망치 가져와서 저거 다 깨부숴! 모두!

닥터 김은 벌떡 일어나 급하게 볼륨 조절에 나섰다. 용량보다 많이 들어간 볼륨을 줄이자고 약도 주고 볼륨 조절도 하는 그의 희고 고운 손이 떨리기까지 했다. 팔짱을 낀 채 저승사자처럼 눈을 부릅뜨고 바라보는 조 박사의 눈길이 모두를 압도했다. 어쨌든 한 시간 정도의 시간이 지나고 환아 상태는 많이 좋아졌다. 조 박사가 사라지고 나자 닥터 김이 안도의 숨을 쉬며 의자에 앉았다. 그날따라 처진 그의 어깨가 무겁게 느껴졌다. 지방에서 꽤나 행세하는 집안의 아들이라고 들었다. 그렇게 귀하게 자란 그가 도대체 왜 저렇게 어려운 일을 택했을까? 그래도 그는 그간의 상황을 차트에 적고 휘파람을 불며 내게 넘겼다. 오더 체크를 하라는 것이었다. 그가 쓴 마지막 오더는 Prep. 망치, 기도 마이신 T.I.D 정성껏. (뜻을 해석하면 망치 준비 해주고 정성껏 기도해 주세요.)

어쨌든 그의 처방은 평생 잊을 수가 없었다. 극한 상황에도 결코 유머와 위트를 잃지 않았다. 지금 내 귀에 들려오는 그의 소문은 그다지 밝지 못하다. 그토록 살인적인 수련 과정을 마치고 지방에서 보건소장을 하고 있다니…. 당시 그들이 술잔을 기울이며 농담처럼 하는 말이었다. 대학병원에 남지 못하면 가래 뽑는 기계를 등에 메고 골목을 누빌 거라고. 가래 뽑아 줘요. 가래!

여자인 나는 남자의 집중력을 사랑한다

1980년대 흉부외과 전공 과정을 밟는 그들을 곁에서 지켜본 나로서 현재 이 나라 의료 현실은 참으로 우울하기 짝이 없다. 사실 그때는 잘 몰랐다. 그래도 모두가 선망하는 의과대학을 졸업하면 당연히 미래가 보장되는 선택받은 자들이라고만 생각했었다. 하지만 지금에 와서 그 이유를 알았다. 최근 이 나라 의료계에는 흉부외과를 전공하겠다는 지망생이 전혀 없고, 돈이 되는 피부과나 성형외과로 몰린다고 한다.

흉부외과는 심장과 폐 그리고 기관까지 수술을 하는 영역이다. 생명과 직결되는 호흡기와 심장을 수술하는 것이므로 필요한 장비나 인력은 어떠한 개인도 운영할 수 없다. 그래서 그만한 시설이 갖추어진 종합병원에 취업하지 못하면 먹고 살 길이 불안정한 전공과목이다. 그때 그들도 그토록 힘들게 전공 과정을 밟으면서 그런 불안을 결코 떨칠 수 없는 모양이었다. 하지만 미국에서 의사 봉급이 가장 높은 전공 분야가 흉부외과이다. 정교하고 고난도의 손재주를 요하기 때문에 50살 이후에는 하기도 어렵다고 한다. 그래서 하는 동안 가장 많은 월급을 준단다. 운동선수들도 한창 날릴 때 몇 십 억씩 연봉을 받는데, 하물며 사람의 생명을 살리는 데야….

우리나라 사람들이 성형 수술비로 쓰는 액수가 한 해에 수천억 규모라고 했다. 이처럼 세계 어느 나라에도 유래가 없을 만큼 많은 사람들이 다투어 성형 수술을 하는 바람에 경제학자들은 경제 성장에 저해가 되는 소비 산업만 비대해지는 것을 걱정한다. 텔레비전 프로그램마다 연예인들이 나와서 성형을 드러내 놓고 자랑하는 외모 지상주의가 나라를 병들게 하고 있는데 아무도 막으려 하지 않는다. 미국 전 대통령 클린턴도 벌써 2번째 심장수술을 받았는데 아직도 그는 왕성한 활동을 하고 있다. 미국의 전 국방장관 체니도 심장수술을 받고 활동 중이다. 국가의 운명을 걸머진 리더들이다. 이처럼 살리는 자는 없고 온통 늘리고 당기는 자만 번성하다니. 도대체 이 나라는 선진 의료를 표방하면서 이 같은 쏠림 현상은 왜 막지 못하는 걸까?

어쨌든 이 같은 부조화는 종국에 재앙 수준까지 갈 거라는 것을 나는 과거의 경험으로 알고 있다. 1980년대 우리나라에서도 관상동맥 우회술을 본격적으로 시행했다. 초기인 만큼 간혹 미국에서 명망 있는 흉부외과 의사가 와서 수술을 직접 집도하기도 했는데, 이상하게 그들이 한 경우에는 수술 예후가 아주 안 좋았다. 수술 직후 사망하기도 하는 바람에 이후로는 그들을 초청하지 않았다. 하지만 당시 초보 수준이던 우리나라 수술 팀이 그들보다 훨씬 많은 시간이 소요되기는 했지만 실패율은 낮았다. 그것에는 많은 이유가 있다.

무엇보다도 외과의는 손끝 감각이다. 특히 우리나라 사람들은 아주 정교한 손놀림을 타고난 데다 쇠 젓가락을 사용하는 습관으로 후천적인 훈련도 되고 있다는 정설이다. 거기다가 많은 경험이 겸비되어야 하는데, 외국인들은 아무리 외국에서 명망이 있어도 우리나라 사람들을 경험하지 못했다는 것이다. 그래서 당시 경제적으로 여유가 있던 사람들이 수술을 하기 위해 미국으로 가려 하면 나는 그런 이유를 들어 반대를 했었다.

서양인과 동양인은 체질이 아주 다르다. 서양인은 혈관이 아주 굵고 튼실하고 혈액도 기름이 둥둥 뜬단다. 그래서 혈관 수술이 용이하다고 한다. 하지만 동양인은 혈관이 아주 가늘고 약해서 수술이 아주 어렵단다. 그래서 아주 오랜 시간 공들여 수술을 해야 한단다. 서양 식습관으로 점차 심장 관련 환자는 늘어나는데 그런 수술을 하는 한국 전문의가 없어진다는 것은 참으로 국가 미래를 어둡게 한다.

흉부외과는 여자가 결코 도전하기 어려운 전공과목이다. 기본적으로 체력이 받쳐 주어야 할 뿐더러 엄청난 집중력을 요구하는 직업이기에, 초기에 멋모르고 시작했다가 결국 적응 못 하면, 자신의 인생도 망치지만 잘할 수 있는 사람의 기회도 박탈한다. 더구나 남자는 늦게 철이 든단다. 간단한 예로 골프 선수를 비교해 보면 박세리는 20대 초반에 세상을 제패했지만 나이 들어 갈수록 그만한 역량을 보이지 않고 있다. 반면에 최경주나 양영은은 30대 중반부터 그 기세를 펼쳐 나간다. 특히 그들은 가족이라는 틀 속에서 안정되게 발전하는 것을 볼 수 있다. 이렇듯 사람마다 어떠한 집중력을 보이는 시기와 방법이 다르다.

살아 보니 또한 인생은 단계마다 다 달랐다. 결국 한순간도 같은 모양으로 가지 않았다. 남에게 좋은 것이 내게 좋을 수 없고, 남들이 한다고 내가 잘한다는 보장도 없다. 스스로 자정 능력이 없으면 제도라도 보완을 해주면 좋으련만. 정책 입안자들은 오로지 눈에 보이는 인기 정책에만 눈을 돌리고 있으니….

김대중 정부 때 어느 나라에도 없는 여성부를 만들었다. 마침 남편이 일하던 기획 예산처와 여성부가 같은 건물에 있어서 그들이 발간하는 지침서라는 것들을 가끔 들고 들어왔다. 그런데 직장 내 성희롱에 대한 지침서부터 발간하는 것을 보고 아주 놀랐다. 그곳에는 아주 구체적으로 상사가 커피 심부름을 시킬 때 거절하는 방법까지 나열하고 부당함을 스스로 해결 못 하면 그들에게 연락을 해달라고 했다.

정말 소외되고 자기 소리조차 못 내는 사회적 약자를 소리 소문 없이 돌보려 하기보다는 분란부터 자초하고 나섰다. 자기의 권리를 주장하는 여성 권익 단체에서나 하는 짓을 국가 기관이 주도하는 것이었다. 미국에 있으면서 여자들의 엄청난 일의 용량을 보고 놀랐다. 미국은 비정규직이 95%다. 그래서 직장 내에서 그들의 긴장도는 상상을 초월했다. 옆집에 살던 수잔은 대학에서 강의를 하고 있었는데, 딸을 낳고 일주일 만에 부기도 빠지지 않은 몸을 추스르고 강의를 하러 나갔다. 여름이면 해지는 저녁에 잔디를 깎는 것도 수잔의 몫이었다. 그녀는 집에서 살림만 하는 나를 제일 부러워했다.

어쩌면 여성부는 정작 보호를 필요로 하는 곳은 방치하고, 자기들의 자리 보존을 위한 성을 쌓고, 우리의 철없는 자식들을 총알받이로 내세우지 않았나 생각했던 적이 있다. 당시 교대를 졸업하고 사회생활을 막 시작하는 새내기 교사가 커피 심부름을 시킨 교장에게 성차별이라며 사회고발을 하는 것을 보고 마음이 아팠다. 내 딸이라면 따끔하게 야단을 치고 싶었다. 어찌 보면 아버지 같고 스승 같은 상사다. 그런 분에게 커피 한 잔 타주었다고 여성 비하까지 확대 해석할 필요가 없다. 모르기는 해도 그 선생은 평생 그것으로 인해 삶의 낙오자로 살지 모른다. 세상 경험이 짧은 그녀에게 그런 용기를 주는 곳도 여성부다.

스스로 인권을 지킬 만큼의 사회적인 역량이 있는 자들은 그들의 문제를 그들에게 맡기면 된다. 이제 능력의 문제이지 제도가 문제 되는 사회는 이미 지났다. 1970, 80년대 버전으로 인권 운운하면서 편 가르기를 하지 말고 조화롭게 사는 것을 제시했으면 하는 바람이다. 주장하기보다는 나누고 희생하는 것이 기득권자들이 할 일인데, 여성부는 일하는 여성들 위한다면서 자기들 자리만 고집하고 있다. 그들에게 온갖 사회적인 혜택을 주겠다는 것도 결국 주장하는 자의 몫이다. 사회적인 자리 없이 가족을 위해 사는 여자도 이 나라 여성이다. 내 자식 커피라도 타줄 수 있는 직장에서 일하는 것이 소원인 부모도 많다. 남자는 물론 여자끼리 다시 편을 가르면서 사회정의를 부르짖는 것은 그만하자.

스위스 정신의학자 칼 구스타프 융은 아니마와 아니무스를 통해 남성 속에 여성적 성향이 있고, 여성 속에 남성적 성향이 있다고 했다. 남성 속의 여성성과 여성 속의 남성성은 의식화되기 전에는 열등한 상태에 있기 마련이다. 근대에 들어 남성과 여성이 상대방의 장점보다 열등한 부분을 발견하게 된 것은 오히려 유감이라고 했다. 그 면에 나는 절대 공감한다. 최근 들어 자신의 열등한 부분을 극복하고 상대방 성의 장점만을 취하겠다면서 오히려 아들도 딸도 다 열등해지고 있다는 생각이다.

융은 『유럽의 여성』에서 여성의 특징은 인간에 대한 사랑으로 모든 것을 할 수 있다는 것, 그리고 남성은 사물에 대한 사랑이 그 특징이라고 말하고 있다. 물론 사물에 대한 사랑으로 대단한 일을 하는 여성도 있지만 그것은 예외에 속한다. 그러나 인간은 남성적인 것과 여성적인 것을 자신의 본성 속에 융합하고 있기 때문에 남성이 여성적인 것을 체험하고 여성이 남성적인 것을 체험할 수도 있다. 그러나 남성에게 여성적인 것, 여성에게 남성적인 것은 본래 뒷면에 있는 것인데, 자기의 성과 다른 성의 것을 앞면에 내세워 살리게 되면 자기 고유의 성에 소홀해진다.

정말 살아 보니 바로 이런 정체성의 상실이 사람들을 불행으로 몰고 가는 것 같다. 중용을 지킨다는 것이 얼마나 어려운지 알 것 같다. 부족해서 문제가 아니라 언제나 한 발짝 더 나가려는 인간의 교만이 사회를 혼란시키고 종국에는 모두를 불행으로 몰고 간다. 그래서 융은 다시 강조한다. '남성은 남성으로 여성은 여성으로 살아야 한다'고.

현대 심리학에서는 타고난 본성대로 사는 것이 가장 건강한 정신세계를 유지한다고 말한다. 부족한 것을 극복하면서 겪는 스트레스가 오히려 정신을 병들게 하기도 한단다. 자신의 약점은 보완 수준으로 하고 장점은 더 풍성하게 발달시키는 것이 조화로운 삶을 위한 단계가 아닌가 싶다.

제3부 아름다운 노년을 위하여

아름다운 노년을 위하여

노년, 생의 절정 그 아름다운 마무리

이 나라 베이비 붐 세대의 은퇴가 본격화되면서 온통 노년에 대한 근심 걱정이다. 사는 것이 바빠 노년을 위한 준비를 미처 하지 못했다는 것이 공통된 생각이다. 이제 생각해 보니 자식들에게 너무 많이 쏟아 부었다는 억울한 생각도 들기 시작한다. 늦었지만 이제 나를 위해 살고 싶은데 어떻게 살아야 할지 막막하다. 수명은 늘어난다는데 도대체 늙어 가는 몸으로 그 길고 긴 시간을 어떻게 살아야 할지….

사람들은 편안한 노년을 위해 필요한 것은 오로지 돈이라고 입을 모은다. 사람들은 노년을 편하게 사는 것을 목표로 삼고 있다. 그러기 위해서는 일정 액수의 돈이 필요하다며 그 돈이 없으면 삶을 포기하고, 그 목표에 도달한 사람은 좀 더 편안한 삶을 찾아 헤맨다. 그러나 돈은 절대 사람의 노년을 책임지지 않는다. 노인은 말 그대로 정신세계다. 인간의 신체는 20살이 넘으면서부터 노화가 진행되나 정신은 120세까지 발전한다는 것이 학계의 정설이다. 인간들은 자신의 육체를 단련시키기 위해 온갖 장비를 동원하고 시간을 투자하지만 정작 정신을 위해서는 퇴보된 투자만 하는 것이다.

　정신세계도 육체처럼 단련이 필요하다. 노년과 청년이 다른 것도 그것이다. 청년기에는 그대로 두어도 머물러 있지만 노년은 퇴보하고 만다. 그러니 늙어서 쉬면 퇴보만 하기에, 공격적으로 살아야 그나마 현상을 유지하는 것이다. 정신세계는 말 그대로 무한한 바다와 같은 곳이다. 인간은 평생 살면서 자신의 뇌 기능의 10%도 쓰지 못하고 죽는다고 했다. 젊은 날 자신의 건강하고 아름다운 육체에 취해 세상 유혹에 온몸을 던지며 앞 뒤 없이 열정적으로 살았다면, 노년은 스러져 가는 육체에 대한 집착을 버리고 그동안 내 영혼을 흔들었던 세상의 소리에 귀 닫고 내 안의 세계를 찾을 수 있는 절호의 기회이다. 사실 늙어서 할 수 없는 것은 하나도 없다. 그러기 위해서는 먼저 육체가 늙는 것을 자연스럽게 받아들여야 한다. 새로운 세계로 진입하려면 그동안 내가 잡았던 것들을 놓는 것부터 시작해야 한다.

　육체는 50대에 급격히 노쇠한다. 흔히들 갱년기라고 한다. 사람들은 이때 가장 큰 좌절감을 맛본다. 또한 이때 질병도 많이 나타난다. 그러나 그 시기를 지나 60살이 되면서 몸은 서서히 회복되는 느낌이 들 것이다. 그러나 회복이 아니라 적응이다. 시간 속에서 그 자체에 익숙해지는 것이다. 이후로 노화는 아주 천천히 진행된다.

　그래서 노인기에 나타나는 암 같은 질병은 젊은이들보다 훨씬 진행이 늦다. 그래서 암 자체로 죽기보다는 정신적으로 기력이 쇠해서 죽는 경우도 많다. 내게 익숙했던 젊음을 상실한 것에 대한 일방적인 무기력감이다. 그것은 내가 젊음에서 노년을 바라보는 시각 때문이다. 그러나 젊음이 2차원이라면, 노인은 3차원의 세계이다. 젊음에서는 자신이 늙는다는 것을 인지하지 못하지만, 노인은 젊음에서 벗어나 그것을 내려다보는 것이다. 단순 평면에서 벗어나 공간 차원에서 자신의 삶을 되돌아보는 시점이다. 이어서 새로운 차원의 세계로 들어갈 준비를 해야 한다.

바로 영을 경험하는 마지막 단계이다. 인간은 육체(body)와 정신(soul)과 영(spirit)으로 분류된다. 어차피 육과 정신은 몸이 죽으면 함께 사라지지만 영은 남게 되어 있다. 죽음을 연구한 엘리자베스 퀴블러 로스는 죽음은 당신이 계속해서 성숙할 수 있는 더 높은 의식 상태로서의 변화일 뿐이라고 했다. 그녀는 한 번 죽었다가 깨어난 사람들은 공통적으로 죽음에 대해 평화로움과 차분함을 느끼고, 주체적으로 자각할 수 있는 지식을 갖게 되었을 뿐 아니라 전체성의 느낌을 얻었다고 했다.

죽으면 그만이라는 비관적인 생각이 노년을 허무주의로 빠뜨린다. 육체가 스러져 가는 것에 비애를 느끼고 치매 상태에서 자신이 누구인지도 모르고 죽음을 기다린다면 그것처럼 슬픈 일이 없다. 엘리자베스 퀴블러는 과학과 물질 시대에서 순수하고 진정한 영성이 가득한 세계로 올라가야 한다고 했다. 영성이란 우리보다 훨씬 위대하며, 우주를 창조하고 삶을 창조한 어떤 존재에 대한 깨달음을 뜻한다. 썩어질 육체의 집착을 버리고 다가오는 세계에 대한 준비를 하는 자와 돌아오지 않는 과거에 집착하면서 남보다 편하게 살기만을 계획하는 자와는 분명 다른 미래가 펼쳐질 것이다. 내가 보니 없다 하지 말고 조용히 삶을 관조하며 배워 보라는 것이다. 배우려는 준비가 되어 있는 자에게는 스승이 나타나게 되어 있다.

집 떠나는 할머니

　사람들은 일률적으로 말한다, 열심히 살아야 한다고. 그리고 집에 있으면 가장 게으른 사람처럼 취급한다. 늙고 보니 다 소용없다는 결론이다. 공들여 키운 자식들 늙고 힘없어지는 부모가 마냥 부담스럽다는 눈치다. 그런 자식에게 청춘을 바친 게 억울하고 분하지만 이제라도 철저하게 내 중심으로 살겠다고 다짐한다. 사실 우리 부모 세대들은 자식들에게 해준 것이 없어 죽는 그 날까지 우리 걱정을 했다. 자신들은 먹지 않고 입지 않고 모은 돈을 한 푼이라도 남겨 주겠다는 생각으로 똘똘 뭉쳐 있었다. 하지만 우리는 절대 그럴 리 없다. 죽는 그 날까지 깔고 있으면서 내가 하고 싶은 것 하다가 남으면 주고 없으면 말고…. 한 발 더 나아가 자식들 하는 꼴을 보고 죽을 때 결정한단다, 줄지 말지. 아니면 몽땅 기부할 거란다.
　노년기에 접어든 사람들은 앉으나 서나 건강에 대한 이야기이다. 건강하게 사는 방법으로는 운동이 최고란다. 건강과 관련된 음식이 있다면 지구 끝까지도 찾아갈 자세다. 검증도 되지 않은 건강보조 식품과 의약품을 마치 불로초처럼 맹신한다. 또한 아무리 없어도 일년에 한두 번은 여행가야 한단다, 곰국 끓여 놓고…. 어디를 둘러보아도 죽는 그날까지 식솔에 매여 살았던 예전에 내 할머니와 같은 노인은 찾아 볼 수가 없다. 모두 집을 떠나 자신의 삶을 찾아 떠나는 노인들뿐이다.
　일간 은퇴하면 산부터 타는 것이 마치 코스처럼 되어 있다. 부부가 타는 경우도 있지만 대부분 남녀가 동호회 형식으로 끼리끼리 모여 오르내린다. 산은 그래서 항상 장터처럼 왁자지껄하다. 남자들도 은퇴하면 일단 산을 타라는 고언을 주변에서 해준다. 먼저 산에 오르면서 세상에 대한 마음을 비워야 한다는 것이다. 그래서 은퇴 후 산에 오르는 고가의 장비를 사서 몸에 걸치고 산에 오른다. 처음에는 한창 일을 하다 대낮부터 산을 타니 스스로 위축되다가, 어느 새 주변에 다들 자신의 처지와 같은 사람들과 한두 마디 나누면서 익숙해지고 곧이어 생활하듯 산을 타기 시작한다. 마음을 비우고 허심탄회하게 자기 마음을 나누니 이전에 이해관계에 얽혀 알았던 사람들보다 더 쉽게 친숙해지기도 한다. 때론 세상 이야기도 나누고 정보도 들으면서…. 이제 하루라도 산에 오르지 않으면 입에 가시가 돋을 지경이 되었다.

이제 산은 곧 나이고, 나는 곧 산이다. 산 밑에서 개미처럼 일상을 사는 사람들을 보면 가소롭기까지 하다. 스스로 도인의 경지에 오른 듯한 생각에 빠지기도 한다. 산에서 만나는 사람들과 이야기를 적극적으로 즐기다 보면 점심까지 이어지고 주변 식당에서 함께 밥도 먹고 때론 술도 마신다. 그러면 목소리가 커진다. 더러운 세상, 갑자기 울컥해서 벌게진 얼굴 진홍빛으로 물든다. 마음을 비운다면서 마음에는 온갖 원망과 미움을 섞어 내려온다. 빈 집에 들어가기 뭐하니 사우나 찜질방에 가서 시간을 보낸다.

은퇴한 남편에게 여자들도 선언한다. 평생 해온 집안일에서 은퇴하다고. 각자 해먹는 것이 가장 바람직하지만 정히 힘들면 저녁만 해주겠다는 조건을 걸고 새벽부터 배낭 하나 메고 집을 나선다. 집을 나설 때 알뜰하게 주먹밥 몇 덩이는 준비되어 있다. 수첩에는 그 날의 스케줄이 빽빽이 적혀 있다. 문화 센터에서 실시하는 강좌를 비롯하여 시에서 운영하는 헬스클럽, 동사무소에서 시행하는 각종 건강 프로그램과 컴퓨터 교육 등. 어떤 것은 무료이고 대부분은 아주 저렴하다. 오고 가는 교통비도 공짜다. 더 이상 좋을 수가 없다. 집에 우두커니 앉아 있으면 치매밖에 더 걸리겠나. 늙을수록 배우고 움직여야지. 하루 일과가 끝나고 집으로 돌아오는 시간은 대략 서너 시다. 그러면 동네 어귀의 사우나에 들러 땀과 먼지에 찌든 몸을 푼다. 사우나에 들어서자 먼저 자리 잡고 앉아 있는 여인들이 반긴다. 정말 좋은 세상이야. 대한민국 여자 팔자 상팔자라더니….

여자들은 모여 앉아 서로 자랑하기에 바쁘다. 자기가 참여한 프로그램이 그 누구의 것보다 좋다며 다음 달에는 꼭 해보라고. 그런데 갑자기 최 여인이 요즈음 너무 괴롭다는 말을 한다. 사람들은 일제히 눈을 빛내며 귀를 세우고 최 여인에게 상담해 주겠다는 자세로 고민을 말해 보란다. 그녀는 맞벌이하는 아들 내외가 아이를 봐달라고 한다는 것이었다. 그러자 일제히 여인들이 소리 질렀다. 말도 안 되는 소리라고. 딴 것 다 해줘도 늙어 손자, 손녀 새끼 보는 일은 안 된단다. 애 보는 일은 장난이 아니며 혹여 탈나면 그 원망 고스란히 듣는단다. 그러면서 늙어서 손자, 손녀 보며 아프다 아프다 하는 것은 미친년 시리즈에도 있단다. 결국 손자, 손녀 봐주면 정신 이상자 부류에 들어가고 마는 것이다. 절대 안 된다고 이구동성으로 외치자 그녀는 난처한 표정을 지으며 영감이 해주자고 한다는 것이다, 그러자 또 여인들은 일제히 소리 질렀다. 남자들은 늙으나 젊으나 철이 없단다. 이기적이고 오로지 손자, 손녀 예쁜 것만 생각하느라 마누라 힘든 것은 눈곱만큼도 생각 안 해준단다. 그러면서 그녀가 손자, 손녀를 봐주기만 하면 가만두지 않을 것 같은 태세로 경고를 했다.

이후로 나는 사우나에서 최 여인을 본 적이 없다. 들려오는 소문으로 결국 그녀가 남편의 의견을 이기지 못하고 손자, 손녀를 봐주고 있다는 것이다. 한동안 여인들은 그녀의 배신에 저주에 가까운 충고를 아끼지 않았다. 두고 보라는 것이다. 말 안 듣고 손자, 손녀 새끼 보다 골병 들거 라고…. 자식들은 그저 끝까지 부모 등골 파먹는 악귀인 줄 모른다는 것이다.

나는 이 모습을 보고 참으로 많은 것을 느꼈다. 가장 먼저 든 생각은 할머니가 손자, 손녀 봐주는 것에 대한 저항은 도를 넘고 있다는 것이다. 더구나 그 전염성이 사회 전체를 왜곡시킬 만큼 위험 수위에 와 있다는 것이다. 사실 손자, 손녀가 자식보다 훨씬 더 예쁘다는 노부부가 많다. 이것은 당연한 원리다. 젊은 날은 사는 것도 바쁘고 아이 낳고 키우는 것에 경험도 없어 모든 것이 힘에 부치고 어려워 정말 예쁜지도 몰랐지만, 이제는 세상을 다 주어도 아깝지 않을 만큼 예쁘다는 것이다. 당연히 할아버지들은 어떻게 하면 더 가까이에서 손자, 손녀를 볼까 기대한다. 그러나 할머니들은 질색이다. 모든 것이 할머니 손을 거쳐야 하니 몸이 고달픈 게 사실이다.

하지만 할머니 가설이라는 것이 있다. 이는 손자, 손녀를 봐주는 할머니가 오래 산다는 것이다. 영국의 과학 전문지 『네이처』에 발표된 논문으로 영국의 셰필드 대학의 비르피 루마나 박사는 폐경을 지난 할머니가 가족의 번창에 결정적인 역할을 한다는 사실을 밝혀냈다. 여인들의 폐경 이후의 삶에는 자신보다 자손을 먼저 생각하는 숭고한 뜻이 담겨져 있다는 것이다.

그는 할머니가 오래 산 가족에서는 아들딸들이 더 빨리 결혼했으며, 그들이 낳은 자식들의 터울도 짧았고, 손자, 손녀들이 탈 없이 커서 어른으로 성장하는 비율도 높았다고 한다. 생물의 존재 이유는 번식에 있다고 한다. 그래서 대부분의 동물은 죽을 때까지 생식이 가능하다. 그러나 인간은 일반적인 동물과 달리 45세 전후로 폐경을 맞이해 더 이상 생식할 수 없음에도 장수한다. 이 미스터리를 풀기 위한 것이 바로 이 할머니 가설(grandmother hypothesis)이다.

인간은 어머니의 보살핌을 받아야 하는 기간이 다른 동물보다 길다. 아이가 태어나 부모의 보살핌을 받아야 하는 시기가 20년 정도이니 45세 전후로 애를 낳으면 안 되게 폐경이 오는 것은 당연하다. 루마나 박사는 여성들이 폐경 이후 10년마다 평균적으로 2명의 손자, 손녀를 더 돌보며, 할머니들이 자식들에게 아이 키우는 경험을 전달하고 직접 손자, 손녀 양육에 도움을 줘 자식들이 아이들을 갖는 데 부담을 덜어 준다고 설명했다. 여인들의 폐경 이후의 삶이 자손의 번창을 위한 것이라는 사실은 역으로 자식들이 폐경을 맞아 더 이상 돌볼 손자, 손녀가 없어질 때 할머니들의 건강이 급속히 악화되며 사망률도 증가한다는 데서 알 수 있다고 한다.

물론 이 학설을 그대로 믿을 거냐 말 거냐는 논외다. 믿고 안 믿고는 각자 알아서 판단할 일이다. 실제 이 연구의 조사 대상이 된 할머니들은 나이나 사회 경제적 직위, 문화면에서 아주 다양해, 이 조사 결과가 사회 문화적인 요인보다 생물학적 요인을 강하게 암시했음을 말해 준다. 어쨌든 인간도 자연의 일부이다. 노년기는 자연에 점점 가까워지고 있다는 것만은 알았으면 한다.

물론 아이 보는 일이 그 어느 것보다 어렵다는 것은 익히 알고 있다. 하지만 도움의 손길이 필요한 자손을 위해 할 수밖에 없다면 할머니가 해주어야 하지 않겠나. 정말 이 나라의 복지는 어디를 향해 가는지 가끔 의문이 든다. 어쩌자고 헤치고 가르는 것에만 초점을 맞추는 것일까? 노인 복지를 위해 노인들이 놀고먹게 하는 것에 주력하고 있다. 정말 배낭에 도시락 두 끼만 싸가지고 나가면 한 푼도 안 쓰고 잘 놀 수 있단다. 정히 할 것이 없으면 천안 가는 전철을 타고 몇 번만 오르내리면 하루해가 다 간다는 것이다. 겨울에 따뜻하고 여름에 시원하고 여인들끼리 모여서 수다 떨고, 때 되면 역에 내려 도시락도 까먹고. 집에 우두커니 있으면서 늙은 남편 밥 해주고 손자, 손녀나 봐줘야 하는데, 국가에서 교통비 공짜, 문화비 공짜인데 운동도 되고 돌아다니자. 바쁘게 돌아다니자.

집을 지키는 그 한 사람만 있으면 참으로 모두를 행복하게 할 텐데. 집값은 세계 최고라고 자랑하면서 집은 항상 비어 있다. 빈 집이 싫어 모두들 밖으로 도는 것인지, 아니면 모두들 밖으로 도는 것이 좋아서 집이 비는 것인지는 알 수 없다. 성경에서는 늘 그 한 사람이 없어 하나님이 세상을 심판하신다.

여자가 남자보다 오래 사는 것도 자연적인 섭리이다

통계학적으로 여자가 남자보다 7~8년 오래 산다고 한다. 나는 이것도 앞서 말한 할머니 가설에서 보듯이 창조의 원리라고 생각한다. 할머니 가설처럼 과학적으로 입증하기는 어렵지만, 세상을 살다 보니 그런 모든 것이 우연히 일어나는 것은 아니라는 생각이 든다.

한동안 존엄사로 온 나라가 떠들썩한 적이 있다. 그 중심에 있는 김 할머니는 법적으로 죽음을 인정받았다. 이유는 가족들은 법적으로 자신들의 어머니의 죽음을 정당화하고 인정받고 싶었던 것 같다. 사실 중환자실에 오래 근무하면서 인간은 정말 죽음 앞에서 결코 당당할 수 없다는 것을 봤다. 집단 상담 치료에 유서 쓰기 과정이 있다. 일률적으로 눈물 콧물 흘리며 미안하다, 사랑한다, 읊조리지만, 그건 어디까지나 내 안의 허구를 끌어내는 것일 뿐이다. 내가 죽는다고 가정해서 나를 돌아보고 남은 가족도 생각해 보라는 취지이지만 말 그대로 입증할 수 없는 가설일 뿐이다.

실제 예측하지 못한 죽음에 임박한 환자들은 엄청난 두려움에 휩싸인다. 오랜 말기 암 환자도 막상 죽음을 맞이할 때는 그 두려움을 떨쳐 버리지 못한다. 그래서 의식이 먼저 가야 그나마 죽음을 편하게 맞는 것 같다. 이러니 주변에 가족이 전혀 보일 리 없다. 슬퍼하는 가족들에게 둘러싸여 사랑한다, 미안하다는 감상은 말 그대로 드라마에서 나오는 장면이고 죽음을 전혀 생각지 못하는 건강한 사람들의 요망일 뿐이다.

부모의 임종을 바라보는 가족들의 태도는 더 다양하다. 위급한 상황에 중환실로 입원하는 순간부터 하늘이 무너지는 듯한 모습으로 울부짖으며 의료진만 보면 무조건 살려만 달라고 매달린다. 하긴 이처럼 갑자기 가실 줄 알았으면 진작 효도했어야 한다는 자기반성이 앞서지 않을 수 없다. 평소에 불효한 자식들이 더 과장되게 울어 대며 최선을 다해 달라고 절규한다. 그러다가 하루 이틀 지나 달을 넘기면서부터는 태도들이 달라진다. 중환자실 대기실에서 온 가족이 순번을 짜고 있던 그들은 어느 새 흔적도 없고, 필요해서 찾으면 집에서 달려오기 일쑤다. 그리고는 틈만 나면 혹여 의료진이 잘못하는 것이 없나 의심하고 사소한 것도 꼬투리 잡아 시비를 걸기도 한다.

사실 중환자실은 병원 내에서 가장 고가의 장비가 밀집되어 있는 곳이다. 삼성의료원에 중환자실을 개원할 당시 침대 당 3천만 원 정도의 설치 비용이 들었던 것으로 기억된다. 그 외에 호흡기에서 각종 이동식 의료 장비까지 포함하면 평당 가격은 더 높아진다. 환자 당 가동되는 의료 인력은 일반 병실에 비해 3~4배가 높다. 이 같은 중환자실을 일반적으로 죽음 직전에 들어오는 것으로 생각하는 사람들이 많은데 절대 그렇지 않다. 결국 살아 나가는 환자에게 우선권이 있다. 그래서 말기환자나 고령의 환자인 경우에는 중환자실의 입실 기준이 아니다. 최근에 이러한 입실 기준이 많이 명문화되어 중환자실을 비워 둘지언정 소생이 희박한 환자 입실을 금한다. 그 기준을 놓고 논란의 소지가 있지만, 어쨌든 중환자실 입실은 그만큼 비용이 늘어 가족의 부담이 커지는 것이 사실이다.

그래서 중환자실에서는 보호자에게 선택권을 준다. 회복이 불가능하거나 경제적인 뒷받침이 안 되는 경우 DAA(discharge against advice)를 권하다. 이는 말 그대로 보호자가 원하면 집으로 모시고 갈 수 있다. 치료를 포기할 권한을 주는 것이다. 법적인 권한이라기보다는 도덕적 권한인 셈이다. 남은 자에게 선택권이 넘어가니 누군들 선뜻 나서겠는가? 이때부터 가족들은 고민에 휩싸여 우왕좌왕한다. 입원 직후에 무조건 살려만 달라, 집을 팔아서라도 입원비를 대겠다던 호언장담은 사라지고 서로 눈치만 본다. 이때 가족 구성원이 누구이냐에 따라 결정이 달라진다.

부모님 중에 한 분만 남고 마지막 한 분이 가시면서 그 결정을 자손들이 해야 할 때는 절대 결정이 나지 않았다. 아마도 김 할머니 같은 경우가 아닐까 싶다. 어느 자식도 부모의 생사를 쥐고 흔들지 못한다. 그래서 그들도 법의 힘을 빌리려 했는지 모른다. 또 할아버지가 생존해서 할머니가 입원했을 때도 상황은 같다. 이유는 잘 모르겠지만 60대 후반에 접어든 할아버지들은 죽어 가는 아내에 대한 미련을 결코 버리지 못하는 것 같았다. 젊어서 아내 속을 썩였든 썩이지 않았든 할머니 없는 삶 자체를 인정하지 못하는 것 같았다. 냉정하게 보면 자기연민에 가까운 듯했다. 정말 그래서 남은 재산 다 팔아도 아내는 지키고 싶어 한다.

하지만 할머니가 살아 있으면서 할아버지가 입원한 경우에는 대부분 결론이 난다. 할머니가 자신이 그 죄를 쓰겠다며 모셔간다. 할아버지에 대한 피 값을 자신이 지불하겠단다. 앞날이 구만 리 같은 자식들에게 그 같은 짐을 지울 수 없고, 쥐꼬리만 한 재산이지만 죽어 가는 늙은이에게

다 쓰는 것이 무슨 소용이냐고…. 섭섭해 하지 말고 먼저 가세요. 나도 곧 뒤따라가리다. 언젠가 집으로 모셔가는 할아버지 손을 잡고 울던 할머니가 아주 오래된 고서처럼 내 머리에 남았다.

그래서 여자가 오래 살아야 할 이유인 것 같다. 여인들은 어떤 한계 상황에 다다르면 초인적인 힘을 발휘한다. 특히 자손을 향한 여인의 강인함은 배워서 습득했다기보다는 타고나는 것 같다. 구약에 많은 여인이 나온다. 여자는 미약하여 역사를 거스를 힘은 없지만 자손을 제 손으로 거두고자 하는 강인한 리스바의 모습은 감동적이다.

다윗 시대에 사울의 자손 일곱 명이 사울의 죄 값으로 목매달려 죽는다. 당시의 법은 죄인은 결코 땅에 묻을 수 없다. 그대로 매달린 채 까마귀에게 쪼이고 들짐승이 시체를 먹도록 방치한다. 하지만 리스바는 죽은 자식의 마지막 명예를 지켜보겠다며 나선다. "그들을 산 위에서 여호와 앞에 목매어 달매 그들 일곱 사람이 동시에 죽으니 죽은 때는 곡식 베는 첫날 곧 보리를 베기 시작하는 때더라. 아야의 딸 리스바가 굵은 베를 가져다가 자기를 위하여 바위 위에 곡식 베기 시작할 때부터 하늘에서 비가 시체에 쏟아지기까지 그 시체에 낮에는 공중의 새가 앉지 못하게 하고 밤에는 들짐승이 범하지 못하게 한지라. 이에 아야의 딸 리스바가 행한 일이 다윗에 알려지매…." 그저 사람들은 하나의 사건이겠지 하지만 한번 이 모습을 상상해 보라. 목 매달린 자식의 썩어가는 시신 아래서 국법에 저항하며 밤낮으로 지키는 여인은 보고만 있어도 섬뜩할 것 같다. 결국 다윗도 그 같은 모성에 굴복하고 시신들을 추슬러 조상의 땅에 함께 묻게 한다.

얼마 전 한 친구의 친정어머님이 돌아가시고 또 한 친구는 시어머님이 돌아가셨다. 두 분 다 남편보다 먼저 세상을 떠났다. 하지만 시어머니를 여윈 친구는 이후로 마음고생을 많이 하고 있다. 그녀의 시아버지는 장성 출신이시다. 육군 사관학교를 나오지 않았음에도 별을 달 정도로 관운이 좋았다. 하지만 친구는 결코 운만은 아니었다고 한다. 배경이 좋지 않은 시아버지가 그 자리에 오르기 위해 시어머니가 몸만 안 팔았다는 표현을 서슴지 않았다. 그만큼 고생을 했다는 소리였다. 상사의 집에 가서 식모처럼 일하고 그들의 대소사는 한번도 거른 적이 없었단다. 뿐만 아니라 군인이고 보니 오지로 발령을 받으면 그 지역에 좋은 땅을 형편 닿는 대로 매입했는데, 세월이 흐르면서 그것들이 천정부지로 뛰어 감히 군인 월급으로는 상상도 할 수 없는 돈까지 모았단다. 그런 시어머니가 간암으로 세상을 떠났다. 어머니가 그런 고생을 하고 세상을 떠났지만 시아버지는 제대 후에 정계에 진출하면서 사회적인 출세를 계속 이어나갔다.

친구는 그런 시아버지를 정성껏 모셨는데 최근에 시아버지가 새장가를 들겠다고 선언했다는 것이다. 친구는 시어머니 돌아가신 지 2년도 채 안 되었고 며느리인 자신이 남편보다 시아버지 뒷바라지에 더 공을 들였는데 새장가 가시겠다는 소리에 충격을 받았다는 것이다. 더구나 상대가 자신과 비슷한 연령의 여인으로 지방대학 교수이며 독신이었다. 정말 너무 억울하고 분해서 몇 날을 뜬 눈으로 세웠다고 했다. 장남인 자신의 남편도 사회적으로 안정된 직업을 갖지 못하고 있다고 했다. 그럴 수밖에 없는 것이 가난한 군인의 아들로 태어나 제대로 양육 받지 못했으니 그럴 수밖에 없었다. 친구는 온 집안의 기란 기는 시아버지가 몽땅 받았으니 아내인들 제 명에 살 수 있으며 자식인들 잘되겠느냐고 했다.

그런 자식들을 불러 놓고 시아버지 말이 더 걸작이었단다. 너의 어머니와 너희들 때문에 내가 인생을 제대로 살지 못했다고…. 이제는 나도 얼마 남지 않은 내 인생을 살고 싶으니 너희들이 이해해 달라고…. 그날 밤 남편은 강가에서 만취된 채 어머니를 부르며 목 놓아 울었단다.

친정엄마가 죽은 친구도 꽤나 재력 있는 집안의 딸이다. 강남에 빌딩을 가지고 있을 정도로 친정이 잘산다. 친구는 이미 출가외인이고 2남 1녀의 막내딸로 어차피 친정 재산에 큰 미련은 없다고 말은 그랬다. 그런데 오빠 둘이 영 신통치 않고, 친정엄마는 항상 그 염려로 마음이 편치 않았다고 한다. 그런데 그 엄마가 폐암 진단을 받았다. 이미 손쓰기도 어려울 만큼 전이되어 3개월을 넘기지 못할 거라는 것이었다. 친구는 급작스러운 비보에 감당할 수 없는 슬픔으로 견딜 수 없는 지경이 되었다. 아무 생각 없이 매일 병원을 들락거리며 어머니 병간호를 하는데, 어느 날 엄마가 모두를 부르더라는 것이다.

이미 죽음이 임박한 엄마가 그 날만큼만은 화장도 단정히 하고 앉아서 자신을 비롯하여 아버지와 두 오빠 내외를 맞이하더라는 것이다. 다들 유언을 남길 거라는 예측을 하고 모두 슬픈 표정을 짓고 있는데, 엄마가 아버지를 향해 당신 재산 절반에 대한 상속권을 달라고 했단다. 아버지가 움찔하면서 갑자기 웬 돈? 뭐 그런 표정이었다고 친구는 말했다. 그러더니 엄마가 말을 이었다. "나 평생 당신 위해 살았어요. 어쨌든 법적으로도 당신 재산 절반에 대한 권한이 있는 것 아시죠? 나 죽기 전에 정리해서 애들에게 주세요. 그리고 너?" 그렇게 친구를 지목하면서 "부모 덕분에 남편 잘 만나 지금 남부럽지 않게 살지? 그것으로 마음 비워. 나 죽고 재산 가지고 옥신각신하지 않겠다고 약속해. 엄마에게 남겨진 것은 두 오라비에게만 갈 거야. 섭섭해하지 마." 그 말을 들은 친구는 눈물이 왈칵 쏟아졌다. 돈도 돈이지만 정말 섭섭했다. 어쩌면 같은 자식인데 이처럼 차별을 하는 것인지…. 아무튼 상황이 상황인 만큼 아무 소리도 못하고 울고만 있는데 엄마가 오빠들을 향해 당부하더란다. "느이 아버지 아직 혼자 살기에는 젊다. 이제 아버지 남은 재산 가지고 당신이 하고 싶은 대로 살게 해드려. 알았지?"

살아 보니 왜 여자를 대지에 비유했는지 그 이유를 알 것 같다. 융은 아프리카 엘곤 산자락에서 만난 아프리카 여인에게서 대지에 굳건히 발을 딛고 자기세계를 지배하는 건강한 모성 상을 발견했고, 은은한 색의 명주치마를 두른 인도 여인의 감추어진 아름다움과 위엄을 찬양했으며, 맨살을 드러내고 거의 벗은 채 다니는 현대 유럽의 멋없는 여인에게 눈살을 찌푸렸다. 그러면서 그는 여성의 심리를 맺는 자이자 푸는 자인 위대한 에로스의 원리에 근거하고 있다고 했다.

개인적으로 나는 융의 학설을 좋아한다. 특히 그는 이전 심리학자들과 달리 여성이라는 것을 따로 분리하여 분석했다. 역사 이래로 심리나 철학은 대부분 남자 주도 하에 발달해 왔다. 20세기에 여자들의 위치가 급격히 발전하면서 사회적인 영역에서 결코 남자에게 뒤지지 않을 만큼 영역이 확대되고 있으나, 인문과학 분야에서 남자들의 냉철한 분석력을 따르지 못하는 것 같다. 시몬느 보봐르가 『제 2의 성』에서 여성을 남성에 비유하여 다르지 않다는 것을 단순 비교했을 뿐 여성 자체에 대한 분석은 미흡했다.

어쨌든 남자들이 여자의 심리를 아는 데는 한계가 있다. 더구나 20세기에 들어와서 남자들은 여자에 대한 탐구를 더 기피하는 것 같다. 여러 가지 이유가 있겠지만 논란을 피하고 싶은 것도 그 중에 하나일 것이다.

그 면에서 융은 아니마와 아니무스라는 용어로 남녀의 심리를 분석하여 설명하고 있다. 특히 여성의 심리 분석을 위해 세 사람의 여성을 제자로 키웠다. 그 중에 마리 루이제 폰 프란츠는 여성 속의 남성성인 아니무스를 의식화하기 위해서는 많은 시간과 고통을 참아갈 것을 요구한다.

그러한 과정을 거치면서 아니무스는 최고의 가치를 지닌 내적 동반자가 되며 주도성, 용기, 객관성과 정신적인 명증성 같은 긍정적인 남성적 성질을 부여 받는다고 했다.

이것은 중년에 남성이 여성화되고 여성이 남성화되는 것과 같은 맥락이다. 그러나 남자보고 여자처럼 살고 여자보고 남자처럼 살라는 것은 아니다. 융은 결혼에 대하여 말하기를, 결혼으로 일심동체가 강조되기보다는, 일심일체의 남성과 일심일체의 여성을 조금이나마 실현하는 작업을 함께 해나가는 일이며, 남성 안의 여성과 여성 안의 남성을 가능한 한 살리는 일이라고 했다. 하지만 그것이 본래의 성을 부정하는 방향으로 나아갈 때 문제가 되며, 근대 사회에서 남성의 나태함과 여성의 남성화는 오히려 정신적인 혼란을 유발한다고 했다.

또한 마리 루이제 폰 프란츠는 아니무스가 육체적인 힘의 단계에서 종교적인 의미의 단계로 발전되면, 여성은 유약함을 보상함으로써 정신적으로 흔들림 없는 존재가 된다고 했다. 대지처럼 세상의 모든 것을 품고 묵묵히 풍상을 견디며 싹을 틔워내는 그 위대함이 바로 여자의 힘이다.

여자들이여, 은퇴한 남편과 생을 같이하라

남자들은 늙어서 필요한 것 5개를 꼽으라면 첫째 부인, 둘째 마누라, 셋째 와이프, 넷째 집사람, 다섯째 처란다. 물론 여자에게 필요한 것은 돈, 친구, 딸 등의 순으로 남편은 순위에 없다. 늙어서 이처럼 아내에 대한 절대적인 남편의 짝사랑을 보여 주는 우스갯소리다.

50줄에 접어든 아내들도 모이면 은퇴를 앞둔 남편과 살 생각에 머리가 아프단다. 그러면서 은퇴한 후에 남편이 정말 이상하게 변한다는 풍문은 은퇴를 앞둔 여자들을 더 공포스럽게 한다. 꼼짝도 않고 집에만 있으니 세 끼 밥 해주느라 힘이 드는데, 부엌에까지 들어와서 냉장고를 뒤지면서 무슨 음식을 이처럼 산더미같이 쌓아 두느냐고 잔소리를 한단다. 다 참겠는데 자기 영역까지 침범하는 것은 못 참겠단다.

그래서 한 친구는 은퇴한 남편에게 아예 살림을 가르치려고 한단다. 자기는 평생 했으니 이제 당신이 하라는 소리다. 그래서 아예 아침에 나와 남편이 밥을 할 때는 안방에서 꼼짝하지 않고 누워 있단다. 또 한 친구는 남편이 건설회사 사장까지 하고 은퇴를 했다. 그녀는 그 남편 때문에 정말 폼 나게 잘살았다. 남편이 주로 해외 파트에서 일을 하면서 출장도 잦고 해외 체류도 많았던 터라 함께한 시간이 별로 없다. 신혼 때는 그것이 불만이었는데, 30대 중반부터는 그처럼 좋을 수가 없단다. 그녀는 일 년에 해외여행 몇 번씩 다니는 것은 기본이고 골프는 전혀 시간에 구애 받지 않고 치러 다니는 것을 보면서 모든 친구들은 팔자 늘어졌다고 부러워했다. 하지만 최근에 남편이 은퇴하고 한 달 만에 친구가 사지 마비로 응급실로 실려 갔다. 남편과 함께 있는 시간이 너무 힘들어 그 스트레스가 온몸을 마비시킨 것이었다.

이러니 은퇴를 앞둔 남자들도 일을 그만두는 것 자체보다 집에서의 자신의 역할에 대한 근심 걱정으로, 아직 은퇴를 몇 년 남겨 두었는데도 우울증 약을 먹을 만큼 힘이 든단다. 사회도 공포스럽기는 마찬가지다. 베이비부머 은퇴자가 쏟아져 나와 경제에 미칠 파장 또한 만만치 않다고 한다. 정말 역동적으로 자기 성취감으로 살아온 세대이다. 우리들이 생산 활동에 들어가는 1980년대를 전후하여 이 나라는 천지개벽을 한 것이라 해도 과언이 아니다. 우리가 시간을 따라오면서 적응을 하기에 그렇지, 만일 그때의 시간을 잘라 2010년도에 갖다 붙이면 그런 생각이 들 것이다. 1970년대에 30년 후에 이런 문화가 있을 거라고는 상상도 못 했다. 무선 휴대폰에 모바일 폰에서 인터넷 거래 등 어쩌다 그때 무인도에 들어갔다가 지금 구출되어 나오면 다른 별에 있다는 생각이 들 정도로 이 나라는 달라져 있다.

이렇듯 베이비부머 세대들은 이 나라 성장을 따라온 주역들이다. 그러다 보니 집에서 밥 한 끼 제대로 먹어 본 적이 없다. 새벽에 출근하여 야근을 밥 먹듯 하고 해외 출장을 다니느라 몇 달씩 집을 비우는 것은 일상이다. 그래서 아내가 무엇을 하는지, 아이들이 어떻게 크는 지도 모르고 오로지 일하고 돈 버는 데 집중한 세대이다. 여자들은 또 어떤가? 아주 열악한 환경만 아니면 고등학교 정도는 졸업했다. 대학을 나온 여자들도 쏠쏠 늘어나고 일부는 남자처럼 사회 참여도 했다. 분명 여자들도 이전 세대보다 상당히 자존감 있는 여자들이 되었다. 비록 고등학교밖에 나오지 못했어도 자신이 무능해서라기보다는 운이 없었기 때문이라 생각하고, 대학을 나와 사회적으로 출세하는 여자들을 보면 자괴감이 들기도 한다. 이전 세대는 남자의 권위를 그런 대로 인정하면서 가정을 지키는 것에 큰 불만이 없었지만 우리는 다르다. 이 나라의 발전하는 모습만큼이나 시대에 뒤떨어져 산다는 피해의식이 잠재해 있다.

그렇다고 집에서 살림만 했다고 편하게 놀고먹지 않았다. 남편 월급 받아서 알뜰하게 살림하고 아이들 교육에 전념했다. 너만은 나처럼 살지 말라며 아이들의 교육에 전부를 걸기도 했다. 그래서 고액 과외를 시키기 위해 남의 집 도우미로 나가는 것도 마다하지 않았다. 또한 개발도상

국인 이 나라 부흥에 편승하여 부동산으로 재테크를 하며 가정 내에서 자신의 세를 키워 나갔다. 쥐꼬리만 한 남편 월급 가지고 이처럼 불린 게 누구냐고 큰소리치는 친구가 대다수다. 이렇듯 우리는 안팎으로 자신이 할 수 있는 것은 다하며 열심히 살아온 세대이다. 그래서 순수하게 경제적인 측면에서만 보면 아주 실한 열매를 맺은 세대인 것만은 틀림없다.

하지만 그들이 바라보는 노년은 그다지 희망적이지 못하다. 여러 가지 이유가 있겠지만 먹고 살 만은 한데 가족이라는 연대가 약해졌다. 아마도 가족이라는 이름으로 출발했지만 경제 부흥과 함께 서로 다른 방향으로 있는 힘껏 내달아 도저히 합쳐질 수 없는 지경까지 온 것 같다. 이제 가족들은 서로 얼굴을 바라보며 서로를 이해할 수 없다는 반응이다. 아이들은 부모를 이해할 수 없다고 하고 남편은 아내를, 아내는 남편을 이해 못 하겠단다. 되돌아보니 가족이란 서로의 한 쪽 발들을 묶고 가야 했었나 보다. 묶여 있으니 때론 불편하고 때론 비틀거리면서 가겠지만 도달하는 곳은 같을 수밖에 없는데….

교사인 친구도 지난해에 다니던 학교를 조기 은퇴했다. 30여 년 가까이 다니니 너무도 지겹더란다. 갱년기를 앞두니 여기저기 쑤시고 목도 아프고…. 사실 오래 전에 그만두고 싶었지만 혼자 그만두는 것이 억울해서 누군가 강압적으로 그만두게 했으면 딱 좋겠다고 하더니, 최근에는 그토록 자부심을 갖게 했던 학생들이 꿈에 나타나면 무섭단다. 아무래도 너무 오래 한 모양이라며 남편의 은퇴가 몇 년 남았으니 먼저 그만둔다며 결정을 내렸다. 한달 정도 쉬고 나니 다시 온몸이 근질거려 살 수가 없단다. 더구나 자신이 집에 있으니 남편을 위시하여 자식들까지 완전히 손 놓고 자신을 식모 부리듯 한다며, 무엇이라도 해야지 자존심이 상해 참을 수가 없단다. 이것저것 알아보더니 차라리 사회봉사라도 해야겠다며 독거노인 점심 봉사를 나간다.

친구야, 먼저 내 식구에게 봉사부터 해라. 내가 돈 번다고 언제 따뜻하게 집안 식구에게 밥 해준 적 있으며 힘들고 어려울 때 말없이 그들 곁에 있어 준 적 있니? 이제 네가 살아온 방식을 벗고 새로운 방식으로 살아야 건강한 노년이 온다는 것을 잊지 마라. 네가 그동안 사회적으로 너 자신이 하고 싶은 것을 했다면, 가족 중에는 누군가 희생했을 것이다. 가정이라는 곳은 지키는 자가 없으면 결코 완전한 가정이 만들어지지 않는다. 그래서 내가 없어 완성되지 않은 가정 이제 만들어 보면 안 될까? 그것은 거창한 계획도 구호도 필요 없다. 그저 집에 앉아 사랑하는 내 가족이 원하는 것을 해주면 된다. 설사 지금 그들이 네게 무리한 것을 요구해도 그것은 그저 오랜만에 해보는 어리광 같은 것이다. 남에게 봉사하겠다는 생각 버리고 먼저 네 가족에게 봉사하면 어떨까? 30년 열심히 일했으니 그냥 살림하면서 몇 년 살아 봐. 인생이 새로운 차원에서 다가올 거야.

온전한 가정에 사랑하는 사람 한 사람만 있어도 그 가정은 어떠한 세상에서도 흔들리지 않는다. 노년에 부부는 뜻만 맞으면 큰 돈 필요 없다. 세상 살고 보니 자기 십자가를 지고 나를 좇으라는 예수의 가르침이 무엇인지 알 것 같다. 인간은 작은 능력만 있어도 자기가 싫은 것은 절대로 하지 않는다. 그리고 세상은 말한다. 자기 십자가를 버리고 세상을 향한 짐을 지어야 한다고….

맛집 순회하며 배곯는 현대인

남편 친구는 꽤 잘나가는 사람이다. 머리가 좋고 화술이 좋아 학계에서 알아주는 모양이다. 부인도 무용을 전공하여 대학 교수로 있다. 맞벌이 부부이지만 아이가 셋이다 보니 경제적으로 풍요로운 형편은 아닌 모양이었다. 고정적으로 살림을 해주는 사람이 없다 보니 집에 가면 발 디딜 자리가 없단다. 세탁기도 제때 돌리지 못해 때론 빨려고 내놓은 옷을 다시 주워 입을 정도라고 한다.

어쨌든 둘은 열심히 벌면서 쓰는 것에 구애받지는 않는 것 같았다. 특히 남편 친구는 미식가라 대한민국에 좋다는 음식은 다 먹어 봤다고 자랑하기를 좋아했다. 특히 별난 음식이라고 소문나면 기어코 찾아가서 먹어 본다고 했다. 덕분에 우리도 가끔 그가 권하는 음식을 맛보기도 한다. 갈 때마다 그는 자기가 소개한 음식을 예찬하며 우리에게도 소감을 물었다. 당연히 맛이 있었다.

어느 날 그는 부부 모임에서 음식을 택한 자신의 탁월함을 자랑하면서 그의 사무실 앞에 있는 라면집 아줌마도 자신의 까다로운 입맛을 알고 있다고 했다. 자기가 술 마신 다음 날 아침 출근해서 식당에 가면 아줌마는 자기가 알려준 레시피로 라면을 끓여 주는데 그 맛 또한 일품이란다. 그 소리를 듣는 순간 저 사람이야말로 배를 곯고 산다는 생각을 했다. 제 집에서 맛을 찾을 수 없으니 저토록 맛을 찾아 헤매는 것이 아닐까.

사람들은 저마다 맛집을 많이 알고 있는 것을 큰 자랑으로 생각한다. 방송 프로그램마다 맛집을 소개하며 연예인들이 나와 볼이 튀어나오도록 먹어 대며 참을 수 없다는 듯이 감탄부터 터뜨린다. 채 삼켜지지 않은 음식이 입속에 가득하고 입술에는 기름이 번들대며 코와 눈에는 이슬까지 맺힌다. 물론 보고 있는 시청자들은 침을 꼴깍이며 꼭 가봐야지 생각한다. 하지만 물어물어 가보면 결국 그 맛이 그 맛이다. 외계에서 가지고 온 재료도 아니고 늘 내 밥상에서 오르는 것인데 양념이 다르다는 이유다.

젊은 날 한때는 정말 세상의 맛있는 음식 먹는 것이 소원이었다. 하지만 이 나이 되고 보니 그런 것들이 탐나지 않는다. 어쩌다 그런 음식들을 접하고 욕심을 내고 보면 영락없이 탈이 나고 만다. 모든 것을 소화할 수 있었던 것도 젊음 때문이었다. 50살이 넘어가니 세상에 산해진미가 내 것이 아니다. 그저 갓 지어낸 따뜻한 밥에 내 입에 맞는 된장찌개와 김치만 있으면 부러울 것이 없다. 부부가 머리를 맞대고 잘 삭힌 깻잎 짱아지로 물 말아 먹는 밥도 기가 막힌다. 늦은 저녁 남편이 출출하다면 국수를 삶아 김칫국물에 말아 먹는 맛도 장난이 아니다. 세상살이 바쁜 사람들은 그것도 함께 잊은 모양이다. 어쩌면 기억에도 없는지 그 나이 되도록 맛을 찾아 헤맨다.

세상 아무리 바뀌어도 우리는 밥 세대다. 그저 따뜻한 밥만 먹으면 행복했다. 단순히 내가 먹고 싶을 때 먹고 싶은 음식을 해먹을 수 있는 사람이 있다면 부러울 것이 없다. 어린 시절 우리에게 집은 곧 밥이었다. 학교를 파하고 집으로 향하면서 대문이 보일 즈음 달리기 시작해 대문을 소리 내어 밀치고 소리친다. 엄마 밥! 그러나 현대인들은 이처럼 기다리며 밥을 해주는 사람이 없다. 모두들 바쁘다는 이유로 외식에 익숙하다. 집에서 밥을 해먹는 것은 무능의 소치로 받아들여지기까지 한다.

나이 들어 갈수록 엄마보다 할머니가 더 기억에 떠오른다. 우리 엄마도 자식들에게 해준 게 참 많다. 무능한 남편 덕분에 온갖 일을 하면서 자식 다섯을 대학에 보낸 대단한 엄마였지만 별로 기억에 없다. 엄마는 일이 바빠 방학만 되면 나는 할머니 집으로 보내졌다. 때론 혼자서, 좀 더 커서는 동생을 데리고 할머니 집에 갔다. 할머니 집은 역전과 멀지 않아 걸어서 갈 정도였다. 하지만 어린 내게는 참으로 먼 길이었다. 특히 추운 겨울에는 더 그랬다. 기차에서 내리면 어김없이 해는 떨어져 세상은 캄캄하고 길은 미끄러웠다. 동생의 손을 잡고 부지런히 걸어 할머니 집의 창에서 새어나오는 따뜻한 불빛을 보면 그때 비로소 손에 땀이 나도록 쥐고 있던 동생의 손을 놓는다. 그리고 조심조심 다가가 대문을 민다. 나무로 얼기설기 만든 대문은 언제나 비스듬히 열려 있으면서 누군가 건드리면 삐걱 소리를 냈다.

할머니! 하고 소리치고 싶지만 그 어린 나이에도 우리 자매는 그다지 환영 받지 못하는 존재라는 것을 알고 있었다. 하지만 할머니는 방문을 열고 뛰쳐나오신다. 할머니는 꽁꽁 언 우리 몸을 안방의 아랫목으로 밀어 넣으신다. 발에 따뜻한 밥주발이 닿는다. 윗목에는 우리를 위한 밥상이 있고 화로에 얹힌 뚝배기에 된장이 끓고 있다. 할머니는 이불 밑에 숨겨져 있는 밥주발을 꺼내어 밥상에 올리고 끓는 찌개를 옮겨놓으며 밥을 먹으란다. 추운데 오느라 고생 많았지, 어서 먹어. 할머니는 밥숟가락을 들고 허겁지겁 먹는 우리 자매를 바라보며 한숨짓는다. 아이고, 미친년, 새끼들 품고 제대로 건사하지도 못하면서 뭐하려고 저리도 많이 낳았는지…. 어린 마음에 그 소리가 왜 그리도 듣기 싫었는지. 그때는 그러는 할머니가 미웠다.

할머니는 엄마가 자기가 권하는 남자와 결혼하지 않고 엄마가 좋아하는 남자와 결혼해서 그 고생이라는 것을 입에 달고 살았다. 그래서 둘은 만나기만 하면 싸웠다. 당시는 전화도 없다. 엄마가 할머니에게 우리가 간다고 연락했을 리 없다. 하지만 할머니는 방학이 시작되는 날이면 딸이 밉다, 밉다 하면서도 이처럼 밥을 해놓고 외손자, 손녀인 우리를 기다렸다. 세상이 풍요로워졌다지만 그때처럼 따뜻하고 맛있는 밥이 없었다는 생각이 든다. 세상에 아무리 큰일을 하면 무엇 하겠는가. 이처럼 내 입에 딱 맞는 음식을 해줄 사람도 없고 해먹지도 못하는데….

　나이 든다는 것은 이래서 좋다. 그저 먹고 입는 것이 소박해진다. 세상을 놀라게 하는 명품도 내 몸에 맞지 않으면 입기 싫어진다. 세상에 맛있는 것들이 내 입이 싫단다. 호화로운 호텔 방이 이제는 싫다. 바뀐 잠자리에서 몸을 뒤척이면서 괴롭기보다는 내가 자던 잠자리에서 내게 익숙한 사람과 몸을 부비며 편하게 잠드는 것이 좋다. 여자들이 마음 조금 비우고 은퇴한 남편들과 이 작은 것들을 온전히 즐기면 세상은 어쩌면 훨씬 따뜻하고 살기 좋아지지 않을까.

여자들에게는 음식을 하는 것이 바로 생명력이다

　여자로 태어나 세상에서 제일 싫은 게 무엇이냐고 물으면 가족에게 밥 세 끼 해주는 것이라고 말을 한다. 나도 1995년 다니던 직장을 그만두고 남편을 따라 미국에서 생활하는 2년 동안 살림하던 그때가 가장 힘들었었다. 처음에는 다니던 일을 그만두면서 편하게 밥이나 하면서 놀고먹는 것이라 즐거웠다. 하지만 내가 간 지역은 한국인도 별로 살지 않는 곳인데다가 남편은 순전히 세 끼 밥을 먹어야 하는 토종이다. 더구나 공부하는 늦은 학생이다 보니 수업만 끝나면 총알처럼 집으로 왔다. 그렇다고 한국처럼 외식이 잘되어 시켜 먹을 수도 없었다. 그러니 아침 먹으면 점심 걱정, 점심 먹으면 저녁 걱정으로 하루가 어떻게 가는 줄 모르고 살았다. 돌아올 즈음에는 거의 미쳐 갈 것 같았다. 그때 알았다 여자에게 살림과 직장을 택하라면 당연히 직장이다. 살림한다는 것 자체가 여자들에게 엄청난 에너지를 요하는 것이다.

 다시 한국으로 돌아와 남편이 직장을 다니면서 조금 숨통이 트이는 것 같았다. 아침에 한 끼 먹고 출근하면 저녁까지 먹고 들어오는 날이 많았다. 그래서 다시 자유를 느꼈다. 남편이 출근해서 일하는 동안 친구들 만나 점심 먹으며 수다 떨고 한 달에 두어 번 필드도 나가며 교회 봉사도 하고 자유로웠다. 세상은 다시 살 만했다.

 사람들은 전 세계 어느 나라를 비교해 보아도 대한민국 여자들처럼 편한 팔자가 없다고들 말한다. 점심시간이 되면 유명한 식당에는 어김없이 삼삼오오 짝을 진 중년 여자들이 대부분의 좌석을 차지하고 있다. 평일 골프장에 가면 모두 여자들이다. 사우나 찜질방에 가도 온통 여자들뿐이다. 여자들이 이처럼 통 크게 놀고 있는 동안 사무실 밀집 지역에 가면 오륙천 원짜리 점심을 먹으려는 직장인들 중에 내 남편이, 혹은 내 아들이, 혹은 내 딸들이 섞여 있다. 물론 여자들도 할 말은 있다. 나도 평생 그들에게 매여 살다가 이제 겨우 즐기고 있거든?

 하지만 살림이란 놓는 순간 결코 다시 돌아갈 수 없을 만큼 하기 싫어진다. 차라리 독거노인 밥 봉사는 할지언정 내 식구 밥 해주는 것은 왜 그리 힘들까? 특히 은퇴한 남편 옆에서 밥이나 해주면서 남은 인생을 살기에는 너무 억울하다는 느낌이다. 사회도 그런 여인들의 마음을 부추긴다. 남자들도 변해야 산다고. 그러나 남자가 변하기 이전에 여자가 먼저 망가진다.

　언제부턴가 이 사회는 살림을 곧 여자를 망가뜨리는 주범으로 몰아가고 있다. 무능하고 할 것 없으니 살림이나 한다는 생각으로 하는 사람이나 바라보는 사람이나 만족도는 최악이다. 그래서 수단 방법을 가리지 않고 살림에서 벗어나려 한다. 이미 젊은 세대는 거의 손을 놓고 있는 현실이다. 부엌은 더 이상 생활공간이 아니며 냉장고는 비어 있다. 친구가 최근에 딸을 시집보냈다. 그녀는 어떻게 하든지 냉장고만은 채워 주려고 애쓴다. 이유인즉 신혼집에 가서 냉장고를 열어보고 비어 있으면 얼마 지나지 않아 이혼한다는 것이다. 직장 다니는 딸에게 밥 해먹으라고 강요는 할 수 없지만 냉장고라도 채워 놓으면 먹고 싶을 때 먹는 것으로 싸우지는 않을 것 아니냐고….

　중년에 접어들면서 밥 세 끼 해주는 것, 여자에게 정말 무거운 짐이다. 어떻게 하면 안 해주고 살까 고민이다. 그러니 미래를 위해 어떤 결정을 내려야 할 때면 어떻게든 밥을 해먹지 않는 쪽으로 내리려 한다. 사실 이것도 선택할 수 있는 자의 특권이다. 삶의 여유가 없으면 결코 할 수 없는 것이기에, 가진 자만이 누릴 수 있는 고민이다. 농촌이나 산골에 사는 사람들을 보면 먹고 사는 것이 우선순위이기에 그것을 버린다는 생각은 하지 않고 살아간다. 도시에서는 먹는 것을 대체하는 것이 많다 보니 더 갈등하는 것이다. 차라리 모두가 그것을 해야 산다면, 어쩌면 인간에게 고민은 덜할지 모른다. 아무튼 세상은 항상 부족해서 문제가 아니라 과한 것이 문제이며, 결국 그것으로 파멸한다. 인간의 이기심은 없을 때가 아니라 가졌을 때 끝장을 보기 때문이다.

　10여 년 전 세간의 이목을 끄는 화려한 실버타운이 개원했다. 그곳에 입성하려면 웬만한 부자로서는 꿈도 꿀 수 없을 만큼 고액의 입주비와 생활비가 필요했다. 친구 부모님 중에 아주 부자로 사시는 분이 계셨다. 두 분은 자랑스러운 마음으로 그곳의 초기 입주자가 되었다. 특히 엄마가 아버지 밥 해주는 것 지긋지긋하다며 들어가기를 종용했다고 한다. 그런데 입주 일년 만에 엄마가 치매에 걸리셨다. 그래서 결국 친구는 자신이 살고 있는 아파트 바로 앞 동에 부모님을 다시 모시고 살고 있다.

친구 말에 의하면 입주 후 한두 달은 그런 대로 살 만했단다. 엄마가 그리도 원하는 밥 짓기로부터 해방된 것이다. 화려한 식당에 끼니마다 메뉴가 다른 맛있는 음식이 차려져 있고, 입구에 들어서면 잘 빠진 도우미가 90도 각도로 인사하며 반긴단다. 그러니 후줄근한 차림으로는 갈 수 없어 세 끼 먹을 때마다 얼굴과 옷매무새를 가다듬고 식당에 간단다. 노부부는 아침밥을 먹고 방으로 들어온다. 그리고 몇 시간 지나지 않아 점심을 먹기 위해 흐트러진 옷매무새를 가다듬고 식당으로 가고, 다시 저녁을 먹으러 가고…. 하루가 그렇게 끝이 난단다.

아버지는 신문도 보시고 책도 보시면서 사이 시간을 메우지만, 평생 살림만 했던 어머니는 나머지 시간에 소파에 누워 텔레비전만 보신단다. 시간이 지나면서 입주자들끼리 친해져서 모여 앉아 담소를 즐기며 식사하는 단계까지 왔지만, 두 분을 끼워 주는 무리가 없었다. 친구 부모가 입주자들 중에 다소 연세가 많았기 때문이다. 그래서 특별히 끼는 곳이 없다 보니 두 분만 앉아서 묵묵히 밥 먹고 방으로 오신단다. 흔하게 무얼 해 먹을까 무엇이 먹고 싶다는 등의 기본 대화조차 사라진 것이다. 자식들이 방문해도 무엇을 먹을까 고민할 필요도 없단다. 그저 쿠폰을 사서 식당에 둘러앉아 밥 먹고, 방에 들어가 잠시 머물다 이내 가버리고…. 결국 일 년을 못 버티고 퇴소하셨다. 물론 실버타운도 초기에 편리함 위주로 운영해 왔던 방식을 많이 개선하고는 있다고 한다.

어쨌든 인간이 먹고 사는 문제는 현실 그 자체이다. 그래서 여자들은 해먹는 것이 두려워 안 먹고 살면 딱 좋겠다고 하지만, 먹는 것이 인간에게는 가장 큰 축복이다. 인간은 요리를 하면서부터 두뇌가 발달했다는 학설이 있다. 전통적으로 우리나라는 서양에 비해 노인성 치매가 많지 않았으나 최근에 급격히 늘고 있다. 사실 서양에는 요리가 없다고 할 만큼 단순하다. 아침, 점심에는 간단하게 빵을 먹고 저녁에는 생고기를 구워 먹거나 소스를 뿌려 먹는 것이 전부이다.

하지만 우리나라는 요리를 하지 않으면 안 되는 음식 문화를 갖고 있다. 밥이 있으면 반찬을 먹어야 하고, 밥도 종류별로, 반찬도 만들자고 들면 그 가짓수가 셀 수 없을 정도다. 밥해 먹는다고 냉장고를 열어 뚝딱 해먹을 수가 없다. 된장찌개를 하려면 된장이 맛이 있어야 하고, 김치찌개를 하려면 맛있는 김치가 있어야 한다. 이런 모든 음식들은 또한 시차를 두고 만들어져 있어야 하니 살림하는 사람들에게는 보통 고된 일이 아니다. 이처럼 사람을 고되게 하는 것이 사람의 정신 건강을 지키는 원동력이 된다. 아침 해먹고 나면 머릿속에는 점심거리가 들어 있어야 한다. 저녁도 마찬가지다. 이처럼 미리 생각해 두지 않으면 해낼 수 없는 것이 우리네 살림이다. 어디 그뿐인가? 항상 계절을 앞서 준비를 해두어야 한다. 겨울이 오기 전에 김장하고, 겨우내 된장 띄워 봄이 오는 길목에서 장을 담그고, 이어서 마늘이다, 매실이다 철마다 담가야 할 것은 또 얼마나 많은가?

사람의 정신을 건강하게 하는 것은 바로 선행 지식이다. 앞서서 무언가를 해야 한다는 생각 자체로 두뇌가 끊임없이 회전하는 것이다. 전통이라는 것은 오랜 세월 동안 토양과 기후 등을 혼합하여 그 나라 사람의 유전자에 적합하게 발달한다. 전통을 물려받았으면 전통을 이어 줄 책임도 있다. 여인들이 밥하기 싫다고 밖으로 나돈다고 해서 더 가치 있게 사는 것 같지도 않다. 오히려 그런 자신을 정당화하기 위해 세상을 더 혼란 속에 빠뜨린다. 오래 전에 들은 말이다. 밥 보시가 세상에서 가장 큰 선행이란다.

인류학자 마빈 해리스는 "음식은 영양가도 건강도 아니다. 음식은 문화의 정신이다"라고 말했다. 이스라엘의 강인함은 어디를 가나 자기들의 음식을 고수한다. 주변을 돌아보아도 살림을 놓지 않는 노인들이 80~90살까지 건강하게 살고 있다.

여자들이여, 음식 만드는 것 죽을 때까지 내가 하는 것이라 생각하라. 그러면 세상은 지금보다 훨씬 따뜻하고 아름다울 것이다.

누군가 오 리를 억지로 가자건
십 리를 동행하라

인생을 되돌아보니 선택의 연속이었다. 그래서 인간은 끊임없이 가지 않은 길에 대해 미련을 떨쳐 버리지 못한다. 돌아보면 분명 그때 또 다른 길이 있었다는 것을 알기에 아쉬워한다. 이렇듯 선택에 의해서 만들어지는 것이 인생인데도 누구도 능동적으로 대처하려 하지 않는다. 그저 상황에 따라 어쩔 수 없이 밀려가면서 그것은 운명이었다고 치부해 버린다.

인간은 끊임없이 변화를 갈망하면서도 변화에 대한 두려움을 지니고 있다. 결국 내면 깊은 곳에서 진정 원하는 것은 변화를 원하지 않는 것이다. 처한 현실이 만족스럽지 못하면 마지못해 변화라는 최후의 수단을 사용할 뿐이다. 고착 상태(fixation)라는 현대 심리학 용어가 있다. 이는 과거의 습관을 버리지 않고 유지하면서 심리적인 안정을 얻으려는 현상을 의미한다. 현대인은 자신의 상태가 안정되어 있으면 변화를 원하지 않는다.

살아 보니 변화라는 것을 내 주도적으로 해본 적이 별로 없다. 그러나 인생은 변화하는 자의 것이다. 하나님도 인간에게 변화를 독려한다. 하나님은 75세의 아브라함에게 본토 친척 아비의 집을 떠나라고 한다. 그러자 아브라함은 식솔을 거느리고 자신에게 익숙한 고향을 떠난다. 물론 그 과정에서 아브라함은 많은 실수를 하지만 진정 자신의 길을 찾는다.

살아오면서 나도 간혹 그때 떠나라고 했던 소리를 들은 적이 있었다. 그러나 그때 변화 쪽으로 방향을 틀었던 적이 별로 없다. 나에게 익숙한 것을 버리고 끝도 알 수 없는 새로운 길을 떠난다는 것은 참으로 쉽지 않았다. 더구나 안정되었을 때는 결코 바꾸지 못했다. 인생은 후행성이다. 어떤 판단을 내릴 때 그것이 잘된 결정인지 잘못된 결정인지는 한참 지나고 알게 된다. 되돌아보니 안주했을 때보다 싫든 좋든 변화를 시도했을 때 인생은 한 단계 더 나아갔다. 사람이 변화의 방향으로 나아갈 때는 그것이 실패로 끝나지 않으려는 노력을 기울일 수밖에 없기 때문이기도 하다.

지나 보니 변화란 절대 자율적으로 이루어지지 않았다. 그때 변화를 택할 수밖에 없는 어쩔 수 없는 상황에 몰리거나, 때론 보이지 않는 거대한 힘에 이끌려 변화를 시도했었다. 누군가 억지로 오 리를 가자고 했을 때 따라가다 보면, 왜 그 길을 가야 했는지 오 리를 지나서야 알게 되었다. 그래서 오 리를 억지로 왔다면, 이제 남은 십 리는 내 주도적으로 가야 한다. 50까지 수동적인 자세로 살았다면 남은 생은 내 주도의 능동적인 삶을 살아야 할 때이다. 싫든 좋든 동행해 온 것을 버리면서 새롭게 사는 것이 아니라, 그것에 의미를 두고 이제 내가 이끌며 살아야 한다는 소리다.

한 많은 내 인생, 누구 때문에 망가진 내 인생, 죽기 전에 나를 찾겠다는 몸부림이 봇물처럼 쏟아진다. 하지만 베르나 노스는 '자기 자신을 증오하기란 흔히들 생각하는 것보다 쉽다. 은총이란 스스로를 망각할 때 비로소 얻을 수 있다'고 했다. 심리학자인 빅터 프랭클 박사는 이것을 다시 부연 설명한다. '자기 자신의 내적 상태에 대해서는 더 이상 생각하지 말고 자신만이 부여받은 구체적인 과업에 내적으로 헌신하는 의미의 삶을 살라'고 했다.

흔히 그 과업이 거창할 이유는 없다. 이름 없이 내 식구 잘 챙겼다면 그것이 인간에게 가장 큰 과업일 것이다. 하나님은 인간에게 그 이상의 것을 원하지 않았다. 모든 행복 찾기를 가정에서 시작하라고 하셨다. 온전한 가정만 이루어지면 나라도 세계도 평화롭고 행복하게 살 수 있다. 그런데도 인간은 원대한 자기 목표를 설정하고, 가족 때문에 자신의 꿈을 실현하지 못한다고 불평한다.

벤저민 워필드는 캘빈주의 신학자이다. 그는 초자연주의를 부인하고 기독교를 자연주의로 재해석한 신학자이다. 34년간 프린스턴 대학에서 강의를 했던 그는 25살 때 앤과 결혼하고 유럽으로 신혼여행을 떠났다. 그러나 신혼여행 중에 앤이 벼락을 맞아 영구 불구가 된다. 벤저민은 39년 동안 앤을 돌보았다. 벤저민은 앤이 죽는 그 날까지 2시간 이상 집을 떠나 본 적이 없었다고 한다.

"또 누구든지 너로 억지로 오 리를 가게 하거든 그 사람과 십 리를 동행하고."(마태복음 5:41)

well dying이 well being이다

친정 부모나 시부모들이 80살이 넘었는데도 정정하시단다. 더구나 얼마를 더 살지 모르는 부모님들 때문에 자식 된 도리로 걱정이다. 우리의 뇌에는 70살 전후로 부모님이 돌아가실 거라고 프로그램이 되어 있기에 부모님의 이 같은 예측을 넘어선 장수는 우리에게도 상당한 혼란을 주고 있다. 자식들로서 부담해야 하는 예상 비용도 갈수록 늘지만 정신적인 부담도 만만치 않다. 하물며 우리는 또 얼마를 더 살지….

친구의 친정어머니는 아프지 않고 자다가 죽는 것이 소원이라고 입에 달고 사셨는데, 80살이 넘어가면서 절대로 죽겠다는 말씀을 하지 않는다며 이상하단다. 그러자 옆에서 듣고 있던 친구가 말했다. 죽겠다고 말을 할 때는 설마 죽으랴 하는 생각 때문이고, 막상 80살이 넘어가니 정말 죽음이 가까이 왔구나 생각하기에 말을 못 하는 것이라고 했다.

건강하면 죽지 않을 것처럼 산다. 그러다가 어떤 질병에 걸린 것을 알면 금방 죽을 것 같은 불안감에 휩싸인다. 사실 생과 사는 한순간인데 인식의 차는 아주 다르다. 문제는 죽음을 알려 하지 않고 막연히 두려움의 대상으로 남겨둔다는 것이다. 죽음에 대한 두려움은 위협이나 공포라기보다는 경험하지 못한 데서 기인한다. 어느새 절반의 생을 넘겼다. 여기에서 죽음의 문제를 해결하지 않고는 우리의 남은 생을 잘살 수 없다.

영국의 스콜라 철학자 토마스 홉스는 '죽어갈 때 내가 가지고 있는 모든 것과 다 바꾸어 하루라도 더 살고 싶다. 내 앞에 다가오는 저 세상을 조금만 들여다볼 수 있는 아주 작은 구멍이라도 있었으면' 하고 소원했다. 당시 지성의 대가인 그가 보여준 살고자 하는 몸부림은 처절하기까지 하다.

젊은 날 많은 죽음을 경험한 나로서는 사후 세계가 있다는 생각을 했다. 중환자실에서 승진이가 죽던 날 나는 밤 근무를 하고 있었다. 면역 결핍증으로 격리실에 있던 승진이는 7살이었다. 그날 밤 승진이는 몇 번이고 내게 말했다. "저 아저씨 좀 가라고 해 줘, 누나." 그러나 승진이가 가리키는 곳에는 아무도 없었다. 내가 없다고 해도 승진이는 몇 번이고 있다고 하더니 그 날 그 사람을 따라가고 말았다. 의료진 누구도 승진이가 그날 죽을 것을 예상 못 했다.

죽음을 연구한 정신 의학자인 엘리자베스 퀴블러 로스는 평생 죽어 가는 사람들 곁에서 그들을 위로하고 그들의 심리 상태를 연구하면서 많은 책을 출간했다. 그 중에 그녀는 죽었다가 다시 살아난 사람들의 2만 가지 사례를 연구했다. 그녀는 그런 사람이 지구 어디에 있든 관계없이 찾아가 자료를 수집했다.

그녀는 사후 생에서 죽음의 상태에서 자연적으로 소생했든 인공 소생술로 깨어났든 간에, 다시 살아난 그들은 공통의 경험을 했다고 말한다. 물론 인종, 종교와 상관없이 같은 경험을 했다. 먼저 유체 이탈을 경험하고 자신의 죽은 몸을 바라볼 수 있으며, 그들은 동시에 어디론가 가서 빛보다 더 하얀 빛 앞에 서면 마치 텔레비전 화면처럼 자신의 과거가 펼쳐진단다. 그때 돌아가라는 소리가 들려온단다. 그런데 선뜻 돌아가고 싶지 않다는 것이다. 이렇게 살아 돌아온 사람들은 사후 세계를 인정하게 되고 이후로 세상 것에 집착하지 않으며, 다시 죽을 때는 아주 좋아하며 죽는다는 것이다.

논리적으로 죽음의 경험은 출생의 경험처럼 다른 존재로 재탄생하는 것과 같다고 한다. 인간의 역사 속에 죽음 후의 세상을 그저 믿으라고 하지만, 그것은 믿고 안 믿는 신념의 문제가 아니라 '앎'의 문제라고 한다. 그녀는 죽음을 그저 한 집에서 다른 집으로 옮겨 가는 것이며, 이는 마치 고치가 회복 불능의 상태가 되면 나비(영혼)가 태어나는 것과 같다고 했다.

또한 우리가 사는 세상은 시간과 공간에 지배받지만, 죽음 이후의 삶은 이런 제약이 없어진단다. 오늘 죽어도 몇 년 후에 죽을 사람과 시간 차이 없이 만나고, 지구 반대쪽에 있던 사람을 동시에 만나기도 한다는 것이다. 한계 속에 살던 우리에게 차원을 초월한 이해를 요구하는 사항이다.

40대까지만 해도 정말 인생 되돌리고 싶었다. 그때 왜 그처럼 멍청하게 굴었는지, 20대로 돌아가면 절대로 이렇게 살지는 않을 텐데 했지만, 이제 정말 돌아가라면 단연코 거부한다. 살아온 그 길 돌아보니 두 번 다시 가고 싶지 않다. 아마도 죽었다가 다시 산 사람이 다시 돌아오고 싶지 않다는 그 마음을 어렴풋이나마 이해할 것 같다.

아무튼 최근에 죽음에 대한 많은 문헌을 접하면서 한 가지 깨달은 것이 있다. 하나님은 인간을 그처럼 사랑하시기에 죽어서 내게 묻는 책임이 크지 않을 것 같다는 생각이다. 죽어서 지옥으로 가는 사람이 생각보다 많지 않을 것이다. 엘리자베스 퀴블러의 사후 생에서 보더라도 죽었던 많은 사람들이 지옥을 경험했다는 경우는 없었다. 모두 사랑하는 사람들을 다시 만나고 그들의 인도를 받았다는 사실이다. 그러기에 모두들 죽음의 상태에 남아 있으려 하지 않는가?

어쩌면 좀 더 안다는 세력들이 인간을 정죄하면서 하나님을 대신해 자꾸 겁을 주기에 모르고 방황하는 인간들을 더 혼돈 속에 빠뜨리며 불안하게 하는 것 같다. 그래서 자기 능력의 이상을 하면서 후일을 예비한다지만, 그것 또한 헛된 욕심이다. 그러니 이리저리 몰려다니며 남의 인생 책임지겠다고 하지 말고 오늘 내게 주어진 임무를 잘 완수하고 떠나면,

그곳에는 분명 지금보다 더 편안한 곳이 기다리고 있을 것이다.

　우리나라 속담에 '죽을 때 한 가지 생각만 가지고 떠난다'고 했다. 내가 누구인지, 날 사랑했던 사람이 누구인지조차 모르고 떠난다면, 죽어서도 자신의 존재감이 없을 것 같다. 또한 죽도록 미워하는 사람만 있다면, 죽어서도 그런 원망과 미움 속에서 벗어나지 못할 것 같다. 사랑하는 한 사람만 품고 떠나도 죽어서 아주 행복할 것 같다.

　최근에 친척 한 분이 돌아가셨다. 생전에 재산이 많아 늘 재산 분쟁으로 집안이 시끄러웠다. 특히 전처소생의 큰아들이 재산 분배에 불만을 품었다. 그래서 죽기 전에 그 아들이 죽어 가는 아버지의 멱살을 잡고 유언을 강요했단다. 물론 그 사실은 그분이 죽고 그분의 절친한 친구에게서 들었다. 그러면서 그분은 죽어 가는 그 순간까지 아들이 용서가 안 된다고….

제4부 하나님 어머니의 마음으로 기도를…

공직자의 아내로 살아 보니까

그래도 후회하지 않겠다

남편은 1979년부터 경제 기획원 사무관으로 공직을 시작했다. 본인은 금융 쪽에서 일하고 싶었지만 어머님의 간곡한 권유로 공직을 시작했다. 남편은 공직에 입문하는 조건으로 어머니에게 먹고 사는 것을 해결해 달라고 했단다. 예나 지금이나 공직자의 월급으로는 남만큼도 먹고 살지 못하니 혹여 권력을 이용해 부정부패라도 저지를지 모른다는 생각에서였다고 한다. 어쨌든 어머님은 많은 재산을 가지지는 않았지만 그러마고 약속하셨단다.

그렇게 시작한 공직을 2007년 1월에 기획 예산처 사회예산 국장을 끝으로 용퇴하고 말았다. 공직에서만 28년을 보낸 것이다. 5급 사무관에서 서기관, 부이사관, 그리고 2급인 이사관까지 가는 데 무려 28년이라는 세월을 보냈다.

비록 남편은 자신이 원하지 않은 길을 갔지만 후회하지 않는단다. 누구에게도 부끄럽지 않게 최선을 다했기 때문이다. 그는 경제 기획원에 대해 자부심이 많은 사람이다. 경제 기획원(1961)은 재무부(1948)보다 늦게 출범했지만, 이 나라 경제의 장단기 계획을 수립하며 오늘의 선진화를 이끈 조직이라고 한다. 당시 경제 기획원은 국가 예산권과 국가 기획이라는 큰 틀에서 가장 공정하고 객관적인 조직이었다. 이유는 유일하게 산하 단체를 거느리지 않는 국가 조직이기 때문이었다. 퇴임 후에 자신이 옮겨갈 산하 단체를 거느리면서 공직을 공정하게 수행하는 데는 한계가 있다고 한다. 그러면서 대한민국 최고의 권력 기관으로 군림할 수 있었던 것은 인사도 공정했기 때문이란다. 어떤 외압에도 흔들리지 않고 역할 수행에 적임자를 임명했다는 것이다.

하지만 사실 돈줄을 쥐고 있는 예산권 때문에 정치 바람을 유독 타는 것 같았다. 경제 기획원은 김영삼 정부 때부터 정권이 바뀔 때마다 통합과 분리를 거듭했다. 결국 이명박 정부에서는 통합되어 버렸다. 하지만 남편은 경제 기획원은 예산 기능이 아닌 기획 기능이 본질이었다고 한다. 기획이라는 큰 틀의 국가 정책에 힘을 싣기 위해서 예산 기능이 부여된 것이라고 한다. 그래서 부총리라는 직함도 부여한 것이다. 그러나 나라 경제가 좋아지면서 부처마다 힘겨루기를 하느라 끌어 내리고 올라타기를 거듭하면서, 이제는 어디에도 통합을 주도하는 큰 자는 없어져 버렸다.

그러나 남편은 그 조직, 그 기수에서 서기관과 부이사관으로 가장 먼저 진급했어도 노무현 정권 말기에 끝내 옷을 벗고 말았다. 물론 누구도 남편에게 사표를 종용한 적은 없으나 사표를 내지 않고는 견딜 수 없는 공직 사회의 정치 바람 때문이었다. 군사 정권이 종식되면서 공직이 정치화되기는 했지만, 노무현 정권부터 그 정도가 도를 넘고 노골화되었다. 그들은 점령군처럼 자기 식솔을 거느리고 입성하면서 자리 나누어 주기부터 시작했다. 노무현 정권은 마치 가난한 자가 부잣집에 들어와서 다 도둑질해서 번 것이니까 무조건 빼앗아 없는 자에게 나누어 주어야 한다는 것 같았고, 현 정부는 경주 최 부잣집에 졸부가 들이닥쳐 모두 구태 의연하다며 성장을 방해하는 것은 개혁의 대상이라 하는 것 같았다.

남편은 행정은 마치 조강지처와 같다고 했다. 살림 규모가 늘고 연륜이 오래되면 될수록 그 역할이 중요하단다. 사랑채에 있는 남편은 돈 버느라 집안 살림이 어떻게 돌아가는지 일일이 알 수가 없다. 때로는 노름을 하며 가산을 탕진하기도 하고 수시로 처첩을 들이며 집안 분란을 일으키기도 하지만, 안방마님이 건재하게 자리를 지키면 역사에 남을 가문으로 존재한다. 신사임당이 자신보다 부족한 남편을 출세시키고 아들을 훌륭히 키운 것은 유명하다. 하지만 당시 그녀의 집에 하인이 180여 명이었다는 사실도 놀랄 일이다

그런데 민주화라는 이름으로 혹은 실용이라는 이름으로 먼 길 떠났던 남편이 돈이나 권력을 가지고 돌아와 조강지처에 딸린 자식까지 내쫓고 자기가 데려온 처첩과 자식을 들여 놓는 꼴이다. 한 집안의 역사가 오래되면 될수록 장독 항아리도, 부엌 아궁이 위에 있는 솥단지 하나도 그만한 이유와 역사가 있게 마련인데, 그것은 모두 무시되고 마는 것이다. 행정은 말 그대로 나라 살림이다. 기업처럼 성과 위주가 아니라 잘난 자식은 더 잘나게, 못난 자식은 눈에 보이지 않게 챙기면서 살 길을 찾아 주는 어미와 같은 마음으로 해야 한다.

안방마님은 때론 누구에게도 굴하지 않는 절개도 필요하다. 하지만 노무현 정권부터는 그런 것은 애초에 해당되지 않았다. 본인들이 약자라 생각하니 집안에 들어와서 힘 있는 조직의 수장부터 흔들며 정권 창출자에게 나누어 주는 기현상이 벌어졌다. 조직의 경험이 전혀 없이 자유분방하게 사는 여인에게 법무부 장관이라는 직위도 던져 주고, 동네 이장을 했던 사람에게 국민소득 2만 달러가 되는 나라 살림을 맡는 행자부 장

관 자리도 통 크게 던져 주었다. 또한 공직자는 고여 있어 썩었다며 취임하자마자 고위 공직자 제도를 만들어 거창한 구호를 내세우고 이리저리 옮겨 다니게 하더니 2년 만에 막을 내리고 말았다.

더 이상 공직자들의 정통성은 사라지고 5년마다 바뀌는 정권 창출자에게 휘둘리니 나라의 미래는 그다지 밝아 보이지 않는다. 물론 공직자에게도 더 이상 절개는 없다. 어떻게 하든 살아남기 위해 정치권에 줄을 대고 그들이 원하는 정책에 동조한다. 노무현 정권 말기에 접어들면서 그 누구도 나라의 안위는 안중에 없다. 어떻게 하면 더 많이 가지고 자기가 살아갈 곳을 만드느라 앞뒤 가리지 않고 국가 예산에 손을 벌렸다.

어쨌든 그만두던 그 해에 남편은 노무현 정권이 가장 공들이는 사회복지 분야의 실무 책임자였다. 남편은 선심성 복지 예산만큼은 극도로 경계해야 한다는 주의였다. 차라리 SOC(사회 간접자본) 예산 같은 것은 그 액수와 관계없이 단발성으로 끝이 나지만, 복지는 한번 결정 나면 어느 정권도 되돌릴 수 없는 밑 빠진 독에 물 붓기와 같기에 심사숙고하고 정책을 세워야 한다고 했다. 살림의 규모를 보고 결정을 해야 하는데, 청와대 실무자들은 자신들의 이상만 고집했다. 그때마다 남편은 저항하면서 그들과 불협화음을 일으키더니 결국 버티지를 못했다. 당시 기획 예산처 장관은 퇴임 후 고향에서 열린 우리당 공천을 받아 국회의원 출마를 계획하고 있었다. 그런 그가 당시 이 나라 국가 예산을 쥐고 있는 수장이었다. 당연히 그에게 남편이 마음에 들 리 없었다.

남편은 공직에 있는 30여 년 동안 자신의 영향력이 미치는 어떤 단체나 모임에 참석해 본 적이 없다. 그 흔한 동창회에 참석해 본 적도 없다. 이유는 공직이라는 자리 때문이란다. 얼굴을 익히고 알면 편견도 생기고, 때론 부탁을 받으면 거절이 어렵기 때문이라고도 한다. 그래서 공직은 외로워야 한다고 했다. 국민 세금으로 나라 살림을 관리하고 집행하는 것은 그만큼 자기 결백이 없으면 공정하기 어렵기 때문이다.

그런데도 청문회에 나선 정부 인사들을 보면 이 나라 근대화에 축을 이어온 제도와 법을 공공연히 무시하면서 자신들의 우월성을 주장한다. 국가 발전을 위해서는 불법과 탈법도 어쩔 수 없는 선택이란다. 온갖 불법을 자행하고 공직을 수행하려는 자들은 한결같이 공직을 할 줄 몰랐기 때문이며, 향후 국가와 민족을 위해 애국하는 마음으로 법과 원칙을 지키며 살겠단다.

남편은 공직을 수행하면서 두 번에 걸친 대통령 표창을 받았다. 첫 번째가 1989년도 택지 소유 상한제, 개발 분담금제 그리고 토지 초과 이득세를 핵심으로 하는 토지 공개념 법안 작성의 실무 책임을 맡았을 때였다. 1988년도 올림픽을 성공적으로 수행한 이듬해부터 부동산이 폭등하면서 서민들의 통곡 소리가 나라를 뒤흔들었다. 과천 청사에는 하루에도 수백 통의 전화가 걸려왔는데, 한 여인은 남편 일 년 봉급이 1000만 원도 안 되는데 집 주인이 3000만 원을 올려 달라고 한다며, 차라리 북한이 밀고 내려왔으면 좋겠다는 발언도 서슴지 않더라는 것이었다. 사태가 그토록 급박하게 돌아가니 노태우 대통령은 부총리에게 해결책을 촉구했고, 당시 기획국 국장인 강봉균 의원을 수장으로 하는 부동산 정책이 만들어졌다. 현재 일부는 위헌 결정이 내려졌지만, 그토록 초강수를 두지 않으면 안 될 만큼 심각했다. 그때 남편은 상위 1%의 인구가 대한민국 땅의 80%를 차지하고 있다는 사실을 알았다. 그러니 토지 공개념을 도입하지 않을 수 없었단다. 그때 강 의원이 남편에게 극단적인 사회주의자라는 표현까지 썼지만 남편은 밀어붙였다.

두 번째로 1995년에 실행된 부동산실명제의 실무 책임자로 표창을 받았다. 남편은 당시 법안을 만들기 위해 기존의 관행인 명의신탁 제도를 없애는 것이 가장 어려웠다고 한다. 일제강점기부터 있어 온 이 관행을 없애는 것은 기득권에 대한 엄청난 도전이었다. 그렇기 때문에 부동산실명제와 금융 실명제는 김영삼 정권의 커다란 업적이란다. 당시 김영삼 대통령도 이 법안을 현실화하기 위한 고민을 엄청나게 했다는 것이다. 반대자가 더 많았기 때문이었다. 하지만 그 특유의 뚝심 아니면 결코 할 수 없었다고 한다. 그러나 누구도 그것을 기억하지 않고 오로지 IMF로 치닫게 한 실패한 대통령으로 기억하고 있다.

나라가 풍요로워지면 어느 정권이든 없는 것을 만들기는 쉬워도 있는 것을 없애는 것은 결코 쉽지 않다. 워낙 없던 시절은 무엇을 해도 문제가 없지만, 지금은 하는 것마다 문제를 일으킬 것이다. 김대중 정권부터 공적 쌓기가 가속화되고 선거 때마다 하겠다는 공약을 남발하며 그 공약에 집착하면서 지금은 나라의 안위마저 위협하는 수위에 와 있다.

어쨌든 남편은 이 나라 부동산이 그처럼 들끓는 시절에 향후 대한민국 국토발전 계획까지 알고 있었다. 그러나 그 정보로 땅 한 평도 사지 않았다. 물론 남편도 때마다 갈등하지 않은 것은 아니다. 하지만 공직이라는 최소한의 양심을 지키기 위해 그랬던 것이다. 적어도 그때 공직에 있던 대다수의 사람들은 그렇게 자신들의 명예를 지켜 나갔다.

나도 그런 남편을 따르며 순응할 수밖에 없었다. 더구나 공직자 재산 등록이라는 제도가 생기면서 부동산 투기는 엄두도 내지 못했다. 아마도 그 제도가 없었다면 나도 대한민국 투기 바람에 편승했을 것이다. 2000년도 초기부터 불기 시작한 아파트 열풍을 나도 감지했었다. 1980년대 불었던 그런 투기 바람이 불 거라는 것을 아줌마들은 시장보다 먼저 알았다. 수천만 원대의 저층 잠실 아파트가 순식간에 억대로 넘어가고 다시 몇 억대를 훌쩍 넘어가는 것을 뼈아프게 바라만 보고 있었다. 남편이 하지 말라니까.

　남편이 정권교체기 일 년을 남기고 말없이 공직을 그만두었을 때 현실과 타협하지 못하는 것에 대한 서운함보다는 부동산을 사지 못한 것이 가장 억울했었다. 정말 그때 아파트 사고 싶었다. 그 당시 상속으로 남겨진 현금을 들고 몇 번 강남에 있는 부동산에 갔지만 결국 못 하고 말았다. 아마 그때 그것을 샀더라면 수십억의 차익은 충분히 보았을 것이다. 남편이 나를 보고 치마 두른 여자라고 비하해도 어쩔 수 없다. 남편은 살림하는 여자에게 있어 그게 삶이고 생활이라는 것을 모른다. 딸을 외고를 포기하고 일반고로 전학시키면서 강남으로 위장 전입시키고 싶었다. 그래서 주소까지 옮겼지만 끝내 포기하고 말았다. 요즈음 나는 남편이 공직자였기에 인생에서 얻은 것보다 잃은 게 더 많았다고, 정말 내 마음대로 살지 못한 게 억울하고 분하다고 불만을 터뜨리면, 남편은 오히려 세태에 흔들리지 않고 원칙을 지킨 자신을 자랑스러워하란다. 물론 겉으로 콧방귀를 뀌지만 나도 지킨 것을 후회하지 않으려 한다.

　나라는 기업과 그 방향이 다르다. 기업은 이윤 창출이 목적이다. 하지만 나라의 기본은 도덕과 청렴이 우선되어야 한다. 앞서도 말했지만 기업가는 한 가정의 아버지처럼 어쩔 수 없는 경쟁으로 피 묻은 돈을 들고 들어와서 식솔을 배불리 먹여 살려야 능력 있는 가장이지만, 행정부는 그 돈을 받아 살림하는 어머니가 되어야 한다. 과거와 미래가 공존하는 전통을 세우고, 능력이 제 각각인 수많은 자식들을 끌어안으며 조화의 살림을 하려면 누구보다도 정직해야 한다. 당연히 살림 규모에 따라 달라야 한다. 초가삼간에 있는 어머니와 아흔 아홉 칸짜리 집을 관리하는 어머니와는 그 자세가 다를 것이다. 집안의 규모가 커지고 식솔이 늘어나면서 원칙은 더욱 공정해야 한다.

　나는 지금 이 나라에 가장 필요한 것은, 한치 앞도 모르는 세계 역사를 향해 공허한 성공 지향적인 구호를 외치기보다는 먼저 정직을 회복하는 것이라고 생각한다. 국민소득 100달러도 안 되는 극빈국에서 단기간에 2만 달러라는 선진국이 되었다. 그래서 눈에 보이는 성장을 따라오느라 주저하거나 퇴보하는 것 자체를 잊어버린 듯하다. 그래서 지도자도 국민도 그러한 것은 상상조차 하지 않으려 한다.

　이제 이쯤에서 냉정한 자기반성과 함께 우리의 현실을 들여다보자. 그동안 먹고 사느라 더러는 남도 속이고 아프게도 했다면, 이제는 원칙과 정도를 회복할 때도 되지 않았나? 이미 중산층은 붕괴되고 빈부격차는 갈수록 심해지고 있다. 중산층은 말 그대로 배운 대로 열심히 일해서 먹고 사는 계층을 말한다. 이런 계층이 전체 인구의 대부분을 차지하며 5대까지 이어져야 비로소 건실한 국가가 확립된다 했다. 누군가 한국 사람들은 열심히 사는 민족이기에 3대만 이어지게 해도 된단다.

　아파트 부녀회에서는 모이기만 하면 아파트 가격 올리기에 열을 올렸다. 하지만 당신이 그 가격을 올리면 당신 자식은 평생 아파트 못 산다는 것을 생각해 봤느냐고 묻고 싶다. 그 값 올린들 본인이 받는 혜택보다 그로 파생된 내 자식들 고통은 모른단 말인가? 이글거리는 눈빛으로 더 먹겠다며 지도자와 국민들이 서로를 속이면서 어떻게 내일을 기약한단 말인가? 이제 제발 수단 방법을 가리지 않고 물질적으로 잘살기만을 꾀하는 데서 벗어나 보자. 앞서 수차례 언급했듯이 이제 이 나라에 절대 필요한 것은 정신적인 가치를 확립하는 일이다.

　그래서 나는 체코 공화국 초대 대통령이었던 '바츨라프 하벨'을 소개하려 한다. 그는 희곡 작가였다. 그는 체코가 공산 체제로 있는 동안 반체제 작가로 활동했다. 그의 작품은 금서로 지정되었고 때론 수감당하고 박해 받으면서도 자신의 뜻을 굽히지 않았다. 그는 『힘없는 사람들의 힘』에서 정권의 부조리함을 비판하고, 국민들은 이 부조리에 침묵하지 말라고 했다. 그는 1989년 체코가 공산 체제에서 벗어나 민주국가가 되면서 대통령이 되었다. 이후로 체코의 정치적인 변혁기를 겪는 동안 13년간 대통령직을 수행하면서 유럽의 행동하는 양심으로 역사에 기록된다.

대통령이 된 그는 100% 정직을 주장했다. 그래서 누가 물어도 정직하게 대답했다. 그는 밤이면 청바지 차림으로 거리로 나와 사람들과 토론을 즐겼다. 직접 민의를 수용하는 것이었다. 1990년 그의 신년 기자회견 중에서 발췌한 것이다.

"지난 40년 동안 여러분은 매년 똑같은 이야기를 들었습니다. 비록 그 형태는 달랐어도 우리 모두는 행복하다고, 우리는 정부를 신뢰한다고, 그리고 찬란한 미래가 우리 앞에 펼쳐 있다고 들어왔습니다. 저는 여러분들이 그와 비슷한 거짓말을 듣고자 저를 대통령으로 뽑은 것이 아님을 잘 알고 있습니다. 우리나라는 확장 일로에 있지 않습니다. 우리나라는 이제껏 노동자들을 능멸하고 착취해 왔습니다. 조상 대대로 물려받은 우리나라 전역을 황폐화시켰습니다. 그러나 이런 것들은 아무것도 아닙니다. 가장 심각한 문제는 우리가 도덕적으로 깊이 병들었다는 것입니다. 아무도 믿지 말라고 배웠으며, 그러면서 자라 왔습니다. 내 옆은 상관없이 오직 자신만 돌보며 살도록 배워 왔습니다. 그런 가운데 사랑, 우정, 긍휼, 겸손, 용서와 같은 개념은 어디에서도, 누구에게서도 찾아볼 수 없게 되었습니다. 나는 오늘날 우리의 희망적인 상황, 두 가지의 새롭고 중대한 원천을 갖고 있다고 생각합니다.

첫째, 인간은 절대로 물질적이고 외적인 세계의 산물이 아닙니다. 인간은 초월적인 하나님과 연결시킬 수 있는 영적인 존재입니다.

둘째, 그런 인간적이고 민주적인 전통은 우리의 무의식 어디엔가 잠들어 있습니다. 우리나라 초대 대통령이 이렇게 썼습니다. 시저가 아니라 예수님입니다. 우리나라는 작은 나라입니다. 그럼에도 우리나라는 항상 유럽의 영적 교차로 역할을 해왔습니다. 우리나라가 이 영적 교차로 역할을 다시 한번 해보는 것은 어떻겠습니까?"

체코는 지정학적으로 우리나라와 상당히 비슷한 위치에 있다. 강대국에 둘러싸여 있으면서 전통을 지키며 굳건하게 살아온 것이다.

이제 지도자가 스스로 먼저 정직을 실천하자. 거짓 공약으로 사람들의 정신을 피폐시키는 것에 앞장서지 말고, 윤리와 도덕을 실천하며 나라의 기강을 바로잡아 주기만을 간절히 바란다.

대단한 이 나라 민족

단시간에 이처럼 빠른 성장을 보인 나라는 세계 역사에 없다고 한다. 현재 세계 경제를 움직이는 G12 회원국 중에 유일하게 식민지를 거느려 보지 않았던 나라이기도 하다. 이 현대판 불가사의가 어떻게 이루어졌는지 그 시대를 따라온 나도 궁금하다. 앞서 말했듯이 지도자? 아니면 어머니의 이름으로?

그러면서 이 시대를 살고 있는 대부분의 사람들은 대한민국은 지독히 지도자 운이 없다고 한다. 그 가난에서 이만큼 배불리 먹고 사는데도 지도층을 향한 불만은 끝이 없다. 나도 그런 줄 알았다. 하지만 최근에 들어서 생각을 바꾸기로 했다. 한 지인의 글이 내 마음에 와 닿았기 때문이다.

포카라를 오면서 많은 생각을 하게 된다. 카트만두와 포카라를 잇는 간선도로가 지도에는 Prithvi Highway라고 표시되어 있는데, 언제 건설했는지 모르지만 완공 이후로는 거의 손을 보지 않아서 길 전체가 온통 움푹 파이고 일그러져 있어서 차량들이 제 속도를 낼 수 없다. 200킬로 거리를 오는 데 거의 8시간이 걸렸다.

관광을 주된 수입원으로 하여 사는 곳에서 가장 기초적인 도로조차 제대로 관리하지 않는 모습을 보니 이 나라에 제대로 된 정부가 없다는 생각이 든다. 정부는 있으되 오직 정부 요직에 있는 사람을 위한 조직이라고 생각된다. 실제로는 무정부 상태에 가까울 것 같다. 정부 관리는 오직 자기 주머니만을 생각하고 자기가 힘이 있을 때 힘을 통해서 한 푼이라도 더 뜯어내려고 하는 것 같다.

이러니 경찰력이나 군대의 힘이 미치지 않는 곳에서는 마오이스트 같은 조직이 스스로 무장을 하고 자기 이익을 지키려고 하는 것 아닌가 생각된다. 자기에게 아무런 도움이 되지 않고 피만 빠는 정부에 예속될 이유가 없다. 스스로 무장을 하고 자기 권익을 지키는 것도 무리는 아닐 듯.

최근까지 나는 우리 국민이 지도자 복이 없는 국민이라는 이야기를 많이 했었다. 그런데 이곳 지도자들보다는 훨씬 좋은 지도자를 만나게 된 것을 보고 앞으로는 우리가 지도자 복도 있는 국민이라고 해야 할 듯하다. 나는 너무 완벽주의를 지향하는 병이 있다. 이곳 지도자와 비교하면 대한민국이 선 이래로 우리가 만난 지도자들은 상당히 양질이다.

친일 잔재를 청산하지 못했다는 이승만 대통령. 그 어려운 환경에서 대한민국을 이끌어가기 위한 최선의 선택은 못했을지라도, 대한민국의 장래를 걱정하면서 노구를 희생한 것은 분명한 사실이다.

총으로 권력을 쥐고 18년 5개월의 독재를 했던 박정희 장군. 비록 민주주의를 이 땅에 심는 것에는 소홀히 했지만 경제적 기반을 마련하기 위해서 노심초사했다.

권력의 공백을 기회로 스스로 대통령이 된 전두환 장군. 자신의 무식함을 인정하고 능력 있는 분들을 잘 활용하신 분. 시작은 참람하지만 한 번만 하고 물러나는 용기를 보였다.

친구 덕분에 대통령이 된 노태우 장군. 군인이지만 군인 같지 않은 기백의 기회주의로 평생을 살았다. 보통 사람도 정권을 쥘 수 있다는 선례를 남겼다.

평생 대통령이 꿈인 분이 40여 년 만에 대통령이 된 김영삼. 수십 년 동안 누적된 모순을 막지 못하고 IMF로 막을 내리게 되었지만 군 출신의 시대를 마감하고 민간의 시대를 열었다.

행동하는 양심이 아닌 행동하는 욕심으로 평생을 사신 분 김대중. 노벨상까지 수상했지만, 스스로에게는 무척이나 힘든 생을 살았다. 호남의 한을 대한민국에서 불식시켰다.

운동권 돌격대에 맞는 성격을 가진 분 노무현. 자기 뜻에 맞지 않으면 무척이나 힘들어 했지만, 소신을 지키면서도 정치를 할 수 있다는 것을 증명해 주었다.

최선이 아니라 최악의 선택으로 되신 분 이명박. 자기 사람만을 고집해서 소모전이 몹시 크지만….

여기까지 우리가 선택하거나 모셨던 분들은 나름대로 극한의 빈곤으로부터 탈출해서 잘살게 하려는 의지는 강했다. 41년 전에 나온 '국민교

'육헌장'은 "우리는 민족중흥의 역사적 사명을 띠고 이 땅에 태어났다"로 시작되는 구절에 노출된 우리는 최소한의 공동선이 무엇인지를 알고, 이 것을 지키는 것이 모두에게 큰 혜택이 된다는 것을 체득했다. 파이를 독식하는 것보다는 크게 키워서 나누어 먹는 방식으로 운영한 것이다.

불과 한 달 전까지는 대한민국의 지도자들을 비판만 하고 불만투성이였지만, 지금은 그 모든 분에게도 감사할 부분을 발견하게 된 것이 이번 여행의 소득 중의 하나. 감사.

매사가 보는 각도에 따라서 이렇게 전혀 다른 평가를 할 수 있다는 것에 놀란다.

동남아 배낭여행 중에

또 생각해 보니 지도자 때문이 아니었다. 지도자보다 우수한 민족 때문이었다. 어떤 지도자도 마다하지 않고 묵묵히 따라왔던 이 나라 국민의 위대한 발자취였다. 18년간 통치를 했던 박정희 대통령이 서거하던 당시 나는 대학교 3학년이었다. 독재 정권을 타도한다면서, 막상 그가 죽으니 온 나라 사람들은 불안과 두려움에 떨었다. 모두 울었다. 할아버지, 할머니 그리고 어머니도 아버지도. 그들이 우니 어린 동생들도 따라 울었다. 그가 죽어서 슬퍼서가 아니라 전쟁을 경험했던 그들에게 떠오르는 막연한 불안감 때문이었을 것이다. 물론 나는 울지는 않았다, 청년이니까. 그리고 학교를 갔지만 이미 휴교령이 내려져 정문은 굳게 닫혀 있었다. 굳은 표정으로 학교로 모여든 학생들은 정문 주변을 서성이다가, 여학생들은 근처 다방으로 가고 남학생들은 낮술을 먹기 시작했다. 독재 정권이 무너지면 새로운 세상이 도래하리라는 믿음은 간 곳 없고 모두가 암울하기만 했다.

전두환 정권이 들어서면서 세상은 정말 시끄러웠다. 그 즈음 나는 대학을 졸업학고 학교 병원에서 간호사로 근무를 했었다.

그때를 떠올리면 두 젊은이가 생각난다. 20대에 접한 많은 죽음 가운데 아직도 기억에 생생한 것이다. 이한열의 죽음과 정익수의 죽음이었다. 둘은 나이가 20대 초반이었다고, 둘 다 같은 날 내가 근무했던 중환자실에서 죽었다. 한열이는 대학생이었고, 익수는 대학을 가고 싶어 했다. 한열이는 시위 도중 최루탄의 파편이 머리에 박혀 죽었고, 익수는 선천적 심장질환으로 죽었다.

이한열이 박힌 파편을 제거하는 뇌수술을 받을 때까지 그의 사고를 그처럼 심각하게 받아들이는 분위기는 아니었다. 이 나라의 대학 사회는 1980년대를 전후로 극명하게 갈렸다. 그 이전의 대학 캠퍼스가 정적이었다면, 이후에는 동적이었다. 이전에는 공권력의 절대 지배하에 있었다면, 이후에는 시위 주도자의 지배하에 있었다. 1970년대 캠퍼스에는 어느 곳에나 기관원들이 학생들처럼 활보했고, 시위가 의심되는 학생들이 있으면 백주 대낮에 당당하게 그들을 연행해 가기도 했다. 그리고 그도성에 차지 않으면 무장한 탱크까지 동원해서 휴교령을 내리고 정문을 봉쇄해 버렸다. 그래서 1970년대의 대학 캠퍼스는 아주 음울하고 어두웠다. 모두들 그들의 눈을 피해 금서를 읽거나 구석진 곳에 숨어서 이념 논쟁으로 밤을 새우고 소주 몇 잔에 울분을 토하는 것이 전부였다.

하지만 그 이후 학생들은 더 이상 숨어 있지 않았다. 그들은 명분을 잃고 약해진 공권력에 맞서 싸웠다. 학교는 더 이상 우리가 학생이었던 시절처럼 억압받는 곳이 아니었다. 완장을 찬 시위 학생들은 학교를 요새로 만들고, 하루가 멀다 하고 정문 밖에서 대치하고 있는 시위 진압대와 전투를 벌였다. 투석전은 물론 대낮에 공중으로 화염병을 날리고 이윽고 최루탄이 포탄처럼 쏟아지는…. 그래서 학교 주변 수 킬로미터 반경 내에 사는 주민이나 상인들은 냄새와 소음 피해로 말로 다할 수 없는 곤욕을 치렀다. 특히 학교와 붙어 있는 병원의 피해는 그 이상이었다. 시간 근무자들이 시위 때문에 출퇴근을 방해 받는 것은 다반사이며, 독한 최루탄이 수술 후의 환자들에게 재채기를 유발해서 상처 봉합에 영향을 미쳤다. 특히 안과 환자들은 안압 상승으로 실명까지 유발시킬 지경이었다. 그래도 그때는 누구도 그들을 비난하거나 통제하지를 못했다. 어쩌면 아마도 오랜 세월 동안 참는 것에 길들여져 있었는지도 몰랐다.

1980년대 시위 학생들은 1970년대의 우리들처럼 다쳐도 숨고 도망하기보다는 무조건 병원으로 달려와 자기주장들을 하느라 응급실은 늘 다친 학생들로 북적였다. 이한열도 그 중에 한 학생처럼 일상적인 시위 중에 다쳐 친구의 부축을 받으며 응급실로 들어왔다.

하지만 이한열이 수술 후 뇌사 상태에 빠지면서 정치상황은 급박하게 돌아갔다. '4.13 호헌조치'에 반대하며 대통령 직접선거를 외치고 저항하는 국민들의 들끓는 여망에 불을 당긴 것이다. 피 흘리며 쓰러지는 그의 모습이 전 세계의 시선까지 사로잡자 그는 더 이상 개인이 아니었다. 그를 필요로 하는 정치인들이 줄 지어 그를 찾았다. 그때 가장 다급했던 사람은 차기 대권주자인 노태우 씨였던 것 같았다. 그를 면회하기 위해 병원까지 찾으면서 그가 어떠한 형태로든 살아 있기를 병원 관계자에게 간청했던 것 같았다. 결국 의료진도 생명 연장에 적극 동참하면서 그는 신경외과 중환자실에서 내가 근무하는 중환자실로 이송되었다. 당시로는 병원 내의 최고의 시설로 주로 심장 관련 환자가 입원을 하지만, 상태가 중하거나 이처럼 외압에 의해 다른 환자들이 입원하기도 했다.

익수가 있는 심장내과 중환자실은 한열이가 누워 있는 격리실과 복도를 사이에 두고 있다.

불 꺼진 어두운 방안에 우두커니 앉아 있는 그 아이는 언제나 복도에서 흘러간 불빛으로만 보였다. 그 아이는 빛이 싫다고 했다. 말을 하지는 않았지만 자신의 모습이 보이는 것을 거부하는 것 같았다. 그래서 그 방을 출입하는 의료진들은 대부분 아주 특별한 시술을 하지 않으면 불을 켜지 않고 그의 어둠을 존중했다. 그는 한열이가 중환자실로 입실하기 일주일 전에 입원해 있었다. 한열이가 있는 격리실에서는 수많은 의료진들이 진을 치고 북적이니 그의 방은 더 쓸쓸한 듯싶었다.

장익수. 20세. 남자. 선천적 심장질환, 10년 전 미국에서 심장수술을 받음. 5년 전 심장 기능이 떨어져 인공심장 박동기 본원에서 부착함. 최근 들어 호흡이 가빠지고 복수가 차기 시작해서 본원에 입원함. 입원 후에 상태가 급격히 나빠져서 집중 관리가 필요하여 중환자실로 이송함. 그의 의료 기록이다.

한열이가 입원하여 중환자실 전체가 어수선한 그 날 나의 밤 근무가 시작되었다. 중환자실은 특성상 한달씩 오전, 오후, 밤 근무가 교대로 이어졌다. 저녁 근무자에게 인계를 받고 환자 상태를 점검한 후에 자리에 앉아 차트를 정리하는데 익수가 나를 부른다. 소변을 보았단다. 나는 소변기 바닥에 깔린 소변을 계량컵에 따랐다. 20cc 눈금에 간신히 도달했다. 나는 그 양을 기록했다. "몇 cc예요?" 그가 궁금해 했다. "20cc." "겨우? 한참을 쥐어짰는데도 그것밖에 안 나왔어요?" 기대만큼 나오지 않아서 실망이 큰 모양이었다. "그래도 이게 어디야. 수고했어. 자 이제 그만 누워서 쉬어. 이거 봐라, 힘든지 땀이 났잖아." 나는 그의 이마에 송글 송글 맺힌 땀을 닦아 주며 자리를 정돈해 주었다. "안 누워?" 그래도 눕지 않는 익수를 향해 물었다. "숨이 차요. 조금 더 앉아 있을래요."

나는 방을 나왔다. 심부전증으로 인한 부작용이 몸 전체에서 나타나고 있었다. 심장으로 들어온 피가 좌심실에서 대동맥을 통해 힘차게 분출되어 신장으로 가서, 소변과 함께 노폐물은 걸러지고 다시 심장을 향해 가야 하는데, 좌심실이 그 기능을 제대로 못 하는 것이다. 이 같은 부실로 혈액은 체내에 적체되어 복부나 폐로 고이면서 숨이 차고, 신장으로 가는 혈류량이 적다 보니 소변은 거의 나오지 않고 있다. 바싹 여윈 목에 툭 불거진 양어깨 밑으로 매달린 가느다란 팔, 그리고 깊게 패인 쇄골 밑으로 바싹 마른 가슴, 그 아래로 급격하게 배가 불러 있다. 마치 만삭처럼. 세포는 살아 움직이면서 금방이라도 터질 듯 팽팽하게 윤기까지 내고 있고, 드러난 혈관들도 마치 마른 논바닥처럼 극성스럽게 갈라져 있다.

내가 자리에 앉으려는데 유리창 안에 있는 그가 날 향해 손짓했다. 내가 고개를 들이밀자 그는 물이 먹고 싶단다. "잠깐만, 오늘 얼마 먹었는지 보고." I&O(당일 마시고 배출한 수분의 양) 기록지를 보니 더 이상 마시면 안 되었다. 나는 냉동고에서 사각얼음 하나를 꺼내어 그애 입에 넣어주었다. "이것으로 입이나 달래. 오늘 먹을 양 다 마셨어." 그는 입안에 얼음을 굴리면서 잠깐 행복한 미소를 짓는다. 착한 것….

너무 일찍 철이 들었나. 나는 익수가 아무리 힘들고 어려워도 짜증내는 것을 본 적이 없다. 그는 태어나면서 병자였다. 어머니 뱃속에서부터 심장에 기형을 갖고 태어난 것이다. 태어난 시기도 그 아이에게는 불운이었다. 그가 태어난 1960년대 후반만 해도 심장수술은 엄두도 내지 못할 만큼 이 나라의 의료 시설은 열악했다. 1970년대 초에 그는 심장수술을 위해 미국으로 떠날 수 있었다. 당시로서는 그것만으로도 엄청난 행운이었다. 많은 아이들 중에 선별적으로 미국에서 운영하는 심장 재단을 통해 수술 받을 기회를 얻은 것이었다. 하지만 익수는 그때의 기억을 이렇게 떠올렸다. "너무 무서웠어요. 엄마도 없고, 말도 할 수도 들을 수도 없는 그곳은 괴물만 있는 곳 같았어요." 지옥으로의 여행과 같았던 익수의 아득한 기억 너머로 그의 엄마의 슬픈 푸념도 내 기억에 오래도록 남아있다. "보낼 때는 하늘이 주신 기회로 살 수 있다는 희망으로 기대에 찼었죠. 하지만 비자 만기에 쫓겨 한 달 만에 입국한 아이는 오히려 전보다 못할 만큼 쇠약했죠. 그 큰 수술을 받고 충분한 치료 기간도 없이 쫓겨 들어왔으니…. 차라리 보내지 말걸. 그 어린 게 몸도 마음도 아주 심하게…." 그녀는 그 대목을 더 이상 넘기지 못하고 눈물을 쏟았다. 그리고 가끔 말했다. "나중에 들은 얘긴데요 그때 미국에서 흉부외과 수련의들의 연습용으로 제때 수술 받지 못하는 후진국 아이들을 데려다가 심장수술을 시켰다더군요. 하긴 저 어린 것들 데려다 제대로 된 의사들이 수술을 했겠어요?" 사실 수술을 받았다지만, 어디에도 어떻게 어떤 방법으로 누가 했는지 알 길은 없다.

나라가 가난하다 보니 겪는 고통이었다. 그렇게 수술을 받고 온 익수의 심장은 그의 어머니 말처럼 정상적인 기능을 하지 못했다. 그래서 인공심장 박동기를 달았다. 박동기를 달고 얼마간 생명을 연장하더니 그것도 한계에 도달한 모양이었다. 그렇게 서러운 시절을 지나 1980년부터는 이 나라도 경제성장과 함께 심장수술을 할 수 있는 시설과 인력이 정비된 것이다. 결국 내 나라에서 재수술을 하기로 의료진은 의견을 모았다. 일단 열어 보자는 것이었다. 마지막 카드인 셈이다. 의료팀은 이러한 의지를 익수와 보호자에게 설명하고 동의를 구했다. 그리고 수술을 집도할 흉부외과 팀에 의뢰를 했다. 그동안 그의 심장을 관찰해 온 심장내과 팀은 그의 심장 기능을 심장수술을 할 만큼의 상태로 끌어올려야 했다. 수술 후 회복을 위해 가급적이면 최적의 상태에서 수술하는 것이 원칙이다. 그러기 위해 내가 근무했던 심장내과 중환자실에서 각종 검사와 치료를 병행해 가면서 수술 준비에 들어갔다.

모두들 희망을 잃지 말자고 하지만 믿는 사람은 없는 듯했다. 익수도 기대하지 않고 있었다. 그는 가끔 혼잣말로 중얼거렸다. "수술? 수술하면 나아지려나? 그래서 이 복수도 빠지고 햇빛 쏟아지는 땅 위에 흙먼지를 날리며 뛰어 볼 수 있을까?" 그러면서 극성스럽게 튀어나온 그의 배를 의심스럽게 바라보았다. 그럼, 그렇게 되고말고. 너는 꼭 그렇게 될 거야. 나는 그렇게 말해 주고 싶었지만 한 번도 그래 보지 못했다.

모두의 기대와 바람으로 어우러진 그 소망은 끝내 이루어지지 못했다. 수차례 검사를 하면서 결국 흉부외과에서 수술 불가로 선언하고 말았다. 테이블다이(수술 도중에 사망) 가능성이 크다는 것이었다. 그 사실을 알던 날 자정을 넘기기 전에 익수의 호흡이 멈췄다. 동시에 한열이의 심장도 그 치열한 정치판 싸움에서 더 이상 버티지 못하고 멈추어 섰다. 한 시간이라도 더 끌어 보겠다고 교감신경, 부교감 신경 항진제를 들이붓다시피 했지만 더 이상 심장을 움직이게 하지 못했다. 그토록 살고자 했던 익수도 가고, 그토록 살리고자 했던 한열이도 죽었다. 한열이의 심장이 멈추자 문 밖에서는 기자들이 아우성을 쳤고, 중환자실 전화마다 벨이 쉬지 않고 울렸으며, 한열이 엄마의 오열하는 소리가 온 중환자실을 울렸다. 익수 엄마는 아들의 마지막을 조용히 지켜보며 눈물을 흘렸다. 한열이 엄마가 모든 사람들의 시중을 받으며 실려 나가는 대신, 익수 엄마는 새어나오는 울음을 손으로 막으며 조용히 방을 나갔다.

한열이의 장례는 학교 본관에서 참으로 화려하고 성대하게 치러졌다. 본관 앞에 거대한 공연 무대 같은 것이 설치되고 각계각층 사람들이 자리를 잡고 앉았다. 하루가 멀다 하고 최루탄과 화염병을 주고받으며 싸워 대던 적들이 그 날만큼은 서로 머리를 맞대고 점잖게 앉아 있었다. 양옆에는 갖가지 구호를 내건 플래카드가 겹쳐 놓인 채 작은 바람에도 펄럭이며 자리다툼을 하고 있었다. 그리고 행렬은 학교 정문을 빠져 나가 신촌 네거리까지 이어졌다. 여름이 막 시작되는 그 날은 어쩌면 햇빛도 그리도 곱게 쏟아지던지. 한 젊은이의 죽음은 이 나라 민주주의 완성에 한 획을 그은 만큼 참으로 화려하고 성대한 장례 행렬이었다. 하지만 나는 그 아침에 그 길을 따라 퇴근하면서 익수를 생각하며 울었다.

누가 이 나라 선진화의 역사를 지도자들 때문이라 하겠는가? 누가 이 나라의 민주화가 지금 산 자의 산물이었다고 하는가?

살아 보니 국민 개개인이 국가를 사랑하는 마음으로 자신의 기득권을 먼저 포기했던 것 같다. 전두환 정권과 노태우 정권이 그렇게 요란스럽게 가고 민주화가 시작되면서 국민들은 또 한 차례 두려움에 떨어야 했다. 그것은 바로 김대중 정권이었다. 정권 교체라는 시대적 흐름에 50%의 절대 반대자들이 두려워하고 있었다. 그들은 노골적인 표현도 서슴지 않았다. 그가 되면 이민을 가겠다고…. 그러나 막상 그가 되니 누구도 나라를 떠나지 않았다. 그리고 신기하게 그가 취임을 하니 오로지 국민 모두는 일치단결하여 나라 살림을 잘 운영해 주기를 바라는 것이었다.

노무현 대통령도 현재 정권도 모두 50% 지지로 정권을 잡았지만, 그토록 거세게 반대하던 자들도 나라를 위해 그에게 마음을 모았다. 오로지 나라를 위해….

하지만 이처럼 참고 화합하면서 이겨 나간 국민의식은 발달했는데, 현 정치권들은 과거의 구태에서 못 벗어나고 있다. 저급한 수준으로 자신의 이익만 대변하면서 한결같이 나라를 위한 투사처럼 굴고 있다. 이 나라는 정말 어디로 가고 있는 걸까?

도대체 누구를 위한 강대국인가

살아 보니 이 나라의 국민의식은 정말 대단하다. 사람들은 이 나라 발전이 기적이라지만, 그럴 만한 민족의식이었다. 정말 우리는 민족중흥의 역사적인 사명을 띠고 이 땅에 태어난 모양이다.

그러나 현재 국가 권력을 잡은 사람들을 바라보면 안타깝기 그지없다. 고작 5년의 정치를 하면서 모든 것을 제 것처럼 권력을 휘두르고 있다. 세상은 변했는데 지도자가 되겠다는 자들만 변하지 못하고 있다. 이전에 아무것도 없던 시대는 세우는 것마다 업적이 될지 모르지만, 이제는 두고두고 논란거리가 될 것이다. 그들은 어디에 서 있으며 어떤 방향으로 가는지도 모르고 오로지 자기가 해야 할 것만 설정하고 밀어붙인다.

선진국으로 정착하려면 더 이상 인위적으로 외형을 키우는 것을 포기해야 한다. 외형만 키우느라 내실을 다지지 못한 것이 너무도 많다. 특히 김대중 정부부터 퍼퓰리즘에 급조된 정책이 늘어나고 있는데, 이어지는 지도자들마다 연일 자신의 공적 쌓기에만 열을 올리고 있다. 어느 누구도 바닥 다질 시기가 아니라며 파이를 더 키워야 한다며···.

하지만 분명 이 나라는 능선을 넘었다. 누가 무어라 해도 하강의 기류를 타고 있는 것이다. 그렇다고 선진국으로 가지 않는 것이 아니다. 이는 선진국을 향한 필수 과정이다. 개발도상이라는 과정을 거치며 생기는 버블은 당연하며, 이 버블을 걷어내는 것은 오로지 국민 모두가 감내해야 할 인내다. 진정한 지도자라면 눈앞의 인기에 영합하지 않고, 인내를 호소하며 내실 다지기에 들어갔어야 한다. 선진국은 더 큰 파이를 위한 인위적인 정책으로 되는 것이 아니다. 외형에 걸맞은 내실을 키우고 다져서 어떤 위험에도 흔들리지 않는 시점이 바로 선진국으로 진입하는 것이다. 아무리 집이 큰들 안이 곪고 썩는 다면 그 집이 얼마를 더 버틸 수 있겠는가?

선진국에는 두 유형이 있다. 세계를 움직일 만한 힘을 가졌지만 그 세력이 이동하는 강대국과, 조용히 내실을 다지면서 외압에 쉽게 흔들리지 않는 북유럽 같은 복지국가가 그것이다. 우리는 지정학적으로, 역사적으로 보아도 복지국가가 되어야 하는데, 현 정부는 강대국을 욕심내는 것 같다. 현재 미국이 세계를 주도하는 강대국이라지만, 그것도 2차 대전 이후부터 잡은 패권이었다. 미래학자들은 이미 미국이 그 주도권을 상실했다고 한다. 세계를 지배하는 힘은 어디로 이동할지 현재로서는 알 수 없다. 어느 것 하나 확실하지 않은 불확실의 시대에 접어든 것만은 확실하다.

인간들은 종종 자기 경험으로 미래를 대처해 나가려 한다. 하지만 자기 경험적 과거로 미래를 예측하는 것처럼 어리석은 일은 없다. 작은 성공이 큰 미래를 망친다고도 했다. 사업이나 장사를 하는 사람들을 보면 처음에 조심스럽게 시작한 사업이 성공하면 그 여세를 몰아 더 크게 확장하려 한다. 하지만 대부분 이 두 번째에 재기도 못할 만큼 완전하게 망하는 경우가 종종 있다. 이는 작은 것과 큰 것은 지도 자체가 다른데 작은 경험의 성공사례를 큰 것에 그대로 적용했기 때문이다.

미국의 정신 의학자 스캇팩 박사는 그의 저서 『아직도 가야할 길』에서 다음과 같이 썼다. "현실을 보는 낡은 견해에 고집스러운 집착을 보이는 것은 심각한 정신질환의 원인이 된다. 정신과 의사는 이를 일컬어 전이라고 한다. 전이란 어린 시절에 형성된 세계관이 어린 시절의 환경에는 매우 적합하나 변화된 어른의 환경에는 적절하지 못함에도 불구하고 어린 시절의 것을 그대로 적용하는 것을 말한다.

전이문제는 단순히 정신과 환자에게만 생기는 문제가 아니다. 이 문제는 부모와 자녀, 부부, 고용주와 고용인, 집단 심지어는 국민과 지도자 더 나아가서 국가 간의 문제이기도 하다. 예를 들어 국제적인 문제에서 전이가 어떤 역할을 하는지 관찰하면 참으로 흥미롭다. 위대한 지도자도 모두 어린 시절을 거쳤고, 그때 형성된 어린 시절의 경험을 가지고 있다.

히틀러는 어떤 지도에 따라 행동했을까? 미국의 지도자들은 무슨 지도를 따라 베트남에서 전쟁을 일으키고 집행하고 지속시켰던 것일까? 분명히 그 지도는 다음 세대와는 전혀 다른 것이었을 것이다. 대공황 때의 국가적 경험은 그들의 지도에 어떤 영향을 주었을까? 또 1950~1960년대의 경험이 다음 세대의 지도에 어떠한 공헌을 했을까? 만약 1930~1940년대의 국가적 경험이 월남전을 치른 미국 지도자의 행동에 영향을 주었다면 그 경험은 1960~1970년대의 현실에 적절한 것이었을까?

진실이나 현실이 고통스러울 때는 피하기 마련이다. 우리 자신의 지도를 개편하려면 그러한 고통을 극복할 수 있는 훈련을 해야만 한다. 그런 훈련을 하기 위해서 우리는 전적으로 진실에 충실해야 한다. 현재의 편안함보다는 궁극적으로 옳은 것을 추구하기 위하여 우리는 언제나 진실 앞에 솔직해야 한다."

나라나 혹은 세계를 이끌어 가는 지도자들이 단순히 어릴 때 대장노릇을 하던 골목의 지도를 가지고 나라 혹은 세계지도에 적용하고 있는 것은 아닌지. 더하여 자신의 판단을 진리라 생각하며 자신이 옳다는 것을 선으로 생각하고나 있지는 않는지.

세계 역사는 한 번도 같은 방법으로 전개된 적이 없는데 어리석은 인간들은 어김없이 과거의 경험으로 내일을 설계한다. 도대체 우리나라는 어디로 가고 있는 걸까? 정말 우리는 소리 소문 없이 잘살고 있는 북유럽이 결코 될 수 없는 걸까?

바벨탑은 결국 무너진다

　인간은 참으로 묘한 존재이다. 그 마음에 온 우주를 다 품을 만큼 거대한 그 무엇을 꿈꾸기도 하지만, 절망에 빠져 스스로 목숨을 끊는 존재이기도 하다. 인간의 내면은 참으로 복잡하다. 수많은 심리학자들은 한 줌도 안 되는 인간 내면의 실체를 찾아 헤매지만 아직도 연구 중이다. 그렇다고 그 내면의 주인인 자신도 모른다. 하루에도 몇 번씩 내면은 온갖 것들로 피고 지면서 죽음을 향한 발길을 결코 멈추지 못한다. 그러면서 인간은 영원히 죽지 않을 것처럼 자신에게 몰입한다. 세상은 고뇌라고 하면서도 인간은 역사 이래로 영원히 죽지 않을 꿈을 포기한 적이 없다.

　정말 인간이 영원히 죽지 않는 것이 해법일까? 이미 인간의 유전자 해독은 끝났다. 그리고 인간의 감정까지 프로그램화할 수 있는 미래도 멀지 않았다. 어쩌면 인간과 똑같이 만들어진 로버트에 의해서 자칫 인간이 지배당할지도 모른다. 문득 영원히 죽지 않을지도 모른다는 생각도 든다. 그럼 그때까지 살아남아 있어야 하는 것은 아닐까 하는 엉뚱한 욕심에 사로잡히기도 한다.

　대학교 3학년 때 정신과 실습을 한 적이 있다. 1980년대 초반이다. 당시 대학병원의 정신병동은 상당히 고급화된 시설이었다. 그래서 입원하는 환자들 대부분이 사회적으로나 경제적으로 어느 정도 수준에 이른 사람들이 많았다. 그도 수학자였다. 그는 정신분열 환자로 주기적으로 발작을 일으키는데, 그때마다 입원하면서 독방을 쓰고 있었다. 그의 방에 들어가면 책이 산더미처럼 쌓여 있는데 대부분 영어 원서였다. 그는 아주 두꺼운 안경을 쓰고 있었다. 지금이야 초 압축 굴절 렌즈가 개발되어고 근시도 아주 얇은 렌즈로 커버되지만, 그때는 안경 너머 눈알이 보이지 않을 정도로 뱅뱅 돌았다. 그래서 그를 보면 그 자체로 웃음이 튀어 나왔다.

그러면서 그토록 두꺼운 안경을 통해 깨알 같은 영어 원서를 읽고 있었다. 그러면서 그는 우리에게 각막을 깎아 시력을 교정하는 시대가 온다는 것이었다. 물론 우리 중에 누구도 그것을 믿지 않았다. 당연히 미친 자의 소리라고 생각했다. 그런데 그 이후 10년이 지나지 않아 라식이 현실화되었다. 그때 우리는 초 마이크로 물체가 혈관을 타고 수술을 하는 공상영화를 보았다. 결코 일어날 수 없는 일이라 생각하며….

정말 세상은 인간이 꿈꾸는 대로 되어 가면서 그 실현 기간이 단축되어 가는 것은 물론 가속도까지 붙고 있다는 것을 나도 불과 30년의 과거 경험으로 충분히 알았다. 설마 설마 하던 것이 눈앞에서 실현되면서, 이제 인간은 무엇이든 할 수 있다는 가능성에 베팅을 하는 것이다.

진실로 인간이 죽지 않으면 행복할까? 『걸리버 여행기』에는 영원히 죽지 않는 마을이 있다. 그 마을에 아기가 태어나면 가장 먼저 등을 확인한다. 등에 표식이 있으면 그 아이는 영원한 생명을 가지고 태어나는 것이었다. 그러면 온 집안이 슬픔에 잠긴다. 아이는 자라면서 그가 죽지 않는다는 사실을 아는 순간 모든 것을 미루기 시작한다. 죽지를 않으니 서두르고 무언가를 해야 할 이유가 없기 때문이다. 그렇게 살다가 사랑하는 가족들이 하나 둘씩 그의 곁을 떠나고, 그는 영원히 죽지 않는 사람들이 살고 있는 곳으로 옮겨간다. 그곳에서 영원한 삶을 가진 자들은 지루한 삶을 살면서 마약에 찌들고 때론 질병에 걸리지만, 결코 죽지 않으면서 고통을 겪어야 한다. 지옥이 따로 없다.

현대인의 의학이 엄청나게 빠른 속도로 발달하지만 병원은 환자들로 차고 넘친다. 이유는 질병이 더 빨리 발달하고 있기 때문이다. 더구나 생활수준이 높아 갈수록 양질의 의료 서비스를 받으려는 욕구가 높아짐은 물론이다. 하지만 그 정도가 어느 정도인지 수위를 가늠하기 어렵다. 단순히 질병 치료를 넘어 가장 쾌적하게 치료를 받고자 하는 욕구가 동반 상승하면서 미국 병원은 날이 갈수록 고급화, 대형화되고 있는 추세이다. 현재의 미국인들은 젊은 날 벌어서 남긴 돈을 자신의 삶을 연장하기 위해 오로지 병원에 다 쏟아 붓고 죽는다. 개인이 부담하는 의료비로 인해 국가의 안위마저 위협을 받고 있기에 오바마가 그토록 심혈을 기울여 개혁을 하려 하는 것이다.

현재 우리나라도 이러한 추세로 가면 조만간 의료비가 국가 경제를 위협하는 수준으로 올라설 것이다. 우리도 당연히 미국의 베이비 붐 세대(1945~1964)처럼 노령화 대열에 들어섰기 때문이다. 그들이 2차 세계대전 이후로 세계 경제를 이끌어온 주체 세력이라면, 우리는 한국전 이후로 나라 경제를 이끌어온 성공 세대이다. 우리는 단순히 우리의 부모처럼 스스로를 희생하며 자식에게 모든 것을 아낌없이 주는 세대가 아니다. 그저 아파도 참으면서 자식들의 선처만 바라보며 공원 벤치에 앉아 졸고 있지 않을 것이다. 죽을힘을 다해 살았기에 자신보다 결코 낫지 않은 자식에게 무엇인가를 물려주기보다는 자신의 노후에 전부를 거는 세대인 것이다. 그러기에 당연히 의료 환경도 최고급을 지향한다.

아직은 설마 하겠지만 자식을 나만큼 생각한다면 그것은 내가 그만큼 건강하다는 것이다. 인간은 절대적으로 이기적인 존재이다. 인간이 늙고 병들면 세상이 아무리 크고 화려해도 전혀 상관이 없다. 더구나 가진 게 많았다면 생에 대한 집착도 그만큼 더 크기 때문이다. 또한 인간은 내 손톱 밑의 작은 가시도 그 어느 것과 견줄 수 없을 만큼 고통스럽게 느끼기 때문이다.

20세기에 들어와서 세상은 엄청난 속도로 발달했다. 경제적으로 풍요하고 과학이 발달하는 등. 하지만 그 어떤 세기보다도 더 많은 사람들이 죽은 것도 사실이다.

인간은 자기가 모든 것을 다 이루려 하지만, 역사는 절대 그럴 수 없다는 것을 보여 준다. 그런데도 인간은 결코 탑 쌓기를 포기하지 않는다. 한동안 모든 나라 사람들이 이구동성으로 두바이 신화를 부르짖고 있을 때, 나는 그동안 품고 있던 의문에 대한 해답을 찾았다. 세계 곳곳에는 현대인의 상식으로는 도저히 풀리지 않는 고대 문명의 도시들이 남아 있다. 이집트 문명이야 나일 강을 끼고 발달했다지만, 잉카 문명이나 앙코르와트 같은 고대 도시는 지역적으로도 납득이 되지 않는 곳에 자리 잡고 있다는 사실이다. 그 고도에 혹은 그런 밀림 지역에 왜 그런 도시가 존재할 수 있었을까? 아마도 수만 년이 지나면 두바이도 그런 모습으로 남아 있을 것 같다는 생각이다. 인간이 결코 살 수 없는 사막 모래 위에 거대한 시멘트 탑이 하늘을 찌를 듯이 서 있는 것을 보며 생각할 것이다. 아니 어떻게? 왜?

현재 두바이는 오로지 석유 자원만으로 소비 도시를 만들었다. 하지만 인간이 사용하는 연료도 시대에 따라 바뀌고 있다. 석탄을 사용하던 인간이 전적으로 석유를 의존하게 된 것이 1세기도 안 되었다. 오일이 세상 모든 문제를 해결할 것처럼 그것으로 공적의 탑을 쌓았지만, 인간은 조만간 제3의 에너지를 만들어낼 것이다. 그것이 인간의 가능성이다, 그래서 역사는 발전하는 것이다. 새로운 것이 출현하면 과거의 것은 화석이 되어 역사의 유물로 남을 수밖에 없다. 앞서도 말했지만 이제 인간의 역사 주기가 빨라지고 있다. 그래서 인간이 당대에 저지른 것을 예전에는 3대까지 이어진다고 했는데 지금은 당대에 다 받고 간단다.

50년을 산 나도 사용하는 연료가 나무에서 석탄, 그리고 오일로 바뀌었는데, 현 위정자들은 오일이 영원할 것처럼 온 나라 땅을 헤집어 바벨탑을 쌓고 있다. 현재 두바이는 오일을 팔아서 오일을 쓰는 도시이다. 어느 날 대체 연료가 개발되고 상용화되면 그 도시는 정말 흉물스럽게 변할 수밖에 없는 당연한 미래가 기다리고 있다. 단군 이래 최대 호황을 누렸다고 자랑하지만 후대에 물려주어야 할 이 나라 삼천리강산이 단숨에 제대로 망가뜨려질 수 있겠구나 하는 생각이 들었다.

세상이 아무리 바뀐다 한들 인간의 본질은 바뀌지 않는다. 인간도 자연의 일부다. 그래서 그런 인위적인 환경에서 영속적으로 살 수가 없다. 그런데도 이 나라 지도자들은 두바이를 흉내 내자며 국민들을 현혹한다. 정말 냉정한 지도자들이라면 이런 쏠림 현상에서 진실을 봐야 한다.

현재 북유럽은 어떠한 세태에도 굴하지 않고 자신들만의 원칙을 가지고 국가를 경영한다. 그들도 2차 대전이라는 세계대전을 치르고 개발과 부흥으로 이미 1970, 1980년대부터 불어 닥친 투기 열풍을 잠재웠다. 그들은 건전한 중산층을 키우고, 고층 아파트를 허물며, 친환경적인 사회 건설을 위한 소리 소문 없는 발걸음을 해왔다. 그들 나라 대부분이 국민소득은 4만 달러가 넘어섰지만, 어느 지도자도 두바이처럼 '더 높이, 더 크게'를 외치지 않는다. 오로지 정직과 원칙을 고수하며 지금이나 크게 다르지 않은 환경을 가꾸고 자신들의 행복 추구를 위한 삶을 살고 있다. 언제나 한계를 넘고자 하는 인간의 탐욕과 무지 때문에 결국 멸망의 길로 가고 만다.

이제 남은 것은 식량이다

    살아 보니 세상은 인간이 결코 주인공이 될 수 없다는 생각이 든다. 인간 중심으로 탑을 더 높게 더 크게 쌓고, 첨단 장비를 개발하여 어떻게 하면 더 편하게 살까 한껏 목에 깃을 올리고 있는데, 듣도 보도 못 했던 쓰나미가 출현해서 순식간에 도시와 사람들을 삼켜 버린다. 결코 지진을 경험해 보지 못한 나라에 지진이 출현해서 인간이 쌓아올린 탑을 성냥갑처럼 부수어 버린다. 자연은 언제나 인간의 상상력을 뛰어넘는다. 올 겨울 하루 동안 집중적인 눈이 왔다는 이유로 서울이 마비되는 느낌이었다. 고층 아파트에서 땅으로 쏟아지는 눈을 바라보며, 하루 이틀 더 내렸다면 세상이 끝나 버릴 것 같은 두려움이 밀려왔다. 그러니 그런 자연적인 재해 앞에 인간이 자랑하는 첨단이 도대체 무슨 힘이 있을까마는…. 결국 세상은 돌고 돈다는 것을 나라를 이끌겠다는 지도자들은 감지하지 못하는 걸까?

    그런데도 인간은 부지런히 탐욕으로 앞서가며 세상을 지배하려 한다. 실체도 없는 것을 부풀려 팔아먹기도 하고, 미리 선점해서 매점매석을 선물이라는 용어를 써가며 공식화한다. 생각해 보니 다 돌려서 부풀려 해먹고 이제 남은 것은 농산물만 남았다는 생각이다.

최근 농산물 가격이 가파르게 오르고 있다. 이미 지난해부터 사료 값은 폭등하여 축산 가계의 도산이 이어지고 있지만 아직 사회적인 파장은 미미한 것 같다. 하지만 이런 농산물의 가격 상승이 조만간 식탁을 위협할 것이다. 이는 그저 오일 쇼크로 승용차를 운행하지 못하는 상황과는 전혀 다른 파급 효과를 낳을 것이다. 인간에게 가장 무서운 적은 굶주림이라고 했다. 배불리 먹은 기억밖에 없는 지금의 세대들은 의아해 할지 모른다. 설마…. 설마?

하지만 우리는 그 배고픔이 얼마나 고통스러운지 알고 있다. 50년 전에는 이 땅에 헐벗음과 굶주림밖에 없었다. 굶주림 앞에서는 명예도 자존심도, 심지어는 인륜도 포기하게 한다. 구약성경을 보면 자식까지 잡아먹는 구절도 나온다. 그만큼 무서운 굶주림의 그림자가 지구촌에 드리워지고 있는 것 같아 염려스럽다. 혹시 20~30년 내에 기근이 와 우리가 다시 그 고통을 보며 죽는 것은 아닐까? 굶주림에서 태어나 굶주림으로 죽는 슬픈 세대가 되는 걸까?

설마? 앞서도 말했다. 30년 전에 우리가 이토록 풍요롭게 살 거라고는 아무도 예측하지 못했었다.

20세기에 들어서면서 지구의 역사는 빠르게 그 발전의 속도를 더해 가고 있다. 특히 1, 2차 세계대전 후 냉전 체제마저 종식되면서, 지구촌은 자본주의에 바탕을 둔 개발과 번영을 향해 모든 나라들이 질주해 왔다. 결국 중국도 체제 이념을 벗어 버리고 개발을 독려하며 자본주의 시장에 뛰어들고, 잠자던 인도도 개발에 박차를 가하고 있다. 그에 더하여 오일 달러가 넘쳐나는 중동에서는 두바이 신화를 일으키며 더 화려하게, 더 높이를 지향하며 온 세계가 들떠 있다. 우리나라도 예외는 아니다. 아직도 끝나지 않은 개발 열기가 중앙 정부는 물론 지자체까지 한껏 부풀어 올라 꺼질 줄 모르고 있다.

하지만 영원한 승자도 패자도 없는 것이 역사의 흐름이다. 또한 인간의 역사는 무조건 한 방향으로 간 적도 없다. 그런데도 모두들 근시안적인 과거의 연속선에서 갈 길이 멀었다며 발길을 재촉한다. 하지만 20세기를 이끌었던 개발과 번영의 패러다임은 분명 바뀌어 가고 있는 것 같다. 아무리 강한 강줄기라 해도 물길이 바뀌는 시점은 아주 완만하고 천천히 이루어지기에 전혀 위협을 못 느끼거나 혹은 물길도 바꿀 수 있다고 생각하지만, 막상 닥치기 시작하면 손도 쓰지 못할 만큼 그 폐해가 심각할 것이다.

2차 대전 이후 세계는 그 어느 때보다 풍요로웠는데, 최근 들어 갑자기 지구촌에는 식량 고갈이라는 화두가 던져졌다. 곡물가의 급등으로 '애그플레이션'이라는 용어까지 대두되고 있다. 최근 들어 오일 가격이 급등하면서 기타 원자재 가격도 동반 상승하고, 시카고 상업 거래소에서 거래되는 곡물의 선물 가격도 성큼성큼 따라 오르고 있다. 향후 십 수 년 내에 지구촌에는 식량 전쟁이 있을 것이라고 예고하는 미래학자도 있다.

이 같은 곡물가의 상승 원인은 여러 가지 요인으로 분석되고 있다. 중국이나 인도 등의 신흥국에서 경제 발전과 함께 수요가 증가해 수급 불균형이 일어나기 때문으로 설명된다. 킹의 법칙으로 농산물 가격은 조그마한 수급 변화에도 가격이 급변하는 특징을 가지고 있다지만, 수급 핍박으로만 곡물가격이 이처럼 빠르게 급등할 수는 없다.

투기 자본이 개입되고 있는 것이다. 2004년 이후 투기 자본은 원유가를 급등시켰고, 2005년 후반부터는 금, 2006년 이후에는 비철 부분에 매입을 늘리더니, 최근에는 기관 투자자나 연기금 등의 투자금조차 곡물

시장으로 들어오는 것으로 알려지고 있다. 특히 서프라임 모기지로 인한 금융 부실 사태를 겪으며 투자처를 잃고 있는 미국이 공격적인 금리 인하를 단행, 글로벌 유동성이 곡물과 원자재 가격으로 이동하고 있다.

세계 곡물시장은 카길(Cagill), 아처 대니얼 스미들랜드(ADM), 콘아그라(ConAgra) 등과 같은 소수의 초국적 농산물 복합체가 지배하므로 그 영향력을 얼마든지 극대화할 수 있다. 미국 내 소맥 가공 부분은 상위 4개사가 60% 이상 지배하고 있으며, 옥수수 가공은 80%에 근접하고 대두는 80% 이상이다. 이처럼 세계 곡물시장은 태생적으로 투기 자본이 발흥하기 쉬운 구조를 가지고 있다.

이런 곡물가격 상승은 중동과 미국 사이에도 미묘한 한랭전선이 흐르게 하고 있다. 옥수수와 대두의 주요 수출국이 미국과 남미에 편중되어 있어, 식량 자급률이 제로에 가까운 중동으로서는 식량 안보의 위기를 느끼지 않을 수 없다. 대부분의 중동 산유국들은 자국 통화가치를 미국 달러에 연동시키는 달러 페그제를 택하고 있는 만큼, 약 달러는 고스란히 수입가격 상승으로 이어진다. 이처럼 무차별적인 곡물가격 상승으로 사우디아라비아는 최근 해수를 농업용수로 바꿔 사막에서 밀을 생산하는 방안을 검토하고 있다. 또한 선진국에서 유전국에 유전 확보를 위한 투자를 하듯이, 역으로 미국의 곡물 농장을 사들여야 한다는 주장도 제기되고 있다.

곡물가격은 이미 대세 상승기에 접어들었다. 이 같은 세계 시장의 힘겨루기라는 단순 논리에서 벗어나 기후에 대한 예측도 앞날을 어둡게 한다. 하지만 지구 온난화로 생산량이 감축된다는 단기 예측을 벗어나, 태양 흑점에 대한 연구가 흥미롭다. 태양흑점을 연구하는 과학자들에 의하면 태양흑점 활동이 지구의 기후에 상당한 영향을 미친다고 했다. 태양 활동의 기준이 되는 상대 흑점 수의 증감과 지구의 평균 기온의 변화를 비교해 보면, 흑점의 수가 많은 시기에는 평균 기온이 높고 반대로 흑점 수가 적은 시기, 즉 태양 활동이 그다지 활발하지 않는 시기에는 평균 기온이 낮다.

실제로 지난 1650년부터 1715년까지는 상대 흑점 지수가 0으로 '태양 수면' 시기라 한다. 이때 기온이 크게 떨어져 곡식 수확에 실패해 많은 사람들이 기근으로 고통을 겪었다. 이 시기에 영국의 청교도들이 미주대륙으로 대거 이주한 것도 결국 흉작으로 인한 사회 환경 때문이라고 역사학자들은 주장하기도 한다. 이 시기에 영국의 템즈 강에 얼음이 7월까지 남아 있었다는 기록도 있다.

2004년 스위스 천문학자들은 항성학회에 보고한 보고서에서 60년간의 흑점 활동이 과거 1150년 중 가장 활발하다고 했다. 그들은 지구 기후 변화를 추적한 결과 1645~1715년은 지구에 극소기(태양 흑점 활동이 비정상적으로 위축됨) 이후로 흑점 활동이 꾸준히 증가하면서 금세기 들어 지구의 지속적인 온난화에 영향을 미쳤다고 한다. 결국 지구 온난화는 대기 가스의 온실 효과라고 보기 어렵다는 것이다. 하기는 이 거대한 태양계에 보잘것없이 작은 지구 표면에서 인간이 뿜어내는 오염도로 온도에 영향을 얼마나 미칠까마는…. 어쨌든 세계대전 이후 경제 발전과 함께 이루어진 첨단 농기구 발명과 다품종 개량으로 몇몇 극빈국을 제외하면 식량 부족을 염려하지는 않게 되었다. 이처럼 인간이 풍요를 누리는 것을 인간의 승리라고 보기보다는 태양계에 의해 올라간 기후마저 도와주었기 때문으로 본다.

그런데 최근에 캐나다 태양 연구 프로젝트 팀장인 태평은 이상하게 흑점 활동이 잠잠하다고 했다. 그는 아무래도 마운더 극소기(태양의 흑점 활동이 비정상적으로 적어진 시기)에 접어든 것 같다고 했다. 만일 태양이 올해나 내년까지 이렇게 조용할 경우, 지구 기온이 급작스럽게 떨어지는 시기로 봐야 할 것이라고 경고했다. 그는 태양을 연구하는 많은 과학자들이 2020년쯤까지 지난 200년 기간 동안 가장 약한 태양 활동 순환기에 돌입할 것이라고 예측하고 있다고 했다. 이미 지난해 지구촌 최대 곡물 지역마다 예상보다 훨씬 낮은 곡물을 수확해서 재고율이 떨어지고 곡물가가 급등하고 있다.

이렇듯 세계시장은 식량을 둘러싸고 한치 앞을 내다볼 수 없이 숨 가쁘게 돌아가고 있는 것 같다. 그런데 우리나라 곡물 자급률이 28%로 OECD 국가들 중 꼴찌에서 3번째라는 것이 충격적이다. 주요 곡물국인 호주(280%), 프랑스(191%), 캐나다(164%)는 물론 공업국으로 알려진 독일(126%)), 스웨덴(120%)과 비교해도 터무니없는 수치이다.

최첨단 미래를 꿈꾸는 이때에 28%라는 곡물 자급률은 식량 고갈이라는 원초적인 문제에 봉착하게 할지 모른다. 그 어떤 영광도 배고픔 앞에서는 한낱 허망한 꿈일 뿐이다. 어쨌든 이 냉혹한 현실을 인식하고, 이것이 단기에 끝나지 않을 것이라는 위기의식과 함께 거시안적인 대책이 발현되어야 한다. 그러기 위해서는 지금 우리의 위치를 먼저 생각해야 한다.

도대체 우리는 지금 어디에 서 있는 걸까? 사람들은 아직 정상이 멀었다고 할지 모른다. 하지만 우리는 이미 정상을 지나 내려오는 방향에 서 있는지도 모른다. 만일 산을 오르고 있다면 또 우리는 어떤 산을 오르고 있을까? 최고봉을 향한 등성이에 있는지, 아니면 최고봉을 향해 거쳐 가야 하는 작은 산을 오르내리고 있는지도 생각해 봐야 한다. 바닥에서는 잃을 것이 전혀 없기에 사람들은 어떠한 어려움도 참을 수 있다. 항상 적든 크든 가진 자들의 고민이다. 어느 새 대한민국도 적당히 가진 나라 군에 속해 있다는 것이 우리를 가장 혼란스럽게 한다. 어쩌면 가진 것에 비해 기대 심리가 너무 큰 것이 아닐까 생각된다.

어쨌든 앞이 보이지 않기 시작하는 것은 분명하다. 누군가 앞이 보이지 않으면 그 자리에 그대로 서 있으라고 했다. 하지만 성공만을 따라온 부류들은 이런 불확실함도 자신이 살아온 경험을 토대로 극복하려 한다. 특히 성장의 시대를 살아온 사람들일수록 정체를 무능과 연계하여 더 열심히 앞으로 나아가려 한다. 잘못된 지도를 가지고 가면 반드시 길을 잃는다고 했다. 아무리 능력이 탁월한 사람도 방향이 잘못된 길을 바꿀 수는 없다. 이제 한번쯤은 잠잠히 우리의 어제와 오늘을 돌아보자. 그리고 냉정하게 미래를 향해 버릴 것은 무엇이며 취할 것은 무엇인지 고민해 보자.

새만금의 원래 목적은
식량 자급률을 높이기 위한 농지 확보였다

남편은 노무현 정권 출범 후에 고위공직 순환제에 따라 농림부에서 근무했던 적이 있다. 그는 농촌 정책국장을 하면서 2003년에 7월에 새만금 간척 사업에 위헌 판결을 위한 항소심을 준비했다. 당시 정권 실세 대부분은 환경단체와 연합되어 있었다. 시작이 누구로부터 되었든 어떤 목적을 가지고 시행된 사업이 99% 공정을 앞두고도 정권에 따라 이처럼 바뀌는 현실이었다. 농림부 직원도 아닌 남편이 그 사업이 계속되어야 한다고 주장하는 논리는 간단했다. 이미 수조원의 예산이 투입되었는데, 이 상태에서 환경 때문에 포기하면 예산 낭비는 물론 더 큰 문제를 일으킬 것이라는 것이다. 물론 남편의 그런 판단은 새만금을 수시로 방문하고 관계자들의 이야기를 듣고 내린 최종 결론이었다.

그러나 참여정부 실세들을 주축으로 하는 판결인들의 저항 또한 만만치 않았다. 당시 그 재판을 담당한 판사가 남편의 고등학교 후배였는데, 그는 노골적으로 남편이 그 정책 추진에 깊이 나서지 말 것을 암시하기도 했다. 그들은 농림부가 반드시 패소할 것이라고 단언하며 남편은 공직자로서 그로 인한 불이익도 감수할 것이라고 했다. 그때 남편의 고민은 깊어 갔고 어렵게 끊은 담배도 다시 피우게 되었다.

하지만 남편은 그들과 타협하는 것을 거부하고 피 말리는 정책 싸움을 이어 나갔다. 당시 정권 창출자들이 등을 돌린 그 싸움에서 결국 2005년 농림부가 승소했다. 그래서 새만금 사업은 완결을 보게 되었다.

새만금은 세계 최장의 간척 사업이다. 그토록 오랜 시간 온갖 반대자의 외침에 이어 결국 법적 공방까지 치르고 완공된 새만금 사업의 본질인 식량 확보라는 역사적 사명은 어디론가 사라지고, 동북아 두바이를 계획한단다. 도대체 왜? 이 땅의 지도자들은 선진이라는 모자를 쓰고서 개발 도상 시절에 신었던 흙 묻은 신발을 벗지 못한 채 아직도 고속 성장만을 외치는 것은 아닌지. 성장에만 길들여진 국민들이 참기 어렵다고 아우성치는 여론에 굴복하여 인기 위주의 정책에 집착하는 것은 아닌지.

2009년 상상 스튜디오에서 발행하는 잡지에 실린 글을 읽고 나는 우울했다. 나와 같은 생각을 하는 사람도 있지만 그 외침이 너무도 외롭기만 하다.

새만금, 기억할 만한 지나침

"인간이 자연으로부터 배우고 싶어 하는 것은, 자연과 인간을 완전히 지배하기 위해 자연을 이용하는 방법뿐이며, 오직 그것만이 인식의 유일한 목적이 되어 버렸다"고 아도르노는 탄식했다. 파시즘과 홀로코스트라는 세기적 비극을 겪으며 그가 의심한 것은 계몽된 인간 이성 그 자체였다. 그에게 파시즘과 홀로코스트는 예외적 독재자가 저지른 우발적 사건이 아니었다. 합리와 이성, 효율과 수량화를 통해 자연을 극복하고 자기 보존을 이루려던 인간은, 자신의 도구에 의해 그 스스로의 존재마저 위협받는 처지에서 허우적거린다. 그는 묻는다. "왜 인류는 진정한 인간적 상태에 들어서기보다 새로운 종류의 야만 상태에 빠졌는가?"

대체 왜, 우리는 우리 스스로를 죽이려 드는 것일까. 정부의 말대로 그 말이 사실이라면, 새만금 간척사업은 바다를 메워 부족한 농지를 확보하겠다는 단순 명료한 목적으로 시작되었다. 전라북도 군산 앞바다에서 부안을 잇는 총길이 33km의 방조제를 축조하고 그 안에 흙을 쏟아 부으면, 40,100ha에 이르는 어마어마한 넓이의 토지를 얻을 수 있다는 것이 그 밑그림이었다. 농지가 점차 축소돼 가는 비좁은 나라의 처지에서 새만금 사업을 통한 농지 확보는 어쩌면 불가피한 선택이었는지 모른다. 국민을 먹여 살리기 위해 농사지을 땅을 확보해야 한다는 정부의 기특한 생각은 칭찬받아 마땅한 것이었는지도 모른다. 주무 부처인 농림부는 "우리나라의 식량 자급률이 30% 미만이므로 식량 안보를 위해서라도 쌀을 생산할 농지의 확보가 반드시 필요하다"고 역설했고, 많은 이들이 고개를 끄덕였다. 설령 수십조 원에 이르는 천문학적인 비용이 들더라도 그것은 진행해야 마땅한 일이었다. 1991년 11월 공식적으로 간척공사가 시작된 이래, 2006년까지 새만금에는 네 개의 방조제와 두 개의 배수갑문이 세워졌다. 그러는 과정에서 수차례의 정권 교체가 있었지만, '다행히도' 새만금 사업에 관한 한 정부의 입장은 한결같았다. 새만금 사업단이 내놓는 청사진은 밝고 역동적이며, 미래 지향적이고 진취적이다. "새만금 사업을 통해 우리 국민은 국민 한 사람 당 2평의 땅과 1평의 담수를 갖게 되었다." "새롭게 생겨난 비옥한 토지에는 식량 작물 이외에도 필요에 따라 각종 원예 및 사료 작물 등을 다양하게 재배할 수 있으며, 이는 낮은 식량 자급률, 시장개방에 따른 농업 경쟁력 확보를 위해 절대적으로 필요한 규모화·집단화된 우량 농지가 될 것이다." "우리나라는 UN이 정한 아시아 유일의 물 부족 국가로서 새만금 사업이 완공되면 중규모 저수지 200개의 수량에 해당하는 10억 톤의 수자원을 확보할 수 있어 미래의 물 부족 사태에 대비할 수 있다." "33km의 방조제가 완공되면 군산 부안 간 교통 거리를 66km나 단축시킬 뿐만 아니라, 섬지역의 교통 환경을 개선하고, 변산 국립공원 등 천혜의 관광 자원과 어우러져 세계적인 관광권을 형성, 지역경제 활성화에 기여할 것이다."

정부의 말대로, 불가피한 선택이라고 부른 말들

그러나 새만금 사업은 시작부터 지금까지 18년의 긴 시간 동안 격렬한 논란에서 자유로운 적이 단 한 번도 없었다. 새만금 사업은 숱한 반대론과 싸워야만 했다. 그 숱한 반대론들은 새만금 사업의 근본을 묻는 것이었다. 본질을 묻는 것이었다. '농지 확보'라는 껍데기 속에 감춰진 내면을 들추는 것이었다. 인터넷 검색창에서 '새만금'을 입력하면 어떤 정보를 가장 많이 찾을 수 있는지, 어떤 이들이 '새만금'에 가장 뜨거운 관심을 가지고 있는지 쉽게 알 수 있다. 보다 쉬운 방법으로 나는 인터넷 검색창에 '새만금'과 '두바이'를 동시에 입력해 볼 것을 권할 수밖에 없다. 이것이 바로 새만금 사업의 아이러니이며 본질이다. 이 참담한 본질 앞에 "농지 확보를 통한 식량주권 수호"라는 슬로건은 헛소리의 나락으로 떨어진다. "국민 한 사람 당 2평의 땅과 1평의 담수를 갖게 된다"는 약속은 낭만적 통계치가 던져준 환상일 뿐, 손아귀 속의 현실이 될 리 없다는 담백한 사실을 알려준다. "세계 간척사상 유례를 찾아볼 수 없는 대역사"이며, "인간의 끊임없는 도전이 일궈낸 아름답고 웅대한 세계 최장의 방조제"가 대체 왜, 누구를 위해 만들어지는 것인지 깨닫게 되는 순간, 우리 뒤에는 끈적이는 침을 흘리며 아가리를 벌린 괴물이 버티고 서 있다. 내친 김에 그 너른 갯벌에 살던 숱한 생명체들과 그것들이 우리에게 주었던 풍요로움의 원천이 무엇이었는지, 갯벌과 바다를 삶의 터전으로 삼았던 이들이 어떻게 절망으로 내몰렸는지, 이웃들을 불구대천의 원수로 삼게 한 이간질의 정체는 무엇이었는지, 결국 이 사업으로 소수가 얻게 되는 것은 무엇이며, 우리 모두가 잃어야만 하는 것이 무엇인지 깨닫게 된다면, 괴물은 주저 않고 우리를 삼킬 것이다.

그것은 괴물의 카르텔이었다. 저마다 한몫 챙길 수 있을 거라는 착각의 카르텔. 저마다의 몫을 '더' 챙기려는 과욕의 카르텔. 내 몫을 챙길 수 있다면 남의 것쯤은 빼앗아도 좋다는 약탈의 카르텔. 정치적 기득권을 유지할 수 있다면 유권자를 얼마든 속이고, 감언이설로 녹여드리겠다는 선거의 카르텔. 무엇이든 파헤치고 세우고 밀어붙여서 개발 이익만 내면 된다는 건설 토목의 카르텔.

지식에는 영혼이 없으므로 얼마든지 정보와 논리를 제공하겠다는 매판 지식의 카르텔. 새만금 사업단은 여전히 "새만금이 농업한국을 이끌어

갈 주역이 될 것"이라고 떠들지만, 이제 그걸 믿는 사람은 없다. 그걸 믿고 싶은 사람도 없다. 그렇게 해서는 '남는 게' 없다는 걸 모두가 안다.

때맞춰 정부는 새만금 토지이용 구상을 발표하고 농지를 대폭 줄이는 대신 산업 용지를 대거 늘리고, 이를 위해 총사업비를 18조 9천억 원으로 증액하기로 했다. 새만금은 이제 녹색성장이라는 국정 철학을 실현시킬 산업 전초기지가 되었다. 이러한 용도 변경은 변화된 국내외적 여건을 고려한 불가피한 선택이며, 오히려 긍정적인 요소로 가득 차 있다는 게 정부의 입장이다. 언제나 말은 멋있다. 그 말대로라면, 새만금 간척사업은 옳은 일이다. 정부의 말이 사실이라면.

저문 강에 삽날을 치우고

새만금 사업을 이제 와서 돌이킬 수 있다고 생각하는 사람이 몇이나 될까. 어림 반 푼어치도 없는 소리다. 누가 뭐래도 새만금 사업은 진행된다. 하지만 숨길 수는 없다. 녹색과 고도성장은 함께할 수 없는 가치라는 사실, 삽날에 녹색 물감을 칠한다고 해서 그게 친환경이 되는 것은 아니라는 사실, 거짓은 늘 포장술 뒤에 숨는다는 그 사실. 지금 우리의 판단이 옳다면, 미래에도 옳을 거라는 생각은 오만이다. 자신이 아닌 모든 타자를 도구로 전락시킨 인간의 종착지는 그 자신의 도구화일 뿐이다. 새만금은 우리가 어떻게 '자연의 삶'과 '타인의 삶'을 파괴하고 도구로 전락시키고 있는지를 보여주는 야만의 현장이다. "인간은 단 한 번도 역사에서 교훈을 얻은 적이 없다"는 헤겔의 진단은 새만금 앞에서 더욱 씁쓸하다.

우리는 모두 떠날 자들이다

　지난해 노무현 전 대통령의 자살로 온 국민은 한 번 더 화들짝 놀랐다. 그가 왜 그런 극단적인 선택을 했는지 사람들은 이러쿵저러쿵 추측을 하지만 그저 죽은 자만 알뿐이다. 그의 장례가 치르는 동안 온 나라가 시끄럽더니 지금은 마치 그가 처음부터 없었던 사람처럼 잊혀졌다.
　노란 리본을 날리며 그가 대통령이 되었다는 소식은 온 국민을 놀라게 했었다. 하지만 제일 놀란 사람이 본인이었단다. 사실 그도 얼떨결에 밀려 대통령 후보가 되더니 이어서 대통령까지 될 거라는 생각은 감히 하지 못했던 모양이었다. 하지만 실제적인 기반을 잡은 기득권들이 그를 인정할 리 없다. 권력을 잡아도 힘을 발휘할 수 없을 만큼 국민은 강해져서 어쩌면 그는 권력을 잡고 더 좌절했는지도 몰랐다. 그래서 청와대에 입성한 그는 사람들의 이야기는 듣지 않고 쉬지 않고 말을 했단다. 지식적으로 누구보다 많이 알고 있다는 것을 드러내려는 열등감에 찬 고뇌의 모습만 보이더니….
　아무튼 노무현 정권에서부터 깜짝 발탁 인사가 많았다. 개혁이라는 거창한 구호를 달고 어디엔가 숨어 있던 사람들을 찾아 변화를 시도하는 모습이었다. 때론 그것이 그들을 위한 것이 아니라 차별성을 부각시키면서 자기 과시가 또한 열등감으로 느껴졌다. 어쨌든 그 과정에서 뜨고 지는 사람들을 지켜보면서 끝이 좋은 사람들이 많지 않았다. 특히 본인의 몸이 아프거나, 자식이 죽기도 하고 아내가 병들고 또 스스로 죽고…. 그릇은 작은데 지나치게 감당하기 어려운 큰 일로 부서지고 결국 그릇을 깨뜨리고 마는 모양이었다. 더 안쓰러운 것은 살만하다고 그릇은 종지만 한데 자신은 큰 자라고 생각하는 무리가 위험 수위를 넘고 있다.

어쨌든 지나서 그 결과를 보면 세상은 절대 공평하다는 생각을 한다. 그릇이 크지 않은 사람들은 모든 것을 적당하게 할 수 있다. 특별히 잘하는 것도 없지만 특별히 못하는 것이 없어서 서로를 해칠 만큼 상충되지 않고 조화를 이루며 오히려 그것이 전체를 발전시키는 것이다. 하지만 그릇이 큰 자는 때론 전부가 아니면 전무全無의 생을 살 수밖에 없는 것 같다. 역사에 큰 자로 남은 자들의 생을 들여다보면 굴곡이 많다. 그리고 어떠한 큰 자도 영속성이 없다는 사실이다. 아무리 하나님이 모세를 사랑했지만 그 권세가 아들로 이어지지 않았다. 한때 유럽을 정복했던 나폴레옹은 결국 유배지에서 죽는다. 그토록 아름다운 믿음을 가졌던 링컨도 가정사는 불행하기 짝이 없다. 큰 것을 얻으면 그만큼 큰 것을 잃고 작은 것을 얻으면 작게 잃는다. 특히 권력이란 자기 세력을 유지하기 위해 경쟁자를 칠 수밖에 없다. 그것은 언젠가 부메랑이 되어 돌아오게 되어 있다. 대물림도 거르지 않는다.

남편이 1979년부터 공직에 있었으니 1980년부터 격변하는 이 나라와 함께 거쳐 간 대통령들을 곁에서 지켜본 관료들의 평가는 대체적으로 비슷하다. 전두환 씨는 자신이 아는 것이 없다는 것을 대전재로 우수한 인재를 쓰면서 전적으로 의존했단다. 노태우 씨는 아무리 우수한 인재를 써도 본인이 내려야 할 결정을 내리지 못했단다. 그래서 그의 책상에는 항상 결제할 서류들이 수북이 쌓이다 이내 서랍에서 잠자는 것이 한둘이 아니라고 했다. 그 면에서는 김영삼 씨는 결정을 잘 한다고 했다. 평생 정치만 해 왔던 탓에 나라 경영이라는 것은 미흡했지만 단순명료함으로 아주 복잡한 사안도 쉽게 밀어붙이는 힘이 있다고 했다. 자기의 약속을 수시로 바꾸고 대통령이 된 김대중 씨는 햄릿처럼 고뇌형이란다. 그래서 무리수를 두기보다는 큰 틀의 원칙은 지켰단다. 그토록 생에 집착을 보이더니 그도 자연으로 돌아갔다.

　사실 인간에게 무슨 원대한 자기희생이 있겠는가? 들여다보면 다 한때의 자기 욕심일 뿐이다. 18년 동안 이 나라를 통치했던 박정희 대통령도 자신이 죽고 이처럼 추앙을 받으리라 생각하지 못했을 것이다. 비록 그가 독재자라 할지라도 그는 분명 대한민국 국민의 향수를 불러일으키기에 충분한 지도자로 남을 것이다. 그것은 그의 자질이라기보다는 지도자보다 절대 부족한 국민의 자질과 그때 나라가 처한 빈곤함으로 인한 반사이익이다. 누가 무어라 해도 그는 무에서 유를 창조한 지도자로 역사에 남을 수밖에 없다.

　이제는 모든 것이 달라졌다. 지금은 결코 무의 시대가 아니다. 어떤 지도자도 국민의 우위에 설수가 없다. 국민을 위해 자신이 특별난 사람이라는 생각은 접어야 한다. 지나치게 자기중심의 과욕을 부리면 자칫 모든 것을 잃을 수 있다. 특히 현 정부가 위험한 것은 시작부터 될 수 있다는 확신으로 정권을 잡았다. 어느 정권보다도 추종세력이 많았고 선거캠프부터 자리다툼이 있었다고 했다. 물론 모르는 사람들보다 그래도 함께 일을 해 왔던 사람들이 정책을 추진하기에 훨씬 유리하다는 것도 이해를 하지 못하는 바는 아니다. 하지만 큰 틀에 국가운영이라는 원칙을 흔들어서는 안 된다. 그들도 떠날 자이기 때문이다. 노무현 전 대통령도 떠날 때는 자신이 저리 될 줄 꿈에도 몰랐을 것이다.

　남의 나라 지배도 받았었다. 동족 간에 총부리를 겨누며 전쟁도 치렀다. 하지만 역사 이래 어느 나라에서도 찾아볼 수 없는 단기간에 고도성장을 이룬 내 나라다. 설사 전 정권이 모자라고 부족하게 굴었다고, 자신들의 뜻과 같지 않다고 하찮은 곳까지 갈아엎는 것은 더 이상 하지 말았으면 한다. 먹고 살만하다. 웬만하면 받아들이고 덮고 가면서 나라 발전에 대한 이해의 범위를 넓혀 갔으면 하는 바람이다. 단점은 보완하고 장점은 살리는 전통을 이제는 후대에 물려주어야 할 책임도 있는 것이다. 그래도 전 정권보다 현 정권자들이 큰 자의 위치가 아닌가.

민주화 이후로 항상 극좌와 극우만 존재하는 현실이 안타까울 뿐이다. 전 정권을 부인하고 그럴듯한 명분을 내세우지만 모두 제 식구 살리기 위한 허울일 뿐 국민과는 아무런 상관도 없는 일이다. 이제 정말 국민과 국가를 생각하면서 모든 것을 감싸는 화해의 정권이 들어섰으면 하는 바람이다.

이제는 성장을 외치며 돌진하는 아버지의 마음보다는 용서하고 감싸 안는 어머니의 마음을 가진 자가 지도자가 되기를 기도한다.

남아프리카 공화국의 인권운동가 넬슨 만델라가 대통령이 되고 제일 먼저 "진실과 화해 위원회"를 설치하였다. 이는 그동안 흑인에게 어떤 극악무도한 죄를 지었어도 그저 고백하고 용서를 빌면 그 죄를 더 이상 묻지 않는 다는 것이었다. 물론 이것에 대한 반대가 말할 수 없었지만 만델라는 그 뜻을 굽히지 않았다.

반드블랙은 백인 경찰로 흑인에 대한 만행이 극에 다다른 자신의 죄를 용서받기 위해 진실과 화해 위원회 법정에 서게 되었다. 그는 18살 된 청년을 때려죽이고 장작더미 위에 바비큐를 하듯 태워 죽였고 이후로 같은 방법으로 소년의 아버지도 죽였다. 더 끔찍한 것은 그 장면을 아들의 어머니와 아내인 여인에게 그대로 보게 하였다.

반드블랙은 이제 그 여인 앞에서 그녀의 아들과 남편을 그토록 처참하게 죽인 자신의 죄를 고백하고 용서를 구하는 것이었다. 물론 여전히 반성보다는 경멸이 남아 있는 요식행위에 불과한 자세다. 그동안 백인으로부터 받은 고통을 잊지 못한 채 법정을 가득 메운 수많은 흑인들은 도저히 그를 용서하면 안 된다고 소리치고 울부짖었다. 아수라장이 된 법정에서 판사는 당사자인 부인에게 물었다. 어떻게 하실 겁니까?

노부인은 담담하게 대답했다. 그가 우리 가족 모두를 데려갔지만 아직 나는 그에게 줄 사랑이 남아 있습니다. 한 달에 2번 우리 집에 와서 하루 동안 시간을 보내게 해 주십시오. 그래서 내가 그에게 엄마 노릇을 하게 해 주십시오. 나는 그가 하나님의 용서를 받았다는 것과 내가 그를 용서했다는 것을 알게 하고 싶습니다.

순간 법정은 찬물을 끼얹은 듯이 조용해지고 이어서 흥분한 방청객들의 입에서는 감격어린 찬양이 흘러나오기 시작했고, 모든 것을 잃은 듯하나 모든 것을 품은 초로의 여인은 조용히 법정을 떠나고, 그때까지 진심어린 반성을 하지 못했던 반드블랙은 그대로 쓰러지고 말았다.

국민이 거듭나야 이 땅에 미래가 있다

선거 때만 되면 권력을 쥐어 보겠다고 아우성이다. 들여다보면 이룬 것도 많지 않은 사람들이 무언가를 이루어 주겠다고 입에 침을 튀기며 공약을 내세운다. 앞서도 말했지만 이제는 하면 할수록 망하는 시대인데 언제까지 그런 구시대 공약만 들고 나올 것인지.

올 지방 선거에 8명을 한 번에 선출하란다. 하지 말라는 소리와 같다. 군사 정권 때는 민주화만 되면 살 것처럼 아우성이었다. 정말 그때 모두가 고통스러웠나 생각해 보니, 그때는 민주화를 하겠다는 일부만 고통스러웠지 일반인들은 지금처럼 힘들지 않았다.

학교 교사를 하는 친구 말에 의하면 10명의 아이들에게 청소를 시키고 역할을 나누고 감시를 하면, 반드시 한두 명의 불만 세력이 있단다. 배분이 민주적으로 공평하지 않았다고. 그래서 너희들끼리 알아서 하라고 내버려두고 잠시 자리를 비우고 갔다 오면, 대부분 친한 아이들끼리 몰려서 놀고 있고 아주 힘없는 아이 한둘이 마룻바닥을 닦고 있단다.

민주화라는 이름으로 힘 있는 몇 사람이 자리나 나누어 먹고 즐기면서 모든 사람이 고통을 받고 있지나 않은지. 김대중 씨는 독재에 저항하여 이 땅에 풀뿌리 민주화를 심었다지만, 가라지의 그 질긴 생명력으로 옥토마저 황폐화시키고 있는 것은 아닌지, 한번쯤 물어야 하는 것 아닐까?

최근에 동계 올림픽에서 쾌거를 이루고 돌아온 대한민국 청년들에게 박수를 보낸다. 우리의 청년 시절과 비교하니 정말 내 나라 대단한 발전을 이루었다는 감탄밖에는 나오지 않는다. 하지만 나라 살림의 주체자들이 마치 그것이 자기들의 공인 양 전면에 나서서 좋은 태를 그렇게 요란하게 내는 것이 아니다. 자식이 많은 부모는 잘 나가는 자식이 있어도 못 나가는 자식 때문에 드러내 놓고 좋아하지 못한다.

이미 그들은 1960, 1970년대 꽁보리밥만 먹고 아무도 도와주지 않는 환경에서 세계를 재패했던 버짐 핀 얼굴에 흘린 눈물과 아주 다르다. 정말 아무런 희망이 없던 그때는 그 자체로도 온 국민의 희망이요, 용기를 준 국가적 사건이었기에 가슴이 벅차올라 거리로 나가 태극기를 흔들지 않을 수 없었다. 하지만 지금은 다르다. 국가가 나서지 않아도 기업이 자신들을 위해 그들을 얼마든지 활용할 수 있다. 눈에 뜨이지 않게 빙그레 웃어주면 될 것을 온 매체마다 그들을 껴안고 즐거워하는 모습은 차마 눈을 뜨고 볼 수 없을 만큼 가볍고 또 가볍다. 88만원 시대를 살고 있는 내 새끼들은 내일을 기약하지 못한 채 하루하루 피눈물 나게 살아가고 있다. 그들도 참으로 열심히 공부하고 노력했다.

제발 더 욕심들 내지 말고 자기 자리 지키는 사회 만들어 달라고 이 나라를 이끄는 자들에게 부탁하고 싶다. 아버지는 아버지답게 어머니는 어머니답게, 자식은 자식답게, 교수는 교수답게, 학생은 학생답게, 국회의원은 국회의원답게, 공직자는 공직자답게….

집안에서는 서로 자기 역할이 싫다고 집을 뛰쳐나오고, 사회에서는 관료가 정치하겠다고, 교수는 가르치는 것 중단하고 관료가 되겠다고, 정치하는 자도 관료가 되겠다고 이리저리 줄타기를 하며 무리지어 떠돈다.

이제 국민들은 누구의 도움도 받지 않고 자기의 생을 계획하고 살 만큼 성숙해졌다. 국민을 위한 지도자에게 의존하기보다는 국민에 의한 나라가 되어야 한다. 패거리 수준의 크고 작은 지도자들이 국민 수준보다 못하기에, 한다고 나서 봐야 이 나라를 갉아 먹는 짓밖에 하지 못할 것이다. 유럽처럼 그저 봉사 수준이 아니라 온갖 이권에 개입하면서 자기 세를 키워 나가다 보니, 선거 때마다 천문학적인 비용을 쓰면서 이후로 자기 이득을 취할 수밖에 없다. 소득은 선진국 수준인데 정치는 후진국 수준에 머물러 있다. 이제 국민이 나서 개혁하지 않으면 안 될 만큼 그들의 세력도 커져 있다. 스스로 자정할 능력을 상실했다면, 누군가 그 권리를 빼앗아야 하는 것은 아닌지.

국민을 지배하는 지도자를 세우는 일을 하나님은 좋아하지 않으셨다. 그래서 하나님은 사무엘을 통하여 왕으로 인해 국민들이 떠안게 될 고통을 말씀하셨다.

"너희를 다스릴 왕의 제도는 이러하니라. 그가 너희 아들들을 데려다가 그의 병거와 말을 어거하게 하리니, 그들이 병거 앞에서 달릴 것이며 그가 또 너희의 아들들을 천부장과 오십부장을 삼을 것이며, 자기 말을 갈게 하고 자기 추수를 갈게 할 것이며, 자기 무기와 병거도 만들게 할 것이며, 그가 또 너희 딸들을 데려다가 향료 만드는 자와 요리하는 자와 떡 굽는 자로 만들 것이며, 그가 또 너희의 밭과 포도원과 감람원에서 제일 좋은 것을 가져다가 자기의 신하들에게 줄 것이며, 그가 또 너희의 곡식과 포도원 소산의 십일조를 거두어 자기의 관리와 신하에게 줄 것이며, 그가 또 너희의 노비와 가장 아름다운 소년과 나귀들을 끌어다가 자기 일을 시킬 것이며 너희의 양의 십분의 일을 거두어 가리니, 너희가 그의 종이 될 것이라. 그 날에 너희는 너희가 택한 왕으로 말미암아 부르짖되 그 날에 여호와께서 너희에게 응답하지 아니하시리라 하니." (사무엘상 8: 11-18)

이제 지도자가 우리를 위해 무엇을 해줄 것이냐 묻지 말고 우리가 처한 현실을 돌아보라고 하고 싶다. 우리는 분명 변곡점에 서 있다. 냉정하게 우리를 향한 눈길을 고쳐 다듬고 세상을 향한 눈길도 가다듬어야 할 때이다. 이미 세상은 이전 시대와 다른 모습으로 발전해 나갈 것이다. 두 해 전부터 시작된 서브프라임 모기지 사태가 꼬리에 꼬리를 물면서 전 세계 금융가를 위협하고 있다. 금융전문가들은 모두가 일률적으로 몰려다니던 금융가의 흰 백조의 시대는 갔단다. 그리고 느닷없이 전혀 듣도 보도 못 한 검은 백조가 출현했단다. 왜 항상 벌어지고 예측이라고 하는지….

세계는 하나라며 개방을 독려하던 세력들은 어느 날 갑자기 그동안 활짝 열어두었던 대문의 빗장을 조용히 닫아걸지도 모른다. 그런 가운데 고유한 우리의 것을 지키지 못하고 세계화만 따라다니다가 병든 몸을 오갈 데 없이 만들지도 모른다. 사람들은 번영 중에 위기인 줄 모르고 번성을 외친다. 큰 파도는 해변의 모든 것을 파괴하면서 산산조각이 나야 소멸한다.

이제 들어오기 전에 무언가를 하겠다고 하지 말고, 들어와 살림살이부터 들여다보고 계획을 세우는 지도자가 있었으면 좋겠다. 그동안 욕심 사나운 지도자들이 들고 들어온 살림살이가 하도 많아 집안에 발 들여놓을 틈도 없다. 정직하게 집안 살림 들여다보면서 새로운 도약을 위한 후퇴를 겸허히 받아들이자고 지도자는 정직하게 설명하고, 국민은 고통을 감내하면서….

다들 제가 잘나서 이 나라 이렇게 잘살고 있다지만, 오래 전 이 땅에 또 한 사람의 외로운 기도가 있었다. 조선에 들어온 기독교 초기의 선교사 언더우드의 간절함이 바로 이 나라가 오늘이 되는 역사의 시작이었다.

보이지 않는 조선의 마음

주여, 지금은 아무것도 보이지 않습니다.
메마르고 가난한 땅, 나무 한 그루 시원하게 자라지 못하는 이 땅에 주님은 저희를 옮겨와 이 땅에 앉히셨습니다.
그 넓고 넓은 태평양을 어떻게 건너왔는지 그 사실이 기적입니다
주께서 붙잡아 뚝 떨어뜨려 놓으신 곳 같은 이곳, 지금은 아무것도 보이지 않습니다.
보이는 것은 고집스럽게 얼룩진 어둠뿐입니다.
가난과 인습에 묶여 있는 조선 사람들뿐입니다.
그들은 왜 묶여 있는지, 그것이 고통이라는 것도 모르고 있습니다. 의심부터 품고 화부터 냅니다.

조선 사람들의 속성이 보이지 않습니다. 조정의 대신들의 속내도 보이지 않습니다.

가마를 타고 다니는 여자들은 영영 볼 기회가 없으면 어쩌나 합니다.

조선의 마음이 보이지 않습니다.

그러나 주님, 순종하겠습니다. 겸손하게 순종할 때 주께서 일을 시작하시고, 그 하시는 일을 우리들의 영적인 눈이 볼 수 있는 날이 있을 줄 믿습니다.

믿음은 바라는 것들의 실상이요 보지 못하는 것들의 증거라고 하시는 말씀에 따라 조선의 믿음의 앞날이 있게 될 것을 믿습니다.

지금은 우리가 황무지 위에 맨손으로 서 있는 것 같사오나, 지금은 우리가 서양 귀신이라 고 손가락질을 받고 있사오나, 저들이 우리의 영혼과 하나인 것을 깨닫고 하늘나라의 한 백성, 한 자녀인 것을 알고 눈물로 기뻐할 날이 있으리라 믿습니다.

지금은 예배를 드릴 예배당도 없고 학교도 없고 그저 경계와 멸시와 천대만이 가득한 곳이지만, 머지않아 이곳이 은총의 땅이 되리라 믿습니다.

주여, 오직 저의 믿음을 붙잡아 주십시오.

100년 전 어느 날 조선 땅에서

| 작가 노트 |

 감시병이 고래고래 소리를 지르며 개머리판으로 우리를 족친다. 발을 심하게 다친 사람은 덜 아픈 사람의 부축을 받으며 간다. 우리는 말없이 걷기만 한다. 매서운 칼바람에 감히 입을 열 엄두가 나지 않는다. 바짝 올린 외투 깃에 입술을 파묻고 내 옆에서 가던 동료가 불쑥 내뱉는다. "마누라가 우리 꼴을 본다고 생각해봐…. 그 쪽 수용소는 형편이 좀 나아야 할 텐데. 우리 사정을 그 쪽이 몰랐으면 좋겠어." 불현듯 나도 아내 얼굴이 떠올랐다.
 눈밭에 허우적거리면서, 얼음판에서 미끄러져 가면서, 서로를 부축하면서, 쓰러진 동료를 세우기도 하고 질질 끌기도 하면서 몇 킬로미터의 거리를 허덕거리며 가는 동안 우리는 다들 말이 없었다.
 그러나 한 가지는 분명했다. 우리는 모두 아내를 생각하고 있었다. 가끔 나는 고개를 돌려 하늘을 보았다. 별빛이 사라져가는 하늘 저편에는 짙은 구름 뒤로 붉은 아침 해가 솟아오르고 있었다. 하지만 나의 머릿속은 그리운 사람의 얼굴로 꽉 차 있었다. 예전에는 미처 몰랐던 너무나 또렷한 얼굴이었다.
 나는 아내와 대화를 나눈다. 아내의 대답을 듣고, 아내의 웃는 얼굴을 지켜본다. 무언가를 요구하는 듯한, 용기를 내라고 격려하는 듯한 아내의 눈빛을 바라본다. 생사를 초월한 아내의 눈빛은 내 머리 위로 떠오르는 태양보다 더 밝다.

섬광처럼 불현듯 머리를 스치는 생각이 있다. 그토록 많은 사상가들이 자신의 삶에서 결론처럼 이끌어낸 지혜의 말, 그토록 많은 시민들이 노래한 진실, 그것은 사랑을 통해서만 인간이라는 존재는 가장 귀하고 높은 단계에 솟아오를 수 있다는 진리였다. 인간은 사랑을 통해서만 사랑 안에서 구원받을 수 있다고 문학과 사상과 종교에서는 역설해 왔는데, 나는 그 궁극적 진리의 의미를 이제야 비로소 깨닫는다!

아무것도 가진 것 없는 자라 할지라도 그가 사랑하는 사람의 모습을 가슴 깊이 간직할 수만 있다면, 비록 짧은 순간에 그칠지라도 구원의 빛이 찾아든다는 것을 뼈저리게 이해한다. 고립무원의 상황에서도, 수용소에 갇혀 아무 뜻도 펼칠 수 없는 처지에서도 올곧게 고통을 견뎌내는 일 말고는 할 수 있는 게 전무한 상황에서도, 사람은 가슴속에 간직된 사랑하는 이의 모습을 그윽이 바라보는 것만으로도 충만함을 느낄 수 있다. 천사는 무한한 영광을 바라보는 가운데 구원을 얻었다는 말의 참뜻이 평생 처음으로 가슴에 와 닿는 듯하다.

앞에서 한 사람이 넘어지니까 뒤따르던 사람들이 줄줄이 걸려 넘어진다. 어느새 감시병들이 나타나 두들겨 팬다. 내 관조의 시간은 잠시 방해를 받는다. 하지만 나의 영혼은 금세 다시 수감자로서의 현실을 벗어나 다른 세계로 돌아가, 사랑하는 이와의 대화를 계속한다. 내가 묻고 아내가 대답한다, 아내가 묻고 내가 대답한다.

"정지!" 우리는 공사 현장에 도착한다. "모두들 연장을 들어라! 곡괭이와 삽 한 자루씩 어서들 챙겨!" 우리는 올곧고 망가지지 않은 연장을 골라잡기 위해 우르르 헛간으로 몰려 들어간다. "더 빨리 안 해! 이 돼지 새끼들아!"

우리는 구덩이 속으로 들어간다. 어제 일하던 자리로 가서 선다. 얼어붙은 땅에 곡괭이가 박힐 때마다 불꽃이 튄다. 수감자들은 고개도 들지 않고 묵묵히 일만 한다.

나는 아직도 사랑하는 이의 얼굴에 온통 마음을 빼앗기고 있다. 나는 그녀와 계속 밀어를 나눈다. 그녀도 나와 밀어를 나눈다. 그때 나는 문득 깨닫는다. 나는 아내가 살아 있는지 죽었는지조차 전혀 모르고 있는 것이다! 그러나 내가 뒤늦게 깨달은 사실이 있다. 사랑이란 어떤 사람의 육체적인 존재보다는 그 사람의 정신성과 맞닿아 있다는 사실, 지금 내 옆에 있다는 것, 숨을 쉬고 살아 있는 것만이 아니라는 사실이다.

사랑하는 이가 살아 있는지 죽었는지 나로서는 알지 못했고 전혀 알 수도 없다(수용소에서는 편지를 쓸 수도 받을 수도 없다). 하지만 알고 모르고는 어디까지나 부차적인 문제일 뿐이다. 나의 사랑, 아끼는 마음, 내 기억 속에 고이 간직된 그 모습을 바라보는 나의 눈길은 조금도 달라질 수 없다. 설령 아내가 죽었다는 걸 그 순간에 알았다 하더라도, 아마 난 별다른 동요 없이 마음속에 간직된 사랑하는 그 얼굴을 변함없이 바라보았을 것이고, 우리 사이에 오가는 마음의 대화는 변함없이 깊고 따뜻했을 것이라 믿는다.

그대 가슴에 나를 봉인하여 주오, 사랑은 죽음보다 강하리니. (아가)

실존 분석적 정신 요법인 로고테라피를 창안한 빅터 프랭클 박사가 아우슈비츠 수용소 수감 중에 쓴 글이다. 전쟁도 아니며 천재지변도 아닌, 어느 날 일상 중에 있던 가족들이 끌려가 이름도, 그 사람의 가정적인 역할도, 사회적인 역할도 묻지 않고, 하나의 숫자가 되어 부부가 갈라지고 엄마와 아이가 나뉘어져, 혹은 부둥켜안고 한순간에 재로 날아갔다. 히틀러는 자신의 엄마가 유태인 남자와 관계를 했다는 이유만으로도 600만 명을 그렇게 죽였다. 불과 70년 전에 일어난 일이다. 역사적 사건의 시작은 대부분 그렇게 의미 없이 일어났다.

그런 부조리함 속에서도 인간은 또 살아남는다. 무의미한 존재에서 의미 있는 자가 되어 역사를 이어 나간다. 세상은 사랑하는 단 한 사람만 있어도 행복하게 살 수 있는 곳이다. 엘리자베스 퀴블러 로스는 『인생수업』에서 "하나님은 우리를 아름다운 지구로 여행을 보냈다"고 했다. 온갖 만물이 살아 움직이는 이 아름다운 지구에서 행복하게 살다가 오라고 했는데, 우리는 이 여행을 얼마나 즐기다 돌아갈까? 혹여 무거운 짐을 잔뜩 지고 제대로 구경도 못 하고 돌아가는 것은 아닌지, 혹여 돌아갈 길을 놓쳐 낡아 빠진 텐트를 꿰매면서 헤매는 것은 아닌지, 혹여 내일 일을 염려하며 오늘을 즐기지 못하는 것은 아닌지…. 내가 없어도 태양은 어김없이 떠오르는데…. 빅터 프랭클 박사의 이야기는 또 이어진다.

아우슈비츠에서 보낸 첫날 밤 나는 층층 침대에서 자게 되었다. 침대는 3층으로 되어 있었고, 각 층은 가로 2미터 세로 2.5미터 크기의 판자였다. 그 딱딱한 판자 위에 아홉 명이 담요 두 장을 같이 덮고 누웠다. 그러니 등을 바닥에 대고 눕는다는 것은 상상도 할 수 없었고 모두 옆으로 포개져야 겨우 아홉 명이 들어갈 수 있는 공간이었다. 살을 에는 추위와 난로 하나 없는 현실에서 비좁은 게 오히려 다행인지도 몰랐다. 구두는 침대에 못 올려놓게 되어 있었지만 그래도 몇몇은 눈치를 보아 가며 진흙 투성이 구두를 베개 대용으로 썼다. 그렇지 않으면 꼼짝없이 팔뚝을 접어 그 위에 머리를 얹을 수밖에 없었고, 잠시 후면 팔뚝이 떨어져 나갈 것처럼 저려 왔다. 이런 악조건 속에서도 우리는 금세 곯아떨어져 수용소의 고통스러운 현실을 잠시나마 잊을 수 있었다.

사람의 무서운 적응력을 보여 주는 예는 한두 가지가 아니지만 몇 가지만 더 소개하겠다. 수용소 생활을 하면서 치약이라고는 구경도 못 했고 비타민이 결여된 음식은 부실하기 짝이 없었음에도 잇몸의 상태는 예전보다(가장 건강했던 시절) 더 건강한 사람들이 대부분이었다.

그뿐인가, 남방 하나로 6개월을 버티다 보면 나중에는 그것이 옷인지 넝마인지 구분이 가지를 않았다. 수도관이 얼어붙어서 며칠씩 세수는커녕 물 한 방울 찍어 바르지 못하는 날도 부지기수였다. 손에 난 상처에는 일하다 묻은 더러운 흙먼지가 그대로 남아 있었지만 신기하게도 곪는 일이 없었다. 전 같으면 바늘 떨어지는 소리에도 잠을 설치기 일쑤였던 사람이 불과 몇 센티미터 떨어진 곳에서 누군가 드르렁드르렁 코를 고는데도 눕기가 무섭게 꿈나라로 들어갔다.

인간은 어떤 상황에도 적응할 수 있는 존재라는 도스토예프스키의 말에 공감할 수밖에 없다. 그래도 한계가 있을 것 아니냐고 누군가 반문하면 우리는 이렇게 대답할 것이다.

"사람은 어떤 상황에도 적응할 수 있습니다. 하지만 어떻게 그럴 수 있는지 우리에게 묻지 말아 주십시오."